LE DUC
D'ORLÉANS

DU MÊME AUTEUR

Michel Particelli d'Emery, surintendant des finances, Micro Editions universitaires, Hachette, Paris, 1974.
Le folklore du boulanger, Maisonneuve et Larose, Paris, 1983.
Présentation et préface des *Mémoires de la duchesse de Montpensier*, deux volumes, Librairie Fontaine, Paris, 1985.
La Grande Mademoiselle, Albin Michel, Paris, 1986.
Le passeur de la liberté (roman), Lieu commun, Paris, 1989.
Les hommes d'argent : Histoire des grandes fortunes de France du *XVII*e *siècle à 1914* (Essai), Olivier Orban, Paris, 1990.
Dictionnaire des reines de France, Perrin, Paris, 1992 ; réédition, Perrin, 2001.
Histoire du papier, Brépols, Turnhout, Belgique, 1994.
Les grands discours républicains, en collaboration avec René Ponthus, le Cherche-Midi, Paris, 1998.
Gaston d'Orléans, Albin Michel, Paris, 1999.
Présentation et commentaires des *Portraits littéraires de la duchesse de Montpensier*, Séguier, Paris, 2000.
Louis XIII : le sceptre et la pourpre, Tallandier, Paris, 2001.
La duchesse de Chevreuse, Pygmalion, Paris, 2002.

CHRISTIAN BOUYER

LE DUC D'ORLÉANS

Pygmalion

Sur simple demande adressée à
Pygmalion, 70, avenue de Breteuil, 75007 Paris
vous recevrez gratuitement notre catalogue
qui vous tiendra au courant de nos dernières publications.

ISBN 2-85704-828.9

A Michel
et Claudette

AVANT-PROPOS

C'est clair ! Philippe d'Orléans, frère unique du Roi-Soleil, n'a pas laissé une image étoilée dans l'histoire du Grand Siècle. A vrai dire, il est presque inconnu. Délaissé par les historiens, qui n'ont pas trouvé dans l'existence de cette Altesse royale la justification d'une étude particulière, il faut attendre 1953 pour que Philippe Erlanger lui consacre une biographie.

Ses deux épouses, la fameuse Henriette d'Angleterre immortalisée par Bossuet et la truculente Palatine, dont la correspondance revêt souvent l'aspect d'un brûlot attisé par l'humour et la dérision, lui volent, incontinent, toute place dans le souvenir collectif. Dès le départ, Philippe est un enfant du miracle, sa mère a trente-neuf ans à sa naissance, un enfant orphelin de père dans sa troisième année, un enfant ballotté sur les routes de France au gré des événements de la Fronde.

Fils cadet, il intéresse peu, tout est fait pour valoriser le jeune roi. Le Signor Mazarin y veille jalousement. Plus grave, il semble que, très tôt, on ait conduit son éducation de manière à en faire un personnage frivole, efféminé, sans consistance, ignorant des affaires de l'Etat. Etrange mimétisme dans le cours des générations, alors que Louis XIV est, comme son père, un vrai Bourbon, Philippe apparaît comme un Médicis.

Le sang florentin, legs de sa grand-mère Marie, l'épouse têtue et rebelle du Vert Galant, lui donne un formidable appétit de la vie, un violent désir d'assouvir des penchants libertins, une gourmandise effrénée pour les plaisirs et une désinvolture manifeste à l'égard de toute contrainte morale. Comme son oncle Gaston, il cultive un goût inné pour les arts, qu'il concrétise dans les fastes de son château de Saint-Cloud. Collectionneur avisé, il engrange dans ses cabinets : tableaux, diamants, pierreries et objets rares.

Monsieur rassemble en lui, dans la seconde moitié du Grand Siècle classique, les potentialités d'un seigneur de la Renaissance, des relents de préciosité et les artifices fallacieux de l'aristocrate insouciant de la France pré-révolutionnaire. Cela ne l'empêche pas d'être un acteur fort respectueux de son rang, un défenseur méticuleux de l'imposante étiquette qu'il a contribué à mettre en place.

Politiquement marginalisé, le prince s'engouffre avec fougue dans un monde du clinquant, des paillettes, du panache de salon, de la fade séduction et du merveilleux superficiel qui s'érigent à la cour en valeurs positives. Il porte son destin comme une lourde houppelande dorée qui craquelle à peine, de temps à autre, sous les affronts et les humiliations du potentat versaillais. Si Monsieur est un fils de France obéissant, il n'en est pas moins candidat au légitime bonheur conjugal.

En vain. A peine mariée, en 1661, la douce Henriette se livre avec le fastueux monarque, dans le bel été de Fontainebleau, à des jeux intimes aussi subtils que dangereux. La vie privée de Monsieur est définitivement compromise. Elle annonce le règne des favoris et son cortège, peu reluisant, de mesquineries, de débauches et de turpitudes dont le grand bénéficiaire, durant trente ans, s'appelle Philippe de Lorraine.

A la guerre, le prince est courageux, vaillant, épris de gloire et bon stratège. Il le prouve à la bataille de Cassel. Louis XIV ne lui pardonne pas cette disposition à la victoire. La monarchie de Versailles est cadenassée dans un absolutisme qui ne souffre pas les coups d'éclat inopinés qui pourraient échapper à Sa Majesté. La hantise des turbulences de Gaston d'Orléans, lors du précédent règne, est toujours vivace, même si elle paraît désuète.

Cet ouvrage n'a pas vocation de réhabilitation. Cela est impossible, tant la balance des jugements et des appréciations récurrents distingue un lot d'éléments peu valorisants. Il reste, néanmoins, deux certitudes. Philippe a été le bâtisseur de la branche d'Orléans dans la Maison de France, qui donna un roi en la personne de Louis-Philippe Ier. En second lieu, c'est un extraordinaire ancêtre, sans doute involontaire, de multiples familles régnantes dans l'Europe monarchique, un véritable tour de force pour celui qui était loin d'être un passionné de femmes.

C'est à la découverte de ce personnage haut en couleur, flamboyant et baroque, porté par une cour d'adulateurs stipendiés, que nous convions le lecteur.

PREMIÈRE PARTIE

LA JEUNESSE DU DUC D'ANJOU

1

UNE NAISSANCE INESPÉRÉE

Sous l'Ancien Régime, les mariages royaux ne sont jamais innocents. Les unions tiennent compte, le plus souvent, de données politiques. Elles s'inscrivent dans une diplomatie tatillonne, nécessitent de longues négociations qui pèsent sur les choix et analysent d'une manière méticuleuse les intérêts cruciaux des parties concernées. Bien sûr, elles n'excluent pas, dans le temps, l'éclosion de sentiments profonds dans le couple. Les exemples abondent, au fil des siècles, dans la monarchie française.

Il en est de même pour les alliances d'enfants. La vie intime de Louis XIII et d'Anne d'Autriche est assez bien connue, bien que des zones d'ombre demeurent. Elles expliquent en partie la longue période d'attente, de ressentiments et de désirs déçus, en vue d'une postérité directe pour la couronne des Bourbons.

Nés en 1601, mariés en 1615, Louis et Anne deviendront parents vingt-trois ans plus tard, en 1638. Louis Dieudonné, le futur Louis XIV, voit le jour le 5 septembre et deux ans plus tard, le 21 septembre 1640, naît son frère Philippe, futur duc d'Orléans après son oncle, le rebelle et inimitable Gaston qui a tant bousculé la sérénité du royaume au temps de Richelieu. Louis XIII meurt en 1643, il verra peu grandir ses enfants. De plus, leurs années de prime enfance sont marquées, durant de longues périodes, par la présence de leur père aux armées.

Le climat qui a présidé durant vingt-huit ans au comportement du couple royal, tient à la psychologie des intéressés. A l'évidence, le roi a une large part de responsabilité. Louis XIII est un personnage aux sentiments brouillés, en quête continuelle d'amour, d'amitié, de reconnaissance affective, des sentiments naturels qui lui ont souvent fait défaut. Dès l'enfance, il montre une curieuse aversion pour le sexe féminin et une indéniable attirance pour les jeunes hommes attachés à son service.

Cette tendance perdurera toute sa vie, bien qu'on lui connaisse deux passions féminines. Parmi ses favoris, on note un cocher nommé Saint-Amour, le valet de chiens Haran, le grand prieur de Vendôme et le commandeur de Souvray. A cinq ans, en 1606, il s'entiche de Descluseaux, un simple soldat qu'il appelle son mignon. Marie de Médicis s'interroge et éloigne successivement les intrus. Mais elle ne s'est pas suffisamment méfiée du maître du cabinet aux oiseaux, Charles d'Albert, futur duc de Luynes qui, à plus de trente ans, séduit l'adolescent grâce à son charme, à sa belle prestance et à sa faconde méridionale.

Le jeune roi, humilié par l'attitude de la régente et des Concini à son égard, trouve chez cet homme mûr écoute et sincérité et puise dans son amitié la force qui le pousse au coup d'Etat du 24 avril 1617: «A cette heure, je suis roi!» Concini exécuté, son épouse décapitée, Marie de Médicis exilée à Blois, Luynes accapare le pouvoir politique. Il doit, cependant, veiller à ne pas être supplanté dans la faveur royale par de jeunes damoiseaux aux appétits aussi gourmands qu'incontrôlés. Ainsi, sont écartés: La Curée, lieutenant des chevau-légers, le bel et séduisant

Bassompierre à qui Luynes fait comprendre qu'il ne veut pas être dans la situation « d'être cocu, lequel n'aime pas de voir un fort honnête homme courtiser sa femme » et Montpouillan, fils du duc de La Force.

Le ton est donné. Les rivalités sont féroces dans l'entourage du jeune monarque. Elles continuent après la mort de Luynes en 1621 avec Toiras, Barradat et Saint-Simon, même si l'arrivée de Richelieu à partir de 1624 marque une césure entre les favoris de cœur et celui de la politique. La complexité des relations qui empoisonne la vie de Louis et Anne trouve son origine dans le mariage des enfants royaux à Bordeaux le 28 novembre 1615.

La coutume voulait que l'union soit consommée immédiatement. Sans doute toutes les précautions n'ont-elles pas été prises pour faciliter l'événement qui devait concrétiser la découverte intime des jeunes époux âgés de quatorze ans. Selon le médecin Héroard, le roi avait « la honte et une crainte... il va à la chambre de la reine à huit heures... fut mis au lit auprès de la reine sa femme en présence de la reine mère... à dix heures un quart il revient après avoir dormi une heure et fait deux fois ce qu'il nous a dit ». C'est la version officielle annoncée dès le lendemain pour une large diffusion. Mais rien n'est moins sûr quant au résultat. Beaucoup concèdent que les tentatives n'ont pas vraiment abouti, mais une chose est certaine : les adolescents s'estiment humiliés par la divulgation de leur premier moment d'intimité dans lequel le mensonge n'est peut-être pas absent. Le prix de cette intrusion des adultes est lourd de conséquence pendant plus de trois ans. Louis XIII néglige son épouse, la laisse grandir au milieu des filles d'honneur de sa maison espagnole.

Pourtant, Anne est une belle enfant, pétrie de bons sentiments, désireuse d'amour et d'épanouissement tant physique qu'affectif. Que le temps doit lui paraître long ! Finalement, c'est Luynes qui, marié en 1617 à Marie de Rohan, conduira le couple à un véritable embrasement des sens dans des conditions assez cocasses. Le 20 janvier 1619,

Catherine-Henriette de Vendôme, bâtarde du Vert Galant et de Gabrielle d'Estrées, convole avec le duc d'Elbeuf. Selon la *relation* de l'ambassadeur vénitien Contarini, que nous n'avons pas à mettre en doute, « le roi a voulu être présent une bonne partie de la nuit sur le propre lit des deux époux pour voir consommer le mariage, ce qui fut répété plus d'une fois, à quoi le roi applaudit grandement et en manifestant un plaisir particulier ». Louis et Anne vont avoir dix-huit ans et le moment est venu de rendre leur mariage « parfait ».

Héroard rapporte que cinq jours plus tard, Luynes presse le roi, « vient pour le persuader à coucher... il [le roi] résiste fort et ferme, par effort jusques aux larmes. Il est emporté, couché, s'efforce deux fois comme l'on dit, à deux heures havoit mis deux fois, revient dévestu, mis au lit, s'endort jusques à neuf heures après minuict ».

Cette fois-ci, l'acte charnel a bien eu lieu. Ravi et libéré, le chaste souverain a maintenant du mal à contrôler ses effusions et fait « mettre le chevet » si assidûment dans la chambre de la reine que les médecins lui conseillent de restreindre sa pratique du « corps à corps » à une fois la quinzaine. Il n'empêche, la glace est rompue dans le couple. Il s'enflamme dans une véritable lune de miel qui va durer trois ans. Les effets sur l'évolution de la reine sont étonnants. Sous l'influence de son amie Marie de Luynes, elle se métamorphose; son physique se transforme et son caractère s'adoucit. Elle assume son rôle de femme avec conviction et confiance. Elle devient plus agréable, plus accueillante, plus humaine. L'avenir s'annonce prometteur pour la monarchie.

Las, le destin en décide autrement. Enceinte à plusieurs reprises, à la grande joie du roi, Anne ne parvient pas à mener ses grossesses à terme, ce qui finit par indisposer fortement son époux et met un obstacle à son empressement amoureux. Le couple entre dans la tourmente. L'amour s'est étiolé, il a fui, il s'est envolé inexorablement, par défaut, et de 1622 à 1637, les courtisans constatent combien le roi ignore sa femme. C'est à peine s'il satisfait de temps à autre le devoir conjugal. Blessée, humiliée, meurtrie, peu soutenue par une reine mère revenue au pouvoir et poussée par la duchesse de Chevreuse, Anne s'empêtre dans des attitudes à la limite de l'acceptable. C'est d'abord l'épisode Buckingham en 1625. Le séduisant favori anglais avait fait naître une étincelle dans le cœur sevré d'amour de la reine, étincelle qui attisée par la Chevreuse devint un véritable brandon. Mais, à Amiens, le rêve s'évanouit sous les pulsions impatientes et maladroites du galant qui, selon Tallemant des Réaux, « culbuta la reine et lui écorcha les cuisses avec ses chausses en broderie ».

Si l'échec est patent, il ne fut pas sans suite. L'amertume et l'animosité d'Anne à l'égard de son époux conduisent cette dernière à s'impliquer dans l'affaire Chalais à l'occasion du mariage de Gaston avec Marie de Montpensier. Le « parti de l'aversion au mariage » échoue et Chalais doit abandonner sa tête en 1626 sur l'échafaud de Nantes dans des conditions atroces. Anne est accusée d'avoir souhaité la mort du roi pour épouser Monsieur. Mais rien n'est moins sûr. Quelques années plus tard, la maladie du roi à Lyon et la journée des Dupes (en novembre 1630) contribuèrent peu à apaiser les tensions.

Toujours stérile, Anne craint la répudiation, d'autant que Gaston d'Orléans, héritier de la couronne mais peu crédible, a pris l'habitude lorsqu'il est mécontent de s'exiler en Lorraine. Il est vrai que la montée en puissance de Richelieu est mal perçue par Anne d'Autriche, Monsieur et la reine mère qui s'enfuit à Bruxelles. Dans ces conditions, la naissance d'un dauphin eût probablement changé le devenir de la famille royale. Les souverains ne cessent d'y penser sans pouvoir réaliser leur vœu.

A partir de 1631, ils entreprennent des cures aux eaux de Forges et dans d'autres endroits. Mais seul le roi en tire profit dans la guérison momentanée de ses hémorroïdes. Le bilan est peu éloquent. Ils se tournent alors vers les pèlerinages. En 1633, Anne se rend au monastère de

Breuil-en-Brie et sollicite saint Léonard et saint Fiacre. Elle invoque aussi saint Norbert, patron des parturientes, à l'abbaye de Saint-Michel-de-Frigolet. On connaît la capacité génitrice du saint attribuée à son exceptionnelle virilité. La légende veut que ce chanoine de Cologne, ami de saint Bernard, ait été avant sa conversion largement porté vers les passions charnelles. Si Dieu lui pardonna, Il le laissa « roidi » dans cette partie intime de son corps, et le maintint « à la redresse » jusqu'à la fin de sa vie terrestre.

Il est probable qu'Anne crût en son intercession puisque, après la naissance du dauphin, elle fera don au monastère de douze toiles de l'un des frères Mignard. Les messes et les prières ne sont pas négligées. La sœur Marguerite du Saint-Sacrement du carmel de Beaune a prétendu que ses prières furent bénéfiques pour la reine. De leur côté, les religieuses du Val-de-Grâce, qui ne ménageaient pas les leurs, avaient obtenu la promesse qu'en cas de succès, une église leur serait construite. Elles sont récompensées le 1er avril 1645 par la pose de la première pierre.

Pour le moment la déception est grande, d'autant que, si le roi délaisse son épouse, il fait le joli cœur auprès des filles d'honneur et se jette entre 1630 et 1639 dans des passions platoniques impliquant deux jeunes filles : Marie de Hautefort et Louise Angélique de La Fayette. La première sera exilée de 1638 à 1643 et la seconde finira au couvent. En 1630, la petite Hautefort n'a que quatorze ans, mais Louis affirme qu'il la sert « en tout bien tout honneur », ce qui se confirmera au fil des années. Lorsqu'il s'éprend en mars 1635 de mademoiselle de La Fayette, « la petite brunette », lors d'une chasse à Chantilly, l'événement s'inscrit dans un contexte psychologique qui relève du pathos le plus complet.

Saint-Simon est toujours le favori de cœur, Marie de Hautefort est assidûment courtisée et Anne d'Autriche observe les turpitudes de son mari avec commisération et beaucoup de détachement. Cela ne l'empêche pas de comploter et elle sera accusée à juste titre en 1637 de collusion avec l'ennemi espagnol. Surveillée, interrogée, elle sera « fouillée jusque dans son sein » par le chancelier Séguier. La reine est allée très loin dans sa correspondance secrète avec le représentant de la cour madrilène à Bruxelles. Une fois de plus, elle craint d'être répudiée.

Le destin va en décider autrement un soir pluvieux de décembre 1637. La cour a quitté Saint-Germain, le 1er, pour le Louvre. Le 5 au soir, Louis XIII venant de Versailles désire aller passer la nuit à Saint-Maur. Sur son chemin, il s'arrête au couvent de la rue Saint-Antoine où se trouve La Fayette depuis quelques mois. Surpris par la nuit et une violente tempête, il ne peut poursuivre sa route. Sur les conseils de Guitaut, son capitaine des gardes, il consent à rejoindre le Louvre. Prévenue, Anne se fait très accueillante, dîne avec son mari et lui ouvre son lit. Courant janvier 1638, la rumeur d'une nouvelle grossesse de la reine se répand à la cour. Certains ont voulu voir dans la conception du futur Louis XIV un effet miraculeux du vœu de Louis XIII qui plaçait son royaume sous la protection de la Vierge.

Est-ce bien crédible ? S'il est vrai que la décision a été prise à la mi-décembre, la déclaration royale sanctionnant le vœu ne fut publiée que le 10 février 1638. Mais après tout, il n'est pas impossible qu'il ait contribué à faciliter une grossesse qui cette fois fut couronnée de succès, soutenue par un nombre impressionnant de prières psalmodiées dans toutes les églises du royaume. Le dimanche 5 septembre 1638, après un accouchement long et difficile, Louis Dieudonné, dauphin de France, voit le jour vers midi dans la chambre du roi au château Neuf de Saint-Germain-en-Laye.

Les jours suivants, Paris en liesse salue sa naissance par des fêtes grandioses. On comprend aisément qu'un tel événement ait rapproché le couple royal. Le petit prince d'une « beauté et grandeur extraordinaire » fait l'orgueil du sombre monarque. Rien de plus normal que la mère en recueille quelques retombées affectives. Mais il ne faut pas dans ce domaine se montrer trop exigeant à l'adresse du nouveau père. En effet, afin d'être informé des faits et gestes de son maître, Richelieu vient de placer auprès de lui le jeune Cinq-Mars, âgé de dix-huit ans. Dernier brûlot pour un homme aux affections ambiguës ! Louis XIII, qui jusqu'à ce jour n'a probablement jamais concrétisé « l'amour italien », va aimer d'une passion sans nom son grand écuyer. Cela ne l'empêche pas de fréquenter la chambre de sa femme.

A la fin de 1639, et sans doute avec l'avis de Cinq-Mars, leurs rencontres sont plus fréquentes. Décembre serait-il pour eux un mois privilégié de désir physique, d'appel de la chair, un moment où les corps peuvent, par tacite accord, communier sans restriction, ni contrainte ? Le 25 décembre, les souverains dorment ensemble et le 28 janvier 1640, *La Gazette* de Renaudot révèle qu'Anne est à nouveau enceinte. Si la première naissance était miraculeuse, la seconde est tout à fait inespérée.

Ballotté entre la joie et la morosité, le roi, saisi par son soudain et véhément attachement pour Cinq-Mars, ponctué de crises, a du mal à faire le tri dans ses sentiments. Il s'ennuie. « Je m'en vas à la chasse pour essayer de me réjouir, étant dans un tel chagrin que je ne prends plaisir à rien », écrit-il à Richelieu. S'il en est un qui n'éprouve aucune joie à l'annonce d'une seconde maternité, c'est bien Gaston d'Orléans qui sait dorénavant que ses chances deviennent bien minimes et qu'il ne sera probablement jamais Gaston Ier.

Le 21 septembre, dernier jour de l'été 1640, il fait beau et Anne se promène l'après-midi sous les frondaisons du parc de Saint-Germain. Prise par les premières douleurs de l'enfantement, elle rejoint sa chambre accompagnée de quelques dames de haut rang. On sait qu'une reine de France accouche en public. Vers dix heures, l'enfant paraît, c'est un garçon. Aussitôt ondoyé par l'évêque de Meaux, on le prénomme Philippe. Comme tout fils cadet de France, il lui faut un titre. Le petit prince devient duc d'Anjou.

Alors que les courriers partent vers Chaulnes où se trouve Richelieu et vers les provinces du royaume, des feux de joie sont allumés à Saint-Germain. A Paris, les cloches des églises annoncent la naissance royale et comme d'habitude des salves de canon sont tirées de l'Arsenal et de la Bastille. De Bois-le-Vicomte où elle se trouve, la Grande Mademoiselle les entend. Un *Te Deum* est chanté à Notre-Dame. Les Parisiens, rassemblés sur les places et aux carrefours des rues, fêtent l'événement dans un grand mouvement d'enthousiasme populaire.

Le chaste Louis XIII, père de deux garçons, ne dissimule pas son plaisir. Selon madame de Motteville, « il témoigna [pour le second] plus de joie que du premier parce qu'il ne s'attendait pas à un si grand bonheur que de se voir père de deux enfants, lui qui avait craint de n'en avoir point du tout ». Il n'empêche, la naissance du futur duc d'Orléans assure la continuité de la dynastie bourbonienne et le bonheur qu'elle apporte à la famille royale possède, à n'en pas douter, les douceurs d'une grâce inespérée.

2

UN PÈRE PARTI TROP TÔT

L'année 1640 est favorable au royaume. La naissance du duc d'Anjou n'est pas la seule satisfaction pour Louis XIII. La France, en « guerre ouverte » depuis cinq ans avec l'empire et l'Espagne, a connu des périodes de difficultés, de tâtonnements fébriles, d'espoirs vite déçus et de revirements inquiétants. Mais, soudain, la situation militaire s'améliore, une éclaircie, un tournant s'opèrent, dus aux problèmes rencontrés par l'Espagne. Cette dernière doit faire face à des défaites navales contre les Provinces-Unies, à la révolte du Portugal qui prend son indépendance et à la sécession de la Catalogne qui désigne Louis XIII comte de Barcelone. Les troupes françaises en profitent pour occuper Arras et l'Artois.

Les diplomates entrent en scène et, dès janvier 1641, des négociations sont ouvertes avec l'empire. Elles aboutiront en 1648 aux traités de Westphalie. C'est dire la lenteur des événements dans ce conflit européen, cette guerre de Trente Ans qui n'en finit pas et renouvelle chaque printemps son cortège de misères, de ruines et d'exactions. Mais la politique réaliste de Richelieu qui vise à affaiblir les Habsbourg doit être menée à son terme. Le roi est en accord complet avec son ministre. Les deux hommes, compte tenu de leur état de santé, savent qu'ils ne verront peut-être pas le retour à la paix.

Une chose est sûre, le parti protestant a été brisé et l'orgueil des Grands fortement abaissé. L'autorité de l'Etat a été considérablement affermie. Il est clair qu'une régence viendra un jour, inéluctablement, à son heure, mais l'avenir de la dynastie est assuré. Anne le sait. Sa position s'est nettement consolidée. Elle est mère du dauphin. Pourtant, Richelieu cherche encore, par moments, à l'intimider, éventuellement à la compromettre, même s'il a compris que rien ne peut plus être fait pour changer cette situation.

Ainsi, en janvier 1641, est donnée au Palais-Cardinal *Mirame*, une tragédie signée du cardinal mais écrite par l'un des «garçons poètes» à sa solde: Desmarets de Saint-Sorlin. La pièce jouée devant la reine se présente comme une transposition des amours de Buckingham et d'Anne d'Autriche. Le roi, choqué, n'assiste pas à la représentation. La cour et la ville sont scandalisées mais le principal ministre est ravi. Après tout, n'a-t-on pas les plaisirs que l'on veut bien s'accorder? C'est là l'une de ces répugnantes actions dont M. de Luçon a le secret.

A la suite de ses grossesses et de ses maternités, la reine a adopté une attitude tout à fait irréprochable. Son ancienne complice, Marie de Chevreuse, est toujours en exil et son amie Marie de Hautefort a été éloignée de la cour pour laisser la place à Cinq-Mars. Anne vit, d'ailleurs, la passion de son époux pour le grand écuyer avec une sereine indifférence. Le favori la respecte, elle lui rend la politesse sans acrimonie. On sait que la reine adore visiter les couvents et son assiduité à fréquenter le Val-de-Grâce avait attiré l'attention de Richelieu en 1637.

Ces occupations ne figurent plus dans son emploi du temps qu'elle consacre en grande partie à ses enfants qui lui donnent beaucoup de joie. Elle joue avec eux, les emmène en promenade dans son carrosse, s'inquiète lorsqu'ils sont souffrants. La coquetterie, les caprices, la nonchalance, les amitiés dangereuses apparaissent comme de malencontreuses manifestations du passé. Sa petite cour, qui a été épurée, regroupe des femmes au-dessus de tout soupçon. La princesse de Condé, mère du duc d'Enghien, y tient un rôle important. Les filles d'honneur de la reine, les « chrisolites », se gardent bien de fomenter la moindre cabale.

Il ne faut pourtant pas croire que tout est devenu lisse, anodin, sans anicroche dans le couple royal. Des problèmes sont régulièrement soulevés par l'attitude du roi qui souffre des incartades de son favori. Les deux hommes signent alors, sous l'égide de Richelieu, des certificats d'amitié retrouvée. C'est désolant.

Même si cela s'est atténué après la naissance de Philippe, Louis XIII est jaloux de l'affection que sa femme porte au dauphin. Il prétend que son fils ne l'aime pas et que la mère en est évidemment responsable. Déjà, en janvier 1640, il avait été question d'éduquer Louis Dieudonné au château d'Amboise, comme avait fait Henri IV en maintenant le « troupeau » de ses enfants légitimes et naturels à Saint-Germain-en-Laye. On parle à nouveau de séparation de la mère et du fils, hypothèse dans laquelle le rôle de Richelieu est loin d'être limpide. Il est vrai que l'enfant, qui en temps de guerre voit peu son père, ne montre pas un enthousiasme débordant lorsqu'il le retrouve. En septembre 1640, après la prise d'Arras, le roi regagne Saint-Germain. Le dauphin a été préparé à l'arrivée de son père et s'élance à sa rencontre dans la salle des gardes. Mais comme il désire avec empressement conduire son père auprès d'Anne, Louis XIII se froisse tout en faisant bonne figure. C'en est trop, lorsque quelques instants plus tard le petit prince refuse que Cinq-Mars l'embrasse et se met à hurler.

Le roi s'emporte contre son épouse : « Le dauphin ne peut plus souffrir ma vue. C'est une étrange nourriture [éducation] que la sienne, mais j'y mettrai bon ordre[1].» Ce n'est pas une parole en l'air. Le morne monarque y songe et l'écrit au cardinal: «Je suis très mal satisfait de mon fils. Dès qu'il me voit, il crie comme s'il voyait le diable et crie toujours à maman. Il faut lui faire passer ces méchantes humeurs et l'ôter de la reine le plus tôt qu'on pourra[2].» Heureusement, on n'en vint pas à cette extrémité. Richelieu était intervenu et le roi l'avait remercié des «bons avis que vous me donnez».

Le cardinal ne souhaitait pas voir la reine entrer en opposition alors que la situation était déjà bien confuse avec Cinq-Mars. En revanche, le petit duc d'Anjou, qui fait ses premiers pas, plaît beaucoup à son père. Les enfants royaux sont confiés à madame de Lansac, une gouvernante placée auprès d'eux par le cardinal. Leur sécurité, où qu'ils se trouvent, à Paris, à Saint-Germain ou à Fontainebleau, est assurée par une compagnie du régiment des Gardes Françaises sous le commandement de Montigny dans lequel le roi et le ministre ont une entière confiance.

En février 1642, Louis XIII quitte Paris pour le front du Roussillon. Il laisse «la reine et ses deux enfants à Saint-Germain-en-Laye, après avoir donné tous les ordres et pris toutes les précautions possibles pour leur sûreté[3]». La gouvernante et Montigny ont reçu chacun, avant son départ, un ordre particulier. Le roi ne pouvait empêcher son frère Monsieur, qui restait à Paris, de rendre visite à la reine et aux jeunes princes, mais il recommandait à madame de Lansac «de dire aux officiers de la compagnie de demeurer auprès de Monseigneur le dauphin et de ne pas laisser entrer Monsieur s'il venait accompagné de plus de trois personnes[4]».

1. C. Dulong, *Anne d'Autriche*, Paris, Hachette, 1985, p. 198.
2. *Ibidem.*
3. Duchesse de Montpensier, *Mémoires*, éd. Bouyer, tome 1, p. 45.
4. *Ibidem.*

Les consignes remises à Montigny sont beaucoup plus sévères : « Le roi lui donna une moitié d'écu d'or, dont il garda l'autre, avec commandement exprès de ne point abandonner la personne des deux princes qu'il gardait, et s'il arrivait qu'il reçût ordre de les transférer ou de les mettre en les mains de quelque autre, il lui défendit d'y obéir quand même il le verrait écrit de la propre main de Sa Majesté, si ce n'était que celui qui le lui rendrait, lui présentât en même temps l'autre moitié de l'écu d'or qu'il retenait[1]. »

D'où viennent les craintes du roi et sa méfiance à l'égard du duc d'Orléans ? A-t-il eu vent qu'un mauvais coup pouvait être porté à sa famille ? Le complot de Cinq-Mars à l'encontre de Richelieu n'en était qu'à ses prémices, au stade des négociations entre le grand écuyer, le duc de Bouillon et Gaston d'Orléans. Le traité qui va les unir, et qui implique l'intervention de Philippe IV d'Espagne, sera signé le mois suivant. Il sait seulement que la reine et Monsieur entretiennent des relations étroites.

On a largement épilogué sur la participation d'Anne d'Autriche au complot. Qu'elle en ait été informée est vraisemblable. Qu'elle y ait joué un rôle actif n'est pas démontré. Pourtant, le traité avec l'Espagne précise « qu'on ne prend en ceci aucune chose contre le roi Très Chrétien et au préjudice de ses Etats, ni contre les droits et l'autorité de la reine Très Chrétienne régnante ». De plus, la Grande Mademoiselle note dans ses *Mémoires* que la reine avait avec son père (Gaston) : « Pour lors beaucoup d'affaires dont l'issue a été si funeste qu'on peut bien les appeler malheureuses. »

Ce climat malsain est entretenu par Richelieu qui craint une montée en puissance du favori. Selon Mazarin, depuis l'automne 1641, « le cardinal met tout en œuvre pour perdre Monsieur le grand ». Son animosité et sa prévention ne sont pas injustifiées. Sur la route qui le mène

1. *Op. cit.*, p. 45.

en Roussillon, Louis XIII s'épanche auprès de Cinq-Mars ; il lui offre le gouvernement de Touraine, mais ce dernier refuse pour rester auprès de son maître qui va jusqu'à lui parler « de l'esclavage où son ministre l'avait réduit ». Il n'en faut pas davantage pour que les comploteurs perçoivent au travers de ces mots une sorte d'assentiment du roi à la chute du cardinal, sans pour cela aller jusqu'à son assassinat.

Bien entendu, Anne d'Autriche sut ce que son époux avait ordonné à la gouvernante et s'empressa de prévenir Monsieur « qui n'alla à Saint-Germain qu'avec le nombre de gens qu'il fallait pour y être reçu ». Une lutte secrète, sourde, opaque se met en place autour des petits princes. Pendant l'absence du roi, la reine est menacée d'être séparée de ses enfants que l'on veut placer à Vincennes. Ces tracasseries, dues au cardinal, n'aboutissent pas mais révèlent des intentions peu claires. Il parvient à convaincre Louis XIII, qui demande à diverses reprises à sa femme de s'installer à Fontainebleau, ce qu'elle fait sans précipitation, tout en rechignant.

Richelieu, qui rejoint le roi aux armées, apprend à Arles, dans une forme abrégée, les clauses du traité avec l'Espagne, ces « découvertes merveilleuses » dont il informe aussitôt le roi à Narbonne. C'est une véritable aubaine pour le cardinal, un chagrin immense pour le roi. Le 13 juin au matin, Cinq-Mars est arrêté et conduit dans la citadelle de Montpellier. Qui a adressé au cardinal le texte du traité ? Philippe Erlanger, biographe de Cinq-Mars et d'autres auteurs imputent la trahison à Anne d'Autriche, meurtrie à l'idée de se voir retirer sans cesse ses enfants et qui redoute qu'on ne lui enlève la régence en cas de décès du roi[1].

Il est vrai que, malgré un état de santé aussi délabré que celui de son maître, le cardinal ministre, selon certaines

1. Ce n'est pas la thèse de Claude Dulong, biographe d'Anne d'Autriche, qui cherche à innocenter la reine, montrant que bien d'autres canaux étaient possibles.

sources, envisageait de s'attribuer tout bonnement la régence du royaume en évinçant la reine et le duc d'Orléans. Le sort en décida autrement puisqu'il mourut le premier. A Fontainebleau, la reine est rassurée. Bien sûr, compte tenu de leur âge, les princes ignorent le déroulement tragique des événements. Il n'est même pas certain qu'on leur ait parlé de leur grand-mère, Marie de Médicis, qui décède en exil, le 3 juillet 1642 à Cologne, « dans l'abandon et le mépris de toute l'Europe ».

Une chose est certaine, Louis et Philippe ne voient plus leur oncle Gaston qui tente, tant bien que mal, d'échapper à une sévère vengeance de son frère. On envisage pour Monsieur une véritable déchéance de tous ses droits. Début août, Louis XIII retrouve sa famille à Fontainebleau. L'atmosphère est loin d'être joyeuse. Le roi se morfond dans une infinie tristesse, suscitée par la dernière conjuration de Monsieur et le procès de son favori qui va aboutir à sa décapitation à Lyon. Connaît-il la participation d'Anne à toute cette affaire ? A l'évidence, il ne semble pas s'en être entretenu avec elle. Louis et Philippe sentent la morosité et l'irritation de leur père qu'ils n'ont pas vu depuis de longs mois. Ils sont loin d'être satisfaits de cette situation tandis que leur mère se tient judicieusement sur ses gardes.

A l'automne, la cour retrouve les châteaux Vieux et Neuf de Saint-Germain-en-Laye. C'est là que Louis XIII va vivre ses derniers mois auprès des siens. Au moment où les petits princes ont leur père quotidiennement à leurs côtés, qu'ils peuvent lui parler, jouer avec lui, écouter ses conseils et recommandations, développer leurs sentiments filiaux, c'est un homme affaibli qui se présente à eux, un homme usé, diminué physiquement et blessé moralement.

Peut-être Louis XIII en a-t-il conscience, lui qui a partagé tant de moments de complicité avec Henri IV, qui a eu tant de conversations avec lui au Louvre ou lors des visites du Vert Galant à Saint-Germain. Anne apprécie la situation, en évalue les conséquences, mesure la peine des enfants et cherche à adoucir les réactions de chacun. Elle sait que désormais l'avenir des princes dépend entièrement d'elle. Elle ne se fait aucune illusion sur les pensées du roi concernant ses attitudes passées.

La disparition subite de Richelieu saisit Louis XIII le 4 décembre. Ainsi, s'envolent dix-huit ans de collaboration, de mise en œuvre de vastes projets, de belles réalisations mais aussi de décisions moins glorieuses parmi lesquelles on trouve les fameux échafauds du roi. On sait que la politique du cardinal, toujours approuvée et soutenue par son maître, présente un catalogue éloquent de morts violentes: Chalais, Des Chapelles, Montmorency-Bouteville, Marillac frère cadet, le duc de Montmorency, Cinq-Mars, sans oublier les décès curieux d'Ornano, Puylaurens et de quelques autres.

A cela s'ajoutent la pression financière pour la guerre, la coercition à l'égard des sujets et les révoltes paysannes exceptionnellement nombreuses et meurtrières. Le bilan est tragique, mais Louis XIII sait aussi que son ministre, tout au long de ces années, a été son plus précieux conseiller, l'ordonnateur de sa vie privée et le témoin privilégié de ses envolées sentimentales. N'a-t-il pas largement favorisé les emballements affectifs du roi pour mademoiselle de Hautefort, mademoiselle de La Fayette, et surtout Cinq-Mars avant de les briser sans amertume? Quant à l'intrusion de l'Eminence dans la vie du couple royal, chacun sait qu'elle fut loin d'être positive.

En vérité, la disparition de M. de Luçon fut largement perçue comme un soulagement. Ses ennemis étaient nombreux même s'il déclara sur son lit de mort au père le Tonnelier, curé de Saint-Eustache: «Je n'en ai jamais eu d'autres que ceux de l'Etat.» Selon Monglat, Louis XIII «fut ravi d'en être débarrassé et ne le nia point à ses familiers». De son côté, dans son château de Blois, Gaston d'Orléans laissa percer un vif sentiment de satisfaction: «Dieu soit loué, mon ennemi n'est plus au monde.» Quant au peuple, selon Guy Joly, «sa disparition fut accueillie dans toute la France avec des témoignages et des sentiments d'une joie qu'on ne peut assez exprimer». Il est clair que la mort du croquemitaine ne fit pas pleurer dans les chaumières. Par bonheur, les historiens surent plus tard rendre justice à cet exceptionnel serviteur de la monarchie. Les choses en vont souvent ainsi, une fois les passions dissipées.

A Saint-Germain, Louis XIII réside au château Neuf, construit sous Henri IV. La reine et ses enfants sont installés au château Vieux. La santé du roi se dégrade rapidement. A partir du 21 février 1643, il est immobilisé dans sa chambre. Tous les jours, Anne lui rend visite et reste à son chevet des heures entières, «outrée de douleur», versant des flots de larmes dont il serait malséant de mettre en doute la sincérité. Louis et Philippe sont régulièrement conduits auprès de leur père. On imagine l'émotion des enfants durant ces courts instants. Le 3 avril, Louis XIII effectue sa dernière promenade dans les couloirs du château. Parfaitement lucide mais incapable de se déplacer seul, il est soutenu par Souvré, premier gentilhomme de sa chambre et Charost, capitaine des gardes.

Il est temps d'organiser la régence. Le 20 avril, «une déclaration de Sa Majesté sur le gouvernement de ses Etats» est signée. Anne est nommée régente et Gaston d'Orléans lieutenant général du royaume sous l'autorité de sa belle-sœur. Il n'était pas possible d'envisager une autre solution, mais la méfiance du malade demeure. Dans la décision politique, la pluralité des voix était requise pour les questions de guerre et de paix, de finances et pour la nomination aux grandes charges civiles et militaires. De même, le pardon du roi exclut l'ancien garde des Sceaux Châteauneuf qui ne peut en aucune façon revenir aux affaires et la duchesse de Chevreuse dont la simple évocation provoque une violente réaction: «Voilà le diable cela, voilà le diable.»

Le lendemain, le dauphin Louis, ondoyé à sa naissance, est baptisé. Sa marraine est la princesse de Condé et le parrain, le cardinal Mazarin, bien placé pour devenir le chef du conseil et désormais attaché à la couronne de France.

L'état du roi empire[1]. Le 23 avril, il reçoit l'extrême-onction et le 10 mai ses enfants ne peuvent lui parler, il était déjà dans un état de léthargie totale. Il dormait «la bouche ouverte et les yeux tournés, ce qui étaient des marques de sa mort prochaine». Le valet de chambre Dubois s'adressa aux deux enfants: «considérez je vous prie le roi qui dort comme il est... afin qu'il vous en souvienne quand vous serez grands». Difficile pour eux de saisir le sens de tels propos. Les petits princes sont présentés au roi, à l'agonie, pour la dernière fois le 13 mai. Il meurt le lendemain, jeudi 14 mai à «deux heures trois quarts de l'après-midi», le même jour et à peu près à la même heure que son père Henri IV.

La régente, l'enfant-roi Louis XIV et le duc d'Anjou n'attendent pas les obsèques qui doivent se dérouler le 19 à Saint-Denis. En fin de matinée, le 15, ils quittent Saint-Germain pour Paris où ils sont accueillis dans l'allégresse et l'enthousiasme populaire.

1. Il souffrait vraisemblablement d'une tuberculose intestinale qui aurait conduit à une péritonite purulente par perforation du côlon.

3

À L'OMBRE DU JEUNE ROI

Le 14 mai, le dauphin, devenu à quatre ans et huit mois le roi Louis XIV, débute un règne de soixante-douze ans. Son frère Philippe d'Anjou, âgé de trente-deux mois, s'appelle désormais Monsieur, héritier du trône. On prend l'habitude, compte tenu de son oncle Gaston d'Orléans, de le désigner comme le « petit Monsieur ». La régence s'annonce fort longue.

La principale conséquence de la mort de Louis XIII est, bien entendu, la mise en représentation continuelle de l'enfant-roi pour les besoins de la politique. Cela fait partie de son éducation, de son « institution » au même titre que ses premiers apprentissages cognitifs et plus tard la pratique de l'équitation et le maniement des armes. Malgré son jeune âge, Louis, qui incarne la monarchie, doit satisfaire à un grand nombre de manifestations. Certes, on ne lui demande pas, les lundis et jeudis, de présider le conseil, mais il accompagne la régente dans de nombreuses cérémonies officielles, souvent interminables, participation aux réceptions d'ambassadeurs, *Te Deum* à Notre-Dame lors des victoires militaires.

Anne ne manque pas une occasion de présenter dans son carrosse le roi aux Parisiens, sur le Cours la Reine, lieu à la mode ou lors de ses visites dans les églises et monastères. En ces occasions, Philippe d'Anjou est souvent présent. Dès le lundi 18 mai, Louis XIV préside dans la grand'chambre du Parlement de Paris un lit de justice afin de casser le testament de son père. Au cours d'une pareille séance, le souverain récupère momentanément la plénitude de son rôle de premier justicier du royaume. Le but est de donner la totalité du pouvoir à la régente Anne comme cela s'est produit en mai 1610 pour Marie de Médicis.

Cette séance d'une extrême longueur, étant fort éprouvante, Philippe d'Anjou n'y assiste pas. On connaît bien son déroulement, par le *Journal* d'Olivier Lefèvre d'Ormesson. Dès huit heures du matin, les ducs et pairs du royaume, les maréchaux de France, les grands officiers de la couronne et les parlementaires en robe rouge ont pris place selon leurs rangs et préséances. A neuf heures, Louis XIV, « qui était à la bavette », porté par son grand chambellan, le duc de Chevreuse, est assis sur le trône.

De chaque côté s'installent les membres de la famille royale : Anne d'Autriche à droite, Gaston et le prince de Condé à gauche. Le silence obtenu, Anne et madame de Lansac mettent le roi debout sur son trône, d'où il bredouille quelques mots que Lefèvre d'Ormesson traduit par « je suis venu témoigner au parlement ma bonne volonté, M. le chancelier dira le reste ». On voit mal l'enfant prononcer cette phrase ; d'ailleurs certains participants signalent que Louis n'a pas proféré le moindre mot. Qu'importe ! Il sut écouter sans se plaindre les interventions d'Anne d'Autriche, de Gaston d'Orléans, du prince de Condé, puis du chancelier Séguier dont la reine avait eu tant à se plaindre. L'avocat général Omer Talon qui lui succède, lui adresse une volée de bois vert concernant le bilan du précédent règne et ses exactions envers les sujets. Le vote est évidemment unanime et Anne se trouve seule maîtresse du pouvoir. Clin d'œil du destin, le lendemain 19 mai, le duc d'Enghien, fils aîné du prince de Condé, remportait à moins de vingt-deux ans, sur les Espagnols, la magnifique victoire de Rocroi.

Au-delà du succès militaire, la bataille s'impose aussitôt comme le symbole d'un début de régence prometteur. Une gravure anonyme marque l'événement. Sur un coussin, la couronne est posée. Le roi est assis, la régente à son côté; ils tiennent ensemble chacun d'une main un sceptre. Anne porte dans son autre main une couronne de lauriers. Le duc d'Anjou, habillé en fille pour respecter l'usage, est debout. La ville de Rocroi apparaît au second plan. Dans un nuage de fumée, provenant de la canonnade, on distingue le duc d'Enghien coiffé d'un large chapeau à plumes blanches qui charge l'ennemi. Sans doute faut-il voir dans cette représentation une autre signification.

Anne avait beaucoup comploté avec l'Espagne et les Pay-Bas. Devenue régente, elle semble être saisie par ses responsabilités envers la France, elle tourne la page d'une complicité familiale douteuse avec son frère d'Espagne et son cousin l'empereur et affirme l'autorité et la puissance du petit Louis XIV. Bien entendu, Anne n'est pas en mesure de mener seule à terme cet ambitieux projet.

Elle connaît ses limites. Elle avoue à madame de Pruges: «J'étais plus heureuse à Saint-Germain, éloignée des affaires, car je ne connais rien au gouvernement et il faut gouverner.» Madame de Motteville écrira plus tard que la régente «avait trop de défiance d'elle-même et de son humilité pour n'être pas persuadée de son incapacité au gouvernement». Le jugement est un peu sévère, car, en l'occasion, Anne n'a pas manqué de clairvoyance en nommant à la stupeur générale, le 20 mai, Mazarin chef du conseil et en conservant l'ensemble des ministres du défunt roi et même son ennemi, le chancelier Séguier.

Le choix de Mazarin froisse bien des susceptibilités tant les candidats à la charge sont nombreux. Ils s'inquiètent de voir le pays dirigé par une Espagnole et un Italien. Retz résume avec le style qui est le sien la nomination : « L'on voyait sur les degrés du trône d'où l'âpre et redoutable Richelieu avait foudroyé plutôt que gouverné les humains, un successeur doux, bénin, qui ne voulait rien, qui était au désespoir que sa dignité ne lui permît pas de s'humilier autant qu'il eût souhaité devant tout le monde. » Il est vrai que Giulio possède au physique un charme évident. Maniéré, enjoué, homme d'esprit à l'accent rocailleux agréable, grand amateur d'art et d'une grande souplesse psychologique, l'homme ne peut que séduire la régente. Richelieu avait vu juste lorsque, en 1639, il avait présenté à Anne le diplomate pontifical en susurrant avec une sournoise malice : « vous l'aimerez bien, Madame, il a l'air de M. de Buckingham ». Pour le moment, la séduction du principal ministre s'exerce à conseiller la régente, à la conduire à ses propres vues, tout en lui laissant prendre la décision et surtout à se faire respecter de l'ensemble des ministres. Très tôt, dans « la jungle en dentelles » qu'est la cour, les mauvaises langues font des gorges chaudes sur les relations intimes entre les deux complices aux affaires, surtout après l'échec de la cabale des Importants durant l'été 1643[1].

C'est, bien entendu, de la malveillance, et lorsque madame de Hautefort s'en fait l'écho auprès de sa maîtresse, cette dernière s'en sort en riant par une pirouette en affirmant « qu'il venait d'un pays à avoir des inclinations d'une autre nature ». Mais, quelques années plus tard, il est certain qu'elle a changé d'avis. Dans l'immédiat, Anne a d'autres préoccupations, à savoir : donner un ton nouveau à la cour. Dans ses *Mémoires*, la Grande Mademoiselle écrit que « les premiers mois de la régence furent les plus beaux

1. Ce complot de grands seigneurs dont le duc de Beaufort et la duchesse de Chevreuse visait à éloigner Mazarin du pouvoir.

que l'on put souhaiter». Retz minimise l'enthousiasme des Parisiens: «La reine était adorée... Beaucoup plus par ses disgrâces que par son mérite. L'on ne l'avait vue que persécutée et la souffrance aux personnes de ce rang tient lieu d'une grande vertu.» D'une manière générale, on parle de «la bonne régence» qui présente un gouvernement réparateur des outrances passées.

Le lit de justice du 18 mai avait donné à la reine «l'éducation et l'instruction de Louis et de Philippe». Cela allait de soit. Anne adore ses enfants. Madame de La Fayette écrira qu'elle «les avait élevés auprès d'elle avec une tendresse qui lui donnait quelque jalousie des personnes avec lesquelles ils cherchaient leur plaisir». C'est là un sentiment bien compréhensible.

Pourtant, la régente semble favoriser Louis, le gâter, le cajoler davantage, lui, l'enfant du miracle[1]. Mais n'est-ce pas naturel puisqu'il est le roi, appelé à un destin exceptionnel à la tête du beau royaume de France? Sa formation ne peut être négligée, elle doit être à la hauteur des ambitions royales. Jusqu'en 1645, Louis XIV est éduqué par les femmes. Dès 1643, madame de Lansac avait cédé sa place de gouvernante à madame de Sénécey auprès des deux enfants. A sept ans, Louis a atteint selon le droit canonique et les exigences de l'Etat «l'âge de raison».

En mars 1646, Mazarin est nommé «surintendant au gouvernement et à la conduite du roi» et le marquis de Villeroy «gouverneur sous lui de la personne de Sa Majesté». Le valet de chambre La Porte, qui a tant servi la reine, joue un grand rôle auprès de son maître. L'équipe éducative mise en place est fort nombreuse, à défaut d'une véritable efficacité. Le précepteur Hardouin de Péréfixe, futur évêque de Rodez, dirige un ensemble de maîtres spécialisés. Parmi eux, on trouve: Jean le Bé pour l'écriture, le Camus pour le calcul, Antoine Oudin donne

1. Jusqu'à sa mort, Anne d'Autriche portera au poignet un bracelet fait des cheveux du jeune roi.

des rudiments d'italien et d'espagnol, Davire initie au dessin. Plus tard, on ajoutera des maîtres pour l'apprentissage du luth et de la guitare et bien entendu ceux d'équitation (Arnolfini) et de danse. Louis et Philippe adorent danser et le montreront très régulièrement.

Le duc d'Anjou possède lui aussi un important personnel à sa disposition. Son propre précepteur, La Mothe le Vayer, est l'un des plus remarquables humanistes du moment. Son action sera efficace sur l'enfant, elle développera son goût pour les lettres, les arts et l'ensemble des connaissances comme l'avait fait trente ans plus tôt de Brèves pour Gaston d'Orléans. Philippe est un enfant plein de charme, de générosité et de vivacité. Madame de Motteville écrit qu'il « eut de l'esprit aussitôt qu'il sut parler, accompagné de deux belles inclinations, la libéralité et l'humanité ». La mémorialiste ne dissimule pas l'aspect avantageux de son physique : « Il était bien fait, les traits de son visage paraissaient parfaits. Ses yeux noirs étaient admirablement beaux et brillants, ils avaient de la douceur et de la gravité. Sa bouche était semblable en quelque façon à celle de la reine sa mère. Ses cheveux noirs à grosses boucles naturelles convenaient à son teint et son nez qui paraissait devoir être aquilin était alors assez bien fait. » Et elle ajoute avec malice : « On pouvait croire si les années ne diminuaient pas la beauté de ce prince qu'il en pourrait disputer le prix avec les plus belles dames. » Le jugement est prémonitoire. Philippe reçoit de son père une ambiguïté des sens que, contrairement à Louis XIII, il concrétisera largement.

La Grande Mademoiselle, qui va régulièrement jouer avec les enfants au Louvre, signale aussi qu'il est « l'enfant du monde le plus joli et pour qui j'ai toujours eu grande amitié ». Anne l'appelle souvent « ma petite fille » et ne fait pas obstacle à ce que l'enfant soit habillé en fille au-delà de l'âge prévu par la coutume. En réalité, si Louis XIV est un pur Bourbon, Philippe possède de nombreux traits de son ascendance Médicis. Ce que par ailleurs le frère de

Louis XIII reconnaît volontiers. Gaston manifeste une grande affection pour son neveu dans lequel il retrouve l'enfant charmant qu'il avait été et sera son parrain en 1648.

Lorsque le petit prince atteint six à sept ans, il le reçoit au palais du Luxembourg où ils passent de longs moments en tête-à-tête. Gaston lui montre les magnifiques ouvrages de sa bibliothèque, ses collections d'objets rares et ses cartes et plans. Cela contribue incontestablement à attiser la curiosité du neveu pour les choses de l'esprit. Ils jouent également souvent ensemble.

Le Louvre représente pour Anne d'Autriche vingt-huit ans de sa vie auprès d'un roi qui, loin s'en faut, n'a su ni la comprendre, ni l'aimer, ni l'épanouir. On comprend aisément que, veuve, elle souhaite oublier ce passé peu amène. En octobre 1643, elle s'installe avec ses enfants au Palais-Cardinal, rebaptisé Palais-Royal. Bien qu'il ait largement favorisé sa famille, Richelieu avait légué sa magnifique demeure à son roi. Pour respecter la décence, ce fut le moindre geste qu'il souffrit à l'égard de Louis XIII. On connaît l'immense fortune accumulée par le cardinal grâce à sa position ministérielle[1].

Pour la famille royale, le choix représente un grand changement, un lieu de vie moderne, ouvert, dénué de murailles et de fossés. C'est « un palais tout neuf dans un quartier neuf »[2]. Il est vrai que le lieu est à la mode depuis une vingtaine d'années. Les financiers et les grands serviteurs de l'Etat y ont établi leurs hôtels particuliers, entre autres le contrôleur général des finances Particelli d'Emery et son gendre, Phélypeaux de La Vrillière, secrétaire d'Etat[3]. Le palais avait de l'agrément avec ses hautes et larges fenêtres et son vaste jardin.

1. J. Bergin, *Pouvoir et fortune de Richelieu*, Paris, 1987.
2. C. Dulong, *op. cit.*, p. 302.
3. L'hôtel de La Vrillière se situait à l'emplacement actuel de la Banque de France.

C'est là qu'Anne et ses enfants découvrent de nouvelles habitudes de vie. On le sait, la régente se lève fort tard, entre dix et onze heures du matin, excepté les jours de dévotion. Peu après son réveil, ses enfants viennent lui adresser le bonjour et le roi tend sa chemise à sa mère. Au début, ils restent ensemble une bonne partie de la journée. Au fil des ans, le temps de vie commune s'amenuise pour faciliter les études de ses fils. Sortis de l'enfance, ils prennent leurs repas avec la régente, ce qui n'est pas la coutume. Mais la reine s'arroge des libertés avec les usages de l'étiquette. Les petits princes sont bien plus heureux ici qu'au Louvre. Ils jouent dans le jardin, parfois ils s'y promènent dans une petite charrette tirée par des chiens.

On remarque beaucoup de femmes à leurs côtés. Contrairement au jeune Louis XIII, ils adorent la gent féminine. Le roi a une affection particulière pour madame de Hautefort qu'il appelle « ma femme », mais la favorite de Louis XIII n'attendit pas la puberté du roi pour se sacrifier, elle avait déjà bien souffert des vaines attentes à l'égard du père. Régulièrement, Louis et Philippe vont aux bois de Boulogne et de Vincennes assister aux parades des régiments des gardes.

Dès son avènement, Louis XIV a reçu une compagnie « d'enfants d'honneur », une quinzaine de jeunes nobles qui font l'exercice devant lui et son frère, sous la houlette de madame de La Salle, femme de chambre du roi. La famille royale aime rester à Paris ; cependant, l'été, elle s'installe à Fontainebleau. Le séjour se prolonge parfois à l'automne pour la saison des chasses. Il n'est pas rare de voir la régente et ses enfants se baigner dans la Seine, évidemment en chemise.

Durant l'été et l'automne 1647, Philippe d'Anjou connaît ses premiers vrais problèmes de santé[1]. Il est d'abord malade, en août, d'une rougeole insistante et ne

1. Ils sont bien connus grâce aux *Mémoires* de la Grande Mademoiselle et de madame de Motteville.

peut suivre la cour en septembre. Il reste au Palais-Royal, victime d'une forte dysenterie qui l'accabla par la suite. Lorsqu'elle apprend que l'on a saigné le prince, la reine est bouleversée, prend conscience du danger et décide de venir à Paris accompagnée de la Grande Mademoiselle, laissant le roi auprès de Mazarin à Fontainebleau. Le ministre est choqué : « Le cardinal vint le lendemain matin à son lever lui faire quasi une réprimande de ce qu'elle avait dit, lui remontrant que ces bruits étaient d'une dangereuse conséquence pour le bien de l'Etat. »

Il est vrai que Philippe est l'héritier du trône et que tout ce qui le concerne doit être divulgué avec parcimonie. En voyant arriver sa mère, Philippe « se jeta à son cou et la tint longtemps embrassée, tant pâmé de joie et de plaisir de la revoir ». La présence de la reine a pour effet de faire tomber la fièvre. Anne reste deux jours auprès de son fils, deux jours merveilleux pour le petit prince qui aurait souhaité la rencontrer en tête-à-tête, plutôt que de la recevoir accompagnée de plusieurs personnes. On le comprend.

En novembre, c'est au tour de Louis XIV d'être saisi par la maladie. Cette fois c'est la petite vérole qui le contraint à garder la chambre une bonne quinzaine de jours. Certains moments sont même très critiques. Selon plusieurs sources, des gentilshommes de l'entourage du duc d'Orléans poussent l'irrespect jusqu'à boire à la santé de Gaston Ier. On n'ose envisager le sort qu'ils auraient réservé à Philippe en cas de disparition du roi. Mais ne sont-ce pas là des propos inconséquents ? Il n'empêche, la nuit où le roi est au plus mal, le maréchal de Schomberg dispose ses gardes autour du Palais-Royal en une véritable ceinture de protection.

L'emprise de Mazarin sur l'éducation des enfants se fait plus ferme. Au début, le ministre habite à l'hôtel de Chevry ; il s'installe au Palais-Royal, tout près de l'appartement de la reine, en juin 1644, ce qui ne manque pas d'alimenter la rumeur. Le principal ministre a pris l'habitude de se servir de l'amour de la régente pour ses enfants pour arriver à ses fins. Il lui est facile de mettre en valeur l'avenir du roi et de son frère pour conduire Anne à ses vues et lui faire accepter ses décisions.

> *« La reine donne tout*
> *Monsieur joue tout*
> *M. le prince* [Condé] *prend tout*
> *Le chancelier scelle tout. »*

Les chansonniers voient juste. La belle régence s'épanouit et la paix avec l'empire est proche. Le ministre qui tire toutes les ficelles peut être satisfait. En réalité, l'horizon commence à s'obscurcir dangereusement.

4

LA FAMILLE ROYALE DANS LA TOURMENTE

Comme la Ligue au siècle précédent, la Fronde qui secoue la monarchie française pendant près de cinq ans est une crise grave qui mêle le tragique au burlesque, l'exaltation de l'honneur à l'infâme trahison, le jeu des passions des Grands aux pires exactions. Il n'est pas prévu d'en faire ici l'exégèse, tant le phénomène a déjà été étudié[1]. Tout au plus est-il nécessaire de rappeler quelques données. C'est une régence, période toujours difficile, avec une reine d'origine espagnole et un ministre italien. La France est en guerre ouverte contre l'Espagne et l'empire depuis treize ans. Elle est épuisée. Les caisses de l'Etat sont vides. Les peuples pressurés sont exsangues et le surintendant des finances, Particelli d'Emery, tout-puissant en matière financière, s'attaque désormais aux riches,

1. Nous renvoyons le lecteur à notre livre: *Gaston d'Orléans*, Albin Michel, 1999.

la bourgeoisie, les officiers du roi et même aux cours souveraines[1].

Face à ce qu'elles appellent des atteintes à leurs droits, ces dernières réagissent tout au long du premier semestre de 1648, se réunissent en la chambre Saint-Louis du Palais de justice et adoptent le 13 mai 1648 l'Arrêt d'Union. En juillet, le parlement travaille à un texte qui impose un vaste programme de réformes. Il parle de supprimer les intendants, de faire voter l'impôt par les cours souveraines, d'interdire d'emprisonner une personne plus de vingt-quatre heures sans la faire comparaître devant son juge naturel. D'emblée, la rue s'empare en chansons de la situation. L'une fait florès :

« Un vent de fronde
s'est levé ce matin ;
je crois qu'il gronde
contre le Mazarin. »

La reine et le conseil s'inclinent non sans ressentiment devant cette « espèce de république dans la monarchie ». La cour est désorientée et madame de Motteville peut écrire : « C'est toujours une chose fâcheuse que de faire la guerre contre son roi et son maître. » N'empêche ! Après la belle victoire de Condé à Lens le 20 août 1648, la régente se croit suffisamment forte pour recourir au coup de force. Le 26 août, lors du *Te Deum* à Notre-Dame, elle fait arrêter les parlementaires compromis, le vieux Broussel, fort célèbre pour son humilité, « blanchi entre les sacs, dans la poudre de la Grand'chambre » (Retz), et Potier de Blancmesnil.

Paris se couvre de barricades les jours suivants. On en compte environ 1260. Les parlementaires sont libérés. C'est une première reculade, il y en aura bien d'autres les années suivantes. Sous prétexte de nettoyer le Louvre, plus

1. On appelle ainsi des institutions jugeant en dernier ressort : parlement, cour des Aides, chambre des comptes, grand conseil.

sûrement de mettre le roi en sécurité, la cour s'installe à Rueil chez la duchesse d'Aiguillon, nièce de Richelieu. A Paris règne un climat d'agitation. Le 24 octobre, le jour même où sont signés les traités de Westphalie (Münster et Osnabrück) avec l'empire, alors qu'une porte s'ouvre sur la paix générale, le parlement enregistre une déclaration royale qui concrétise, ni plus ni moins, l'établissement d'une véritable charte constitutionnelle. La concession est d'importance et provoque chez beaucoup un fort étonnement.

La Grande Mademoiselle dit clairement que « l'autorité d'un seul tient tant de la divinité que l'on devrait avec joie et respect s'y soumettre par son propre choix ». On en est loin. A la fin de l'année, l'air de Paris devient si malsain que la cour quitte précipitamment le Palais-Royal pour Saint-Germain dans la nuit des rois 1649, celle du 5 au 6 janvier. Le pouvoir cherche à affamer la capitale pour la réduire à l'obéissance et, le 8 février, les troupes du parlement sont écrasées par Condé à Charenton. Il faut négocier. La paix est signée à Rueil le 11 mars et confirmée le 14 avril. Mais il est clair que le gouvernement n'est pas au bout de sa peine.

L'évolution des événements au fil des mois nécessite un éloignement de la cour. En 1649, elle séjourne à Saint-Germain du 6 janvier au 30 avril, puis à Compiègne jusqu'au 18 août. Au cours de l'année 1650, les voyages se multiplient: en Normandie du 1er au 22 février, en Bourgogne du 5 mars au 3 mai, puis en Guyenne du 4 juillet au 15 novembre. Soit au total plus de sept mois. Enfin, la guerre contre les princes la conduit sur les routes de France pendant près de treize mois, du 27 septembre 1651 au 21 octobre 1652. Louis XIV est dans la position de son grand-père Henri IV, soixante ans plus tôt.

Même lorsqu'ils sont à Paris, le roi et la régente ne sont pas libres de leurs mouvements. En février 1651, Condé, Conti et Longueville, arrêtés l'année précédente, sont libérés. Dans la nuit du 9 au 10, Mazarin s'enfuit de la capitale. Afin d'empêcher la famille royale de le rejoindre,

Gaston d'Orléans fait cerner le Palais-Royal par les milices bourgeoises. De nombreuses personnes pénètrent dans les appartements royaux et exigent en pleine nuit de voir le roi dans son lit. Son frère Philippe dort dans une chambre voisine. Jusqu'au 30 mars, la régente et ses enfants sont prisonniers dans leur palais. Anne ne sort plus, ne promène plus les princes dans Paris dont les portes sont militairement gardées. D'avril à juillet, Condé est tout-puissant.

Le 31 juillet, il brave le jeune roi qu'il rencontre sur le Cours la Reine. L'irrespect de M. le prince, sa morgue, son orgueil démesuré n'ont plus de limites. Il sait pourtant que dans moins de deux mois, Louis XIV sera déclaré majeur et que la situation peut changer rapidement. Mais il n'en a cure. Pour le moment, Mazarin est au château de Brühl dans l'électorat de Cologne, d'où il prodigue conseils et recommandations. La pression des Parisiens sur la régente est très forte.

Dans de pareilles conditions, comment peut se faire l'éducation de Philippe d'Anjou? D'une manière générale, la Maison du jeune prince fonctionne tant bien que mal à Paris comme sur les routes de France. Les personnes attachées à son service sont compétentes et efficaces. On sait que son précepteur était l'excellent humaniste La Mothe Le Vayer. Il supervise avec Hardouin de Beaumont de Péréfixe, sans contrainte il est vrai, les apprentissages du jeune prince. Le 6 mars 1649, César de Choiseul, comte Duplessis-Praslin et maréchal de France, devient gouverneur de Monsieur. C'est un bon militaire, attaché au cardinal dont il favorisera le retour d'exil et qui protège la famille royale durant toute la Fronde. Souvent occupé à des affaires militaires, il n'a guère de temps à consacrer à son protégé.

La grande idée de Duplessis-Praslin est que le Palais-Royal est bien plus difficile à défendre que le Louvre en cas d'émeutes. Compte tenu de ses activités, Mazarin a adjoint un sous-gouverneur auprès du prince, peu avant son départ en exil. Il s'agit de Guillaume Millet de Jeure, un vrai fidèle, un inconditionnel du cardinal auquel il a donné son manteau la nuit de sa fuite. Il est peu probable que lui aussi, outre les questions de sécurité, se soit beaucoup mêlé de la vie de Monsieur. Un autre personnage de l'entourage de Philippe est plus douteux. René du Plessis de la Roche-Pichemer, marquis de Jarzay, est capitaine des gardes du duc d'Anjou. L'homme n'est pas sans qualités; il est très dévoué à la régente et à ses enfants et assure qu'il mourra, qu'il donnera sa vie pour leur protection. La reine le remarque et remercie son dévouement.

Le problème est que, bientôt, Jarzay s'éprend violemment d'Anne d'Autriche. Est-ce une soudaine pulsion affective ou une manigance de la part d'un affidé de Condé? On ne sait. Toujours est-il que l'affaire prend des proportions délicates lorsque Condé intervient en faveur de Jarzay. Finalement, ce dernier est chassé de la cour. La place des femmes a été au fil des années considérablement réduite. Cependant, Philippe recherche leur compagnie, il leur parle, il les amuse. Parfois, il veut les coiffer, avoir un contact physique avec elles. Elles aiment cet enfant enjoué, pétillant de malice, qui, s'il délaisse la plume et les livres, adore la danse et déjà la comédie.

Dans les circonstances malheureuses qui saisissent la famille royale et malgré les problèmes énormes qui l'assaillent, Anne cherche à marquer sa présence auprès de ses enfants. Elle les reçoit à son lever, converse avec eux dans la journée et leur souhaite le bonsoir. On peut penser ce que l'on veut sur le comportement de cette femme dont Louis XIV dira plus tard: « Elle mérite d'être mise au rang de nos plus grands rois. » Il n'empêche, elle fut une mère courage, une mère tendresse, une mère salvatrice. Mais, fussent-ils princes, les enfants sont ce qu'ils sont. Si Louis et Philippe sont très attachés l'un à l'autre, il leur arrive souvent de se disputer, de « se picoter ».

Dans ses *Mémoires*, le valet de chambre La Porte relate l'une de ces scènes burlesques. Elle se déroule le

24 avril 1652 à Corbeil. « Le roi voulut que Monsieur couchât dans sa chambre, qui était si petite qu'il n'y avait que le passage d'une personne. Le matin, lorsqu'ils furent réveillés, le roi sans y penser cracha aussitôt sur le lit de Monsieur ; qui cracha tout exprès sur le lit du roi, qui, un peu en colère, lui cracha au nez ; Monsieur sauta sur le lit du roi et pissa dessus ; le roi en fit autant sur le lit de Monsieur. Comme ils n'avaient plus de quoi ni cracher ni pisser, ils se mirent à tirer les draps l'un de l'autre dans la place et peu après, ils se mirent à se battre. » Finalement, Villeroy « vint mettre le holà ». Si cet épisode un peu cocasse n'est pas le seul, Louis XIV, déclaré majeur et roi à part entière, en éprouve un certain ressentiment sans pour cela verser dans la rancune à l'égard de son frère[1]. N'était-il pas le roi et n'était-il pas averti des difficultés rencontrées partout ?

L'une des manifestations les plus sordides des frondeurs à l'égard de la famille royale et du gouvernement, incarné par Mazarin, est incontestablement l'extraordinaire logorrhée écrite que furent les Mazarinades appelées aussi Feuillantines. Il est rare dans notre histoire de mettre le doigt sur autant de haine libérée, de déchaînement incontrôlé, de propos aussi orduriers de la part des Parisiens envers les gouvernants. Des milliers d'écrits scatologiques sont imprimés, diffusés, placardés aux carrefours des rues. Ils sont divulgués sous forme de chansons dans les tavernes, reprises à l'unisson sur les chantiers d'ouvriers, lus dans les salons des Grands. Ils sont connus à la cour et peut-être font-ils rire certains. Le mouvement paraît spontané, mais Condé n'est pas innocent en l'occurrence et on sait qu'une presse est installée dans son hôtel. Nous ne ferons pas une analyse profonde de pareilles publications, cela est impossible compte tenu de leur nombre. Tout au plus faut-il en signaler l'influence psychologique et le

1. La Porte (P. de), *Mémoires*, éd. Michaud et Poujoulat, Paris, 1866.

souffle caricatural. D'emblée, on constate que la Fronde semble avoir extirpé de nombreux sujets de l'étouffoir politique et religieux sous lequel ils étaient confinés.

Le poète Des Barreaux, un noceur invétéré, ancien ami de Cinq-Mars, s'en fait l'apôtre libertin :

« *Car, je sais bien qu'on vit content*
en buvant, mangeant et foutant. [baisant] »

Le programme est certes limité mais il n'en est pas moins significatif. Paris vit dans une bulle, dans une exceptionnelle euphorie. Tout semble incontrôlé, permis, pardonné. Vivons pleinement chaque jour, jouissons du moment, de l'instant, le bonheur est là à portée de main, il faut le cueillir sans réfléchir, sans se retourner, sans se contraindre. Le printemps et l'été 1649 sont particulièrement marqués.

Au centre se trouve Mazarin, qualifié de « tyran, fourbe, fripon, comédien, pipeur, sodomite, larron » et autres noms aussi peu respectueux. Bien entendu, on évoque sa complicité avec Anne d'Autriche, dans laquelle les relations charnelles sont nombreuses :

« *Vous foutre est le seul coup d'Etat*
qu'ait jamais fait votre ministre »,

ou bien :

« *Peuples, n'en doutez pas, il est vrai qu'il la fout*
et que c'est par ce trou que Jules nous canarde. »

Compte tenu de l'origine italienne du cardinal, certains auteurs n'hésitent pas à évoquer des pratiques sexuelles d'au-delà des Alpes :

« *Son crime est bien plus noir qu'on ne le pense*
elle consent l'infâme au vice d'Italie
et croirait sa débauche être moins accomplie
si son cul n'avait part à ses sales ébats. »

C'est là l'une des vingt-six strophes de « la custode de la reyne qui dit tout ». Une publication ordurière de juillet 1649 due à un certain Morlot qui, arrêté et conduit à la pendaison, est sauvé sur le chemin de l'échafaud par une foule déchaînée. Les enfants royaux ne sont pas épargnés. Un texte obscène s'adresse au roi et implique le ministre :

« Même on dit qu'il a protesté
de baiser votre majesté
aussi bien que son petit frère. »

Arrêtons là. Inutile d'aller plus loin tant le dégoût s'impose. Si Louis et Philippe ont certainement eu connaissance de ces textes plus tard, il est peu probable qu'ils en furent informés sur le moment. Quoique ! La cour est un vase clos et les enfants sont plus au fait des affaires qu'on ne le pense. Ainsi en 1648. La Grande Mademoiselle, qui désire se marier, a autorisé contre l'avis de la régente et de Gaston d'Orléans un certain Saujon à ouvrir des négociations. L'affaire tourne court. Sermonnée, la duchesse de Montpensier tombe malade. Lors de sa première visite au Palais-Royal, le duc d'Anjou, âgé de huit ans, court au-devant d'elle en s'écriant : « ma cousine, j'ai toujours été pour vous et j'ai pris votre parti contre tout le monde ». Le petit prince est donc au courant des déboires de sa cousine. Dans la profusion d'humiliations, de contraintes et de malédictions, se présente en septembre 1651 un événement inévitable, politiquement positif et porteur d'avenir. Il s'agit de la majorité du roi. Elle était fort attendue par la régente, Mazarin et les loyalistes. Elle doit clore les prétentions et les visées de Gaston d'Orléans et du prince de Condé. Plus question désormais de justifier des révoltes partisanes dans le but de protéger le roi et ses intérêts « contre une régente abusée et un ministre abusif ».

Le leitmotiv, asséné à satiété à qui veut l'entendre, ne fait plus recette. Les dés sont jetés. Le 5 septembre, Louis XIV a treize ans accomplis, il entre dans sa quatorzième année. Selon la troisième loi fondamentale du royaume, il est déclaré majeur, bien plus tôt que la grande majorité de ses sujets[1]. Le théoricien Le Bret est clair: « On a souvent remarqué que ces personnes sacrées, par une faveur particulière du ciel, sont ordinairement enrichies dès leur jeune âge de plusieurs vertus et belles qualités, qui ne se rencontrent point aux autres de basse condition. » Pratiquement, la proclamation de la majorité met un terme à toutes formes de désobéissance liée à la régence.

La cérémonie se déroule le 7 septembre 1651 au parlement « toutes chambres assemblées » : la Grand'chambre, les chambres des Enquêtes et les chambres des Requêtes[2]. La reine mère, le duc d'Anjou et Gaston d'Orléans sont « aux hauts sièges à main droite » où l'on trouve aussi le prince de Conti, les ducs et pairs, les maréchaux de France, l'archevêque de Paris, les évêques de Senlis et de Tarbes. « Aux hauts sièges à main gauche » sont placés les pairs ecclésiastiques, les parlementaires, le nonce apostolique et les ambassadeurs de plusieurs nations. Sur les bancs du parquet se tiennent quelques privilégiés, heureux de se montrer, des conseillers d'Etat, des maîtres des requêtes, des gouverneurs de provinces et « les filles de la reine ».

Au centre, sur une estrade, le roi, assis sur son trône, siège « en son lit de justice ». A ses pieds, en haut se trouvent le grand chambellan, le duc de Joyeuse et le comte d'Harcourt porteur de l'épée royale. Puis, de degré en degré, le prévôt de Paris, le chancelier Séguier, les secrétaires d'Etat et les présidents à mortier du parlement de Paris[3]. Dans une loge, on remarque Henriette-Marie de France, veuve de Charles Ier d'Angleterre et son fils le duc d'York, la Grande Mademoiselle et quelques autres duchesses.

De la place privilégiée où il se situe, que peut bien penser Philippe d'Anjou ? A onze ans, il a connu déjà tant

1. C'est une loi, écrite d'après une ordonnance de Charles V de 1374, qui vécut jusqu'à la Révolution.

2. *Traité de la majorité de nos rois et des régences du royaume*, Amsterdam, 1722, 2 volumes in-12.

3. Le mortier était un bonnet distinguant de manière honorifique certains membres du parlement.

de cérémonies grandioses. Que représente pour lui la majorité de son frère le roi ? Sans doute sait-il que désormais ce frère avec lequel il joue encore, avec qui il a souffert sur les routes de France dans le partage de repas insuffisants et de chambres aux paillasses nauséabondes, peu dignes de leur rang, est à ce jour le maître. Ses pensées intimes se portent vers lui dans un vœu de secrète commisération. Leurs destins sont liés à celui de leur mère dans le devenir de la monarchie bourbonienne.

Louis XIV prend la parole : « Messieurs, je suis venu en mon parlement pour vous dire que suivant la loi de mon Etat, je veux désormais en prendre moi-même le gouvernement et l'administration. » Le chancelier Séguier complète le propos par une longue harangue. Puis c'est au tour d'Anne d'Autriche d'intervenir : « Voici la neuvième année que, par la volonté du roi défunt, mon très honoré seigneur, j'ai pris le soin de votre éducation et du gouvernement de votre Etat. Dieu par sa bonté a donné bénédiction à mon travail et a conservé votre personne qui m'est si chère et précieuse, et à tous vos sujets. A présent que la loi du royaume vous appelle au gouvernement de cette monarchie, je vous remets avec grande satisfaction la puissance qui m'avait été donnée pour le gouvernement. » Geste insigne, Anne très émue s'incline devant son fils qui se lève du trône et l'embrasse.

Il reprend la parole : « Madame, je vous remercie des soins que vous avez pris de mon éducation et de l'administration de mon royaume. Je vous prie de continuer à me donner vos bons avis. Je désire qu'après moi, vous soyez le chef dans mon conseil. » Certes, Anne vient de perdre la régence mais elle n'en garde pas moins le pouvoir. Les échos de la fête dissipés, la situation est tout aussi difficile. La Fronde, « cette hydre de la rébellion », fait à nouveau fi du sens du devoir. Un mois plus tard, Louis XIV signe une déclaration royale contre Condé, la duchesse de Longueville, le duc de Nemours et le duc de La Rochefoucauld.

La cour repart vers le Sud-Ouest pour soumettre la Guyenne. Le 31 octobre, de Poitiers, Louis XIV demande à Mazarin de rentrer. Prenant son temps, le cardinal le rejoint le 28 janvier 1652. Il faut maintenant faire la reconquête de Paris où Gaston d'Orléans s'est allié le 24 janvier à la Fronde condéenne. Nouvelle et ultime erreur de l'oncle du roi. Durant l'été 1652, Paris est mis à feu et à sang par les soldats de Condé cernés par les troupes royales[1]. Au moment où les princes révoltés sont aux abois, Mazarin choisit de partir pour un second exil le 19 août[2]. Condé fait ses adieux aux Parisiens, le 13 octobre. De Sedan puis de Bouillon, Mazarin continue de gouverner le pays. Meurtrie par les exactions des troupes, la capitale guette l'arrivée du roi et de la cour.

L'entrée qui a lieu le 21 octobre est un vrai triomphe. Le roi, Anne et Philippe, accueillis dans un enthousiasme chaleureux et coloré, gagnent le Louvre. Le jour même, Gaston d'Orléans et sa fille reçoivent l'ordre de déguerpir du Luxembourg et des Tuileries et de partir en exil. La duchesse de Nemours résume la situation : « Dès le lendemain que le roi fut à Paris, tout y parut aussi paisible que si jamais il n'y avait eu de Fronde et l'autorité royale aussi bien établie qu'avant les troubles. » C'est un fait mais, on s'en doute, Louis XIV n'a certainement pas oublié en une nuit toutes ces années de malheurs.

1. Le 2 juillet, la Grande Mademoiselle fait tirer les canons de la Bastille sur les troupes du roi.

2. Il reviendra à Paris le 3 juillet 1653, bien accueilli par le peuple.

5

LE BOURBON ET LE MÉDICIS

Dans la conception traditionnelle de la monarchie française, avec la loi immuable de la primogéniture mâle dans la succession au trône, il n'a jamais été facile d'être un fils de France cadet. Qu'on le veuille ou non, tant que le nouveau roi, quel que soit son âge, n'a pas d'enfant, le frère puîné reste l'héritier de la couronne. Il suscite automatiquement des attachements aussi éphémères que contestables. Le fait est avéré, reconnu, incontournable. On connaît le catalogue des cabales, des complots et des conspirations de Gaston d'Orléans à l'encontre de Louis XIII, le chaste monarque, incapable pendant vingt-trois ans d'engendrer un dauphin[1].

Il est possible que l'exemple de Gaston d'Orléans, aussi peu glorieux soit-il, ait conduit la régente et Mazarin à prendre des dispositions particulières quant à l'éducation du duc d'Anjou. Ne serait-ce que de lui inculquer quelques

1. C. Bouyer, *Gaston d'Orléans*, Albin Michel, 1999.

saines vérités, à savoir que pour être frère du roi, il n'en est pas moins un sujet fidèle. Que la leçon ait été entendue est sans doute probable. Qu'elle ait été assimilée relève du vœu pieux. Selon les directives qu'il avait reçues, le gouverneur Duplessis-Praslin « le porta autant qu'il lui fut possible à la piété et à l'étude ; il lui inspira les sentiments de respect et de tendresse qu'il devait au roi ». Mais comment faire admettre à un enfant que « sa véritable grandeur consistait à être dans les bonnes grâces de Sa Majesté et à ne jamais lui donner le soupçon de sa fidélité par une ambition mal réglée »[1] ?

Dans ses *Mémoires*, le gouverneur affirme « qu'il n'a jamais rien oublié pour empêcher Monsieur de tomber dans les accidents où l'on a vu souvent les frères des rois prêts à s'abîmer ». Mais il souhaite surtout que sa considération vienne de l'estime et « que si le roi le croyait incapable de rien faire contre son devoir, il s'attachât à l'aimer et à l'estimer »[2]. Pour le moment, dans sa treizième année, Philippe est confié au Louvre à ses précepteurs : la Mothe le Vayer et Beaumont de Péréfixe. Mais il suit souvent le roi.

Outre la littérature, le latin, le calcul et les sciences, le prince reçoit des leçons de maintien, d'équitation et d'escrime. Il s'intéresse particulièrement à la science héraldique, joue avec bonheur la comédie et danse avec une étonnante facilité. La formation religieuse n'est pas négligée par son aumônier, le père Révérend, mais elle ne suscite pas un enthousiasme débordant même si le prince semble imbibé par la dévotion de sa mère. C'est un enfant vif, charmeur, à la fois rêveur et spontané et surtout doté d'une grande beauté. A ce stade, une idée force semble s'imposer. On est frappé par les similitudes qui apparaissent entre Philippe et son oncle Gaston, adolescent.

1. Ph. Erlanger, *Monsieur, frère de Louis XIV*, p. 35.
2. Duplessis-Praslin, *Mémoires des divers emplois et principales actions du maréchal du Plessis*, Michaud et Poujoulat, Paris, 1839.

Mêmes potentialités humaines, mêmes goûts pour les choses de l'esprit, mêmes sautes de caractère au moindre affront, à la moindre vexation, à la moindre remarque intempestive.

Louis XIII était un Bourbon. Gaston se voulait Médicis et n'hésitait pas à le faire savoir[1]. Apparemment, nous sommes dans le même registre. Tout au plus, Philippe a-t-il hérité des travers affectifs de son père, une disposition dont Gaston d'Orléans fut toujours fort éloigné. Il est difficile de cerner la construction, la structuration, le développement psychologique du prince et l'éclosion de ce désir fortement ancré en lui d'être vêtu d'habits féminins et de minauder au milieu des dames d'honneur de sa mère. On a évoqué le rôle néfaste de madame de Choisy qui élevait son fils François-Timoléon, le futur abbé de Choisy, comme une fille et recevait régulièrement Philippe.

Dans ses *Mémoires*, l'abbé reconnaît : « On m'habillait en fille toutes les fois que le petit Monsieur venait au logis et il y venait au moins deux ou trois fois la semaine. » Certains ont franchi le pas en affirmant que « tout cela se faisait par ordre du cardinal qui voulait le rendre efféminé de peur qu'il ne fît de la peine au roi, comme Gaston avait fait à Louis XIII ». Il est impossible de démêler le vrai du faux et de trancher dans cette affaire. Mais, si cela est vrai, la responsabilité d'Anne d'Autriche n'en est que plus criante. En outre, le calcul peut se révéler fâcheux en cas de disparition du roi. En vérité, il semble que Philippe d'Anjou aimait ces jeux et les pratiquait avidement dans une sorte de dédoublement de la personnalité, aidé en cela par les Mancini : Paul puis Philippe, neveux du cardinal, qui étaient tout sauf des parangons de vertu.

Après le retour à Paris en octobre 1652, la cour attend plus de dix-huit mois avant de procéder au sacre du roi à

1. Il l'affirme fortement lorsque de jeunes seigneurs dont L'Espinay veulent lutiner, en 1638, la belle Tourangelle Louison Roger dont il est épris.

Reims, le dimanche 7 juin 1654. A cette date, le royaume entièrement pacifié et les esprits largement apaisés, la cérémonie prend une amplitude particulière. C'est la reconnaissance de l'inauguration d'un véritable règne nouveau. Bien entendu, l'événement est capital pour le roi, l'enfant du miracle, le petit monarque contesté par les frondeurs. Il ne l'est pas moins pour Philippe d'Anjou, qui, à près de quatorze ans, prend pleinement conscience du fait. D'ailleurs, le petit Monsieur est l'héritier du trône tant que Louis n'aura pas d'enfant.

Pourtant, c'est une famille royale disloquée qui rejoint Reims dès le 3 juin. Gaston d'Orléans est exilé dans son comté de Blois, sa fille la Grande Mademoiselle est reléguée dans sa terre de Saint-Fargeau où elle entreprend de restaurer le château en piteux état. Le prince de Condé est toujours chez l'ennemi espagnol. Le siège archiépiscopal de Reims est pour l'heure vacant. Les cérémonies seront présidées par Simon le Gras, évêque de Soissons et les évêques-comtes de Beauvais et de Châlons.

Le 3 juin, l'évêque de Soissons accueille le roi avec un infini respect : « Vous, Sire, qui devez être fait l'oint du Seigneur, le fils du Très Haut, le pasteur des peuples, le bras droit de l'Eglise, le premier des rois de la terre et qui êtes choisi et donné du ciel pour porter le sceptre des Français. » Les jours suivants, plusieurs cérémonies se déroulent à Reims. Le 4 juin, une interminable procession sillonne les rues pavoisées de la ville avec à sa tête le roi, la reine mère, Philippe d'Anjou et Mazarin. Les habitants se pressent et manifestent joie et enthousiasme. Le 5, leurs majestés se rendent en pèlerinage sur le tombeau de saint Remi et le 6, ils suivent une messe à Saint-Nicaise et les vêpres à la cathédrale.

Le déroulement du sacre, bien connu, n'a pas lieu d'être développé largement ici[1]. Cependant, il faut en citer les

1. Le Gras, Simon (évêque de Soissons), *Procès-verbal du sacre du roy Louis quatorzième du nom*, Soissons, 1694.

grands moments. A l'aube du dimanche 7 juin, chacun prend place dans la cathédrale. Le roi est accueilli à la porte de l'édifice suivi de Philippe. Louis est vêtu d'une camisole rouge garnie d'or, ouverte au dos et sur les manches, avec une robe de toile d'argent, un chapeau de velours noir garni d'un cordon de diamants, d'une plume noire et de deux aigrettes, l'une noire et l'autre de diamants. Selon *La Gazette*, le duc d'Anjou « est lestement couvert d'une veste d'or et d'argent, avec un manteau violet doublé d'hermine et le chapeau noir, environné d'une couronne ducale toute de diamants ».

Louis prononce les deux serments, d'abord la promesse œcuménique à l'adresse du clergé, puis le solennel « serment du royaume », la main sur l'Evangile, promettant aux peuples la paix, la justice et la miséricorde[1]. Vient ensuite un véritable chapelet de rites, de gestes, de prières et de bénédictions. Ce sont les sept onctions du saint chrême sur le corps du roi, puis la remise de l'anneau qui unit le souverain à la France, du sceptre, symbole d'autorité absolue, de la main de justice, de l'épée et des éperons et enfin la couronne souveraine. Un *Te Deum* et une messe complètent la cérémonie avant que tous se retrouvent au palais archiépiscopal du Tau où les attend un impressionnant banquet.

Philippe d'Anjou observe et participe à son rang à ces diverses étapes du sacre. Il représente le duché de Bourgogne qui est le premier siège des ducs et pairs. Tout n'est pas terminé et il faut satisfaire à la pénible séance des écrouelles au cours de laquelle deux mille souffreteux atteints de la maladie s'entendent dire : « le roi te touche, Dieu te guérit ». Le 8 juin au matin, Louis XIV se rend avec son frère à l'église Saint-Remi et reçoit l'après-midi l'ordre du Saint-Esprit qu'il rend solennellement au duc d'Anjou.

1. Comme la loi salique, les serments du sacre sont une loi fondamentale du royaume, la deuxième.

Sous le soleil de juin, la route du retour serpente entre les champs de blé encore verts. De la portière de son carrosse, Louis XIV peut contempler ses paysans au travail. La tâche qui l'attend est immense. Durant l'été, il rejoint l'armée d'Arras, mais Philippe ne le suit pas et en éprouve un vif déplaisir. Avait-il eu l'espoir à quatorze ans de vivre la vie des camps, de voir de ses yeux des combats militaires ? Le roi lui en avait-il donné un jour l'assurance ? Y a-t-il eu intervention d'Anne d'Autriche ? On ne sait. Après tout, ce n'était que partie remise puisque deux ans plus tard, en 1656, Philippe accompagne son frère au siège de Montmédy.

Philippe est placé sous la responsabilité de son gouverneur, le maréchal Duplessis-Praslin. C'est un moment important pour l'adolescent princier et le maréchal. Ce dernier espère tester les capacités de son protégé. Le résultat est probant. Philippe est un être courageux, vaillant, volontaire. Comme son oncle Gaston au siège de La Rochelle en 1627, il manifeste avec ferveur une jeune vocation, certes un peu osée, pour le métier des armes. Duplessis-Praslin, qui est un militaire confirmé, en éprouve une grande satisfaction et « il en fit dès ce jour-là un très bon jugement ».

En 1657, Anne Marie Louise d'Orléans rentre en grâce et quitte Saint-Fargeau où elle a passé cinq ans. Elle rejoint la cour à Sedan, accueillie à bras ouverts. Même Mazarin se fait empressé, obséquieux et charmeur. Cela plaît beaucoup à la princesse, après une si longue absence. Elle écrit dans ses *Mémoires* que le cardinal s'intéressait à elle et disait à son sujet que : « La princesse est le plus grand parti de l'Europe, que Monsieur lui avait témoigné beaucoup d'empressement pour moi et que le bruit de la cour était qu'il songeait fort à m'épouser. » Philippe reconnaît « qu'elle a tout ce qu'il lui plaît, car elle est très riche ». Mais cela est-il bien sérieux ? La princesse a trente ans et Philippe dix-sept. Il est vrai que Monsieur et sa cousine partagent une solide amitié, une affection profonde depuis bien des années.

Le problème est qu'en d'autres temps, on avait mis dans la tête de la princesse qu'elle épouserait Louis XIV. Mazarin avait définitivement mis un terme à ces bruits de cour lorsque la fille de Gaston avait fait tirer les canons de la Bastille sur les troupes du roi. « Ce canon-là, avait dit le cardinal avec son accent inimitable, ce canon-là vient de touer son mari. » Jamais Anne Marie Louise n'épousera Louis XIV ; elle ne convolera pas davantage avec Monsieur. D'ailleurs, au fil des mois, leurs relations s'enveniment.

Durant l'hiver 1657-1658, bals, comédies et ballets se succèdent au Louvre et chez les Grands. La princesse s'interroge sur le comportement de son cousin, ses vêtements de fille, ses talons hauts et ses façons de se poudrer et de se parfumer outre mesure en prenant des postures inimitables. Lors d'un bal, Mademoiselle et Philippe s'affrontent, le ton monte et « ils se picotèrent ». Le motif en est mademoiselle de Gourdon, très courtisée par le prince : « Votre Gourdon est une sotte », dit la princesse. Vexé, Philippe refuse de danser « une courante » avec elle. C'est un affront au vu de tout le monde.

Le lendemain, jour de carême-prenant, la princesse se rend au Louvre où elle rencontre son cousin vêtu d'une robe et coiffé d'une perruque blonde. Elle ne lui adresse pas la parole. La bouderie dure huit jours mais Anne d'Autriche intervient et parvient à la réconciliation qui est marquée par d'affectueuses embrassades. Décidément, le duc d'Anjou accumule des sautes d'humeur inquiétantes. A peine réconcilié avec sa cousine, il est près de se fâcher avec le roi.

Le récit de cette chamaillerie nous est fait de manière piquante par la Grande Mademoiselle : « Monsieur avait rompu Carême et mangeait à sa chambre. Il vint un jour, comme le roi et la reine allaient dîner. Il trouva un poêlon de bouilli [viande bouillie], il en prit sur une assiette et l'alla montrer au roi qui lui dit de ne point en manger. Monsieur dit qu'il en mangerait. Le roi répondit : "gage que non". La dispute s'émut, le roi voulant lui arracher l'assiette... en jeta quelques gouttes sur les cheveux de Monsieur... qui aime extrêmement sa chevelure. Cela le dépita. Il ne fut pas maître de son premier mouvement et jeta l'assiette au nez du roi, qui d'abord ne se fâcha pas. Mais des femmes de chambre de la reine qui étaient là se mirent à crier contre Monsieur de manière que le roi se fâcha et lui dit que "si ce n'était le respect de la reine, il l'écraserait à coups de pied". Monsieur alla s'enfermer dans sa chambre et une fois de plus, la reine et Mazarin durent négocier l'accommodement des princes. »

Dans un environnement tel que celui de la cour, l'épisode ne passe pas inaperçu. L'aumônier de Monsieur, le père Révérend, s'inquiète déjà que « les amitiés masculines l'occupaient beaucoup ». Le jeune et ambitieux évêque de Valence, Daniel de Cosnac, premier aumônier du prince de Conti, souhaite occuper cette place auprès de Monsieur mais il hésite. Il change d'avis après l'épisode du poêlon et le fait savoir à Mazarin : « Je craignais que Monsieur ne fut qu'un joli prince mais je vois qu'il y a en lui de quoi faire un homme. De tout mon cœur j'entrerai à son service. » Le cardinal est abasourdi. Anne Marie Louise d'Orléans parle souvent de son cousin avec Mazarin qui lui demande un jour :

– Comment êtes-vous avec Monsieur ?

– Aussi bien qu'on peut l'être avec un homme aussi enfant que lui.

– J'avoue que la reine autant que moi, nous sommes au désespoir de le voir s'amuser à faire faire des habits pour mademoiselle de Gourdon... et puis, cette fâcheuse manie qu'il prend de s'ajuster comme une fille, qu'est-ce à dire ? Cela ne sied point à un homme de son rang et de son âge.

– Mais, réplique la princesse, je croyais savoir comme on le tolère, qu'on ne tenait pas à ce qu'il menât une autre vie.

– Au contraire, l'armée lui serait beaucoup plus profitable.

– J'en conviens avec vous, conclut Mademoiselle[1].

1. C. Bouyer, *La Grande Mademoiselle*, Albin Michel, 1986, p. 104.

Qui dit la vérité dans cette affaire ? L'attitude d'Anne d'Autriche à l'égard de ce fils qui lui voue un véritable culte est extrêmement floue. Elle le considère comme une personnalité non aboutie. Sans doute se souvient-elle des amitiés particulières de feu son époux. Elle laisse faire, même si parfois son orgueil l'emporte. Ainsi, elle éloigne Philippe Mancini, futur duc de Nevers. Selon l'ambassadeur Primi Visconti, « le duc de Nevers a le premier corrompu Monsieur ». Il y a aussi le duc de Joyeuse ; selon le père Révérend, Philippe « éprouva un très gros chagrin de la part de la mort du duc de Joyeuse et le vit apparaître dans son rêve ». Dans l'intimité de Monsieur, on remarque aussi le jeune Villequier et surtout le séduisant Armand de Gramont, comte de Guiche, qui possède une forte emprise sur le prince. Durant l'été 1658, le destin de Philippe d'Anjou manque d'être bouleversé par la grave maladie de Louis XIV, alors aux armées dans les Flandres. Dunkerque est tombée le 25 juin. Le 29, le roi est saisi d'une violente fièvre à Mardyck. Conduit à Calais, il est pendant une quinzaine de jours entre la vie et la mort. Son médecin, Antoine Vallot, fait alterner lavements et saignées, en vain, avant d'utiliser de l'antimoine. A Paris, on expose nuit et jour le saint sacrement pour sa guérison et à Blois, Gaston d'Orléans se tient aux aguets. Le 13 juillet, la fièvre tombe, le roi est sauvé. Mais la maladie n'est pas sans conséquence, car si Mazarin fut d'une grande fidélité, de nombreux courtisans « se tournèrent vers son frère Monsieur »[1]. Plusieurs personnes sont exilées dont madame de Choisy. En vérité, l'alerte a été chaude. Que fût-il advenu si le roi était mort ?

Bien entendu, Philippe aurait accédé au trône. Aurait-il gardé Mazarin ? Rien n'est moins sûr. En l'occurrence, tout le travail entrepris pour la formation de Louis XIV eût été à recommencer avec un prince dont les dispositions

1. Diverses grandes dames dont Anne de Gonzague, princesse palatine, allèrent s'offrir physiquement au prince.

à gouverner étaient loin d'être évidentes. Une autre manifestation de la maladie du roi est la découverte de l'amour que porte la jeune Marie Mancini au souverain, un amour bientôt violemment partagé au grand dam de la reine et du cardinal.

6

MONSIEUR DEVIENT DUC D'ORLÉANS

En septembre 1658, Philippe d'Anjou atteint ses dix-huit ans. La Grande Mademoiselle lui a consacré, durant l'été, un portrait dans ses fameuses *Peintures* littéraires qu'elle a rédigées en 1657 et 1658, au total seize peintures[1]. Les portraits étaient à la mode dans le monde des Précieuses[2]. Le genre a ses règles : un petit préambule, une description physique du modèle, son comportement en société, ses talents, ses qualités et ses défauts, puis les dispositions à la galanterie, un peu de dévotion et en conclusion un mot d'esprit.

Victor Cousin écrira plus tard : « C'étaient de petites compositions qui semblaient faciles et qui étaient agréables

1. C. Bouyer, *Les portraits littéraires de la duchesse de Montpensier*, Séguier, Paris, 2000, portrait n° 10.

2. L'abbé de Pure disait de la Précieuse : « C'est un animal d'une espèce autant bizarre qu'inconnue. Les naturalistes n'en disent rien et nos plus anciens historiens n'en n'ont point fait mention... Elle est un précis de l'esprit, un résidu de la raison. Comme la perle vient d'Orient, la Précieuse se forme dans la ruelle. »

à faire. La vanité y trouvant son compte et à peu de frais, on s'occupait de soi et on s'occupait des autres. » Visiblement, on cherche à plaire et il ne faut pas s'attendre à des révélations extraordinaires. Le texte de la princesse sur son cousin n'est pas inintéressant tant il est pétri de subjectivité, empreint d'affection et porteur de vœux qui malheureusement ne seront jamais exaucés. La trame centrale du portrait se veut dans tous les domaines la ressemblance de Philippe avec son grand-père Henri IV, fondateur de la dynastie dont il serait l'image exacte. Assertion sur laquelle nous avons les plus grands doutes.

Au physique, écrit Mademoiselle, « la taille de ce prince n'est pas des plus hautes... elle est si bien faite et si bien proportionnée que quand elle demeurerait comme elle est, on ne pourrait pas s'en plaindre... Alexandre, César et Henri IV étaient de taille moyenne ». Si Monsieur leur ressemble, il doit être satisfait. La comparaison continue avec Henri IV. « Ses cheveux sont noirs et d'un lustre admirable, il en a si grande quantité et sont bouclés naturellement. C'est la plus belle tête du monde... Son visage est long et de belle forme, son nez aquilin comme celui de Henri IV. » On sait l'appétit du Vert Galant pour les femmes et « Monsieur ne lui ressemble pas moins en ses inclinations... car il est aussi galant qu'il était, il a autant d'amour pour les dames ».

Certes, Monsieur se sent bien avec les femmes, on connaît son attachement pour mademoiselle de Gourdon qu'il est allé chercher dans le couvent où elle s'est réfugiée. En 1657, il a entrepris une cour assidue auprès de la duchesse de Roquelaure délaissée par le marquis de Vardes et aurait certainement concrétisé la relation si la dame n'était morte subitement en décembre. Cependant, comme écrit madame de La Fayette : « Le miracle d'enflammer le cœur de ce prince n'était réservé à aucune femme du monde. »

Il est même fort possible que, comme son père, Philippe « ne connaissait de l'amour que la jalousie ». Mais la princesse insiste « pour la galanterie... jamais homme n'y fut si dupe que Henri IV. Monsieur est plus beau et est mieux fait, mais il n'est pas roi ». Il n'y a pas lieu de penser que le prince se laissera mener par le bout du nez. Est-ce un clin d'œil à son père Gaston d'Orléans, brimé dans l'action militaire, la princesse suggère que « par la suite de ses actions, on connaîtra qu'il aura autant de passions pour la guerre, où l'on doit souhaiter qu'il soit aussi heureux ».

C'est là une prémonition bien hasardeuse. On a aussi du mal à suivre Mademoiselle lorsqu'elle aborde la question de la religion : « Il a l'âme bonne et il sera sur la dévotion comme son grand-père ; il est incapable d'injustice, il est charitable. » L'appréciation est curieuse lorsque l'on sait que Henri IV a changé trois fois de religion et que Paris valait bien une messe. Si aucune référence n'est faite à Louis XIII, qui lui était un vrai Bourbon, la relation à la mère est présente : « La bouche... est tout à fait semblable à celle de la reine, puisque la bouche de cette merveilleuse princesse n'eut jamais sa pareille. »

De plus, n'oublions pas « la beauté de ses mains qu'il tient d'elle ; elles sont sans doute dignes des sceptres ». Enfin, « sa mine est telle que doit avoir le fils de tant de rois et d'empereurs dont il est sorti de tous côtés... il tient fort de Charles Quint ». La plume de la duchesse de Montpensier s'envole alors et rappelle une prophétie que l'on avait faite à Henri IV « qu'un de ses enfants conquerrait l'empire ottoman à son effet, l'on doit désirer qu'elle s'accomplisse en lui ».

Ce portrait qui farde la réalité, qui embellit un personnage, qui le transfigure, sur lequel Saint-Simon écrira plus tard qu'il était « un personnage si mou de corps et d'esprit », relève de l'emphase du style précieux. Il n'empêche, il a été rédigé un mois après la terrible maladie du roi et la princesse attendra le 7 octobre pour « peindre » de façon fort élogieuse Louis XIV chez qui « toutes les grâces et les bénédictions de Dieu sont répandues et sur la personne du roi et sur l'Etat». Mais cela, le roi le sait, il y a été préparé depuis longtemps, il n'a pas besoin qu'on le lui rappelle.

Mazarin et la reine sont d'accord sur un point: il faut donner au duc d'Anjou des occupations qui lui permettent de sortir de l'inaction, de l'insouciance et de la frivolité. Si encore il aimait la chasse. Mais non. Ils pensent réussir en faisant appel à ses goûts culturels et artistiques qui sont tout à fait réels. D'abord la comédie. Le prince l'adore. C'est ainsi que la troupe de Molière, qui cherchait de Rouen où elle était installée un protecteur, est placée sous le patronage du prince et rentre à Paris. Le 24 octobre, elle joue devant Leurs Majestés le *Nicomède* de Corneille. Louis XIV accorde à l'auteur avec l'appellation de «troupe de Monsieur» la salle du Petit-Bourbon pour y jouer alternativement avec les Italiens[1]. C'est un premier geste significatif. On ajoute à ce divertissement valorisant l'acquisition du beau domaine de Saint-Cloud.

Le 6 octobre, la cour s'arrête à Saint-Cloud chez le contrôleur général des finances Barthélémy Hervart, un richissime fidèle de Mazarin. La belle demeure, construite à la fin du XVIe siècle pour Jérôme de Gondi, a servi de cadre à l'assassinat de Henri III par le moine Jacques Clément en 1589. Philippe est aussitôt séduit par la beauté du lieu. Le balcon qui donne une vue dégagée sur Paris, les vastes pièces judicieusement meublées à l'italienne, la cour dressant ses statues de bronze, les jardins avec des fontaines aux jeux d'eaux surprenants et la volière avec ses oiseaux exotiques.

Le prince souhaite acquérir «ces merveilles», devenir le maître de ce paradis champêtre. Mazarin et Hervart, complices, négocient sur-le-champ la vente du domaine au profit de Monsieur. Bien entendu, la soudaineté et le succès de l'opération impliquent un sacrifice de la cour et le domaine, qu'Hervart a payé soixante-douze mille

1. Après la démolition de cette salle en octobre 1660, Molière s'installera au Palais-Royal.

livres trois ans plus tôt, lui rapporte maintenant deux cent quarante mille livres. Le financier fait une affaire juteuse. Dès le 12 octobre, Philippe y reçoit sa mère et la Grande Mademoiselle, heureux comme un enfant à qui on a confié un jouet avidement désiré. Un peu plus tard, il arrondit son bien en achetant la maison voisine dite du Tillet.

A l'automne 1658, Philippe d'Anjou suit la cour dans son voyage à Lyon. Ce déplacement est l'une de ces curiosités que l'histoire nous sert tels des plats superflus. Mazarin veut contraindre l'Espagne à signer la paix. Chacun sait qu'une clause matrimoniale figurera au traité, à savoir le mariage de Louis XIV et de l'infante Marie-Thérèse. Mais il convient d'effrayer les Espagnols pour débloquer la situation. On simule, alors, une union avec la cour de Savoie et on fait venir à Lyon la duchesse Christine et sa fille Marguerite.

Comme il faut laisser du temps à la diplomatie, la cour, qui quitte Paris le 26 octobre, n'atteint la capitale des Gaules que le 24 novembre. C'est là que Pimentel, l'envoyé du roi d'Espagne, rejoint le cardinal. Au bout de quelques semaines, la famille ducale de Savoie a compris le manège, elle sait que les fiançailles ne se feront pas. Mais ce que Mazarin n'a pas prévu, c'est la passion qui naît et explose entre le roi et sa nièce, Marie Mancini, au cours du voyage. On connaissait, depuis la maladie du roi, l'attachement sentimental de « la Manchine » qui s'était approfondi lors du séjour de la cour à Fontainebleau. Maintenant, les tourtereaux ne se cachent plus et s'aiment avec la complicité de Monsieur et parfois de la Grande Mademoiselle. Alors que la reine mère élit domicile à l'abbaye d'Ainay, le roi loge place Belcourt chez le trésorier de France Mascrany et Philippe, près de son frère, chez un Génois nommé Joué, « dans la plus belle maison que l'on puisse voir, un vrai bijou... il y avait de si beaux meubles, qu'il ne fit point tendre les siens ». Le prince y donne des fêtes somptueuses et des dîners. A Lyon, on s'amuse, on danse, on va à la comédie. Dans la loge royale, Louis et Marie se dissimulent dans un coin, laissant le premier rang à Philippe et à sa cousine Montpensier, qui jouent parfaitement leur rôle.

Monsieur accompagne sa mère dans ses visites, s'attarde le soir en sa compagnie aux tables de jeux, prend ses repas avec elle, meublant tant bien que mal les absences du roi. Dans la journée, il lui arrive de jouer à la paume avec son frère ou de chevaucher avec ses amis sur les berges du Rhône et de la Saône. Le jour des rois 1659, « il donna un grand souper où étaient toutes les filles de la reine et des dames de qualité de la province qui étaient venues faire leur cour ».

La cour quitte Lyon le 13 janvier 1659 et rejoint le Louvre dans la période du carnaval. C'est une multiplication de soupers, de bals costumés et de divertissements de toute sorte. Alors que Mazarin négocie avec acharnement la paix, Louis et Marie, inconscients, s'empêtrent dans leur amour incontrôlé, dont le temps est pourtant déjà compté. Il s'achève quelques mois plus tard dans un grand désarroi des sentiments. Philippe d'Anjou, que Louis n'hésite pas à taquiner régulièrement, toujours à propos de la prétendue cabale de l'été 1658, se garde bien de faire la moindre remarque à son frère qu'il aime assurément. Ce dernier lui rend la politesse. Il sait l'emprise de Guiche sur Philippe, son comportement irrespectueux et surtout cette affaire qui a lieu lors d'un bal masqué chez madame de Villeroy. Guiche a fait semblant de ne pas reconnaître le prince et selon la Grande Mademoiselle « il tirailla fort Monsieur et en dansant lui donna des coups de pied au cul ». Anne d'Autriche fut fort choquée et estima que Philippe était bien incontrôlable.

Que faire ? A l'évidence, le pli est pris. Monsieur ne déteste pas être bousculé, froissé et chiffonné par ses amis. Jamais Gaston d'Orléans n'aurait accepté de pareils agissements à son égard, même au temps de ses turpitudes, lorsqu'il battait, la nuit, le pavé parisien avec sa bande de

« vauriens »[1]. Au printemps 1659, l'idée que la fin des hostilités avec l'Espagne est proche, anime les esprits. Va-t-on, enfin, mettre un terme à cette guerre qui use les deux royaumes et qui dure depuis près de vingt-cinq ans ? Le 4 juin, Mazarin et Pimentel signent les préliminaires de paix qui précisent que Louis XIV épousera l'infante (article 23).

Le 25 juin, le cardinal part pour Saint-Jean-de-Luz où il doit parachever les négociations. Il emmène avec lui ses nièces Marie, Hortense et Marianne qu'il laissera à La Rochelle avant qu'elles ne soient conduites à Brouage. On sait le déchirement qui affecte le roi et Marie au moment de la séparation : « Ah, sire, vous êtes roi et je pars » (abbé de Choisy) ou « vous pleurez et vous êtes le maître » (Motteville). Qu'importe ! Il y a de la tragédie dans l'air.

Tout ce que la cour compte de Grands s'affaire. Il ne faut pas manquer l'événement et « on se fit faire les plus beaux habits du monde, comme pour aller aux noces et quelles noces », écrit la Grande Mademoiselle. Devant les boutiques de luxe, carrosses, voitures et chaises à porteurs se bousculent. Les chapeliers, passementiers, tailleurs et couturières ajustent dans la fébrilité les robes, les pourpoints de velours somptueux et les plumes multicolores. Les bijoutiers, orfèvres et parfumeurs, ne sont pas en reste. Perles, diamants et émeraudes s'entassent dans les coffrets.

Bien entendu, Philippe d'Anjou et ses amis sont de la partie. Le prince accompagne parfois des dames dans leurs achats, donne son avis, oriente les choix. Enfin, la cour quitte Paris le 28 juin sous les joyeux vivats d'une foule qui prie le ciel pour « l'heureux succès du voyage du roi et du sujet qui le lui faisait faire ». Telle une longue procession, le cortège des voitures et des cavaliers chemine lentement, s'attarde de-ci de-là, à Chambord, à Blois et en Saintonge suivant un itinéraire que d'aucuns estiment

1. Il s'agit des membres de ce que Gaston d'Orléans appelait son conseil de « vauriennerie » avec lesquels il faisait la fête.

bien éprouvant. Bordeaux et Toulouse, en bonnes villes du royaume, ouvrent leurs portes et accueillent la cour dans l'enthousiasme.

Enfin, le 7 novembre, Mazarin paraphe le fameux traité des Pyrénées. Il reste à préparer les noces royales et on occupe le temps en organisant un large détour par Montpellier, Aix-en-Provence et Marseille. Pardonné, Condé rejoint son roi, mais il y a un absent de marque, Gaston d'Orléans. Déjà en mai, il avait avoué à sa fille lors de son passage à Paris : « Le monde m'ennuie, je n'y suis plus propre. Si je demeurais ici longtemps, je serais malade de la fatigue que j'y ai. Je ne suis ni d'âge ni de santé à aller à des fêtes ni à prendre du plaisir. » Le prince est usé. Il décède le 2 février 1660, dans son château à Blois.

Si sa mort ne provoque pas une peine extrême parmi les courtisans qui apprennent la nouvelle à Toulon, Philippe d'Anjou saisit d'emblée la portée de l'événement. A qui peut revenir le titre de duc d'Orléans sinon à lui ? Et ce magnifique apanage que l'on avait attribué au frère de Louis XIII lors de son mariage précipité avec Marie de Montpensier à Nantes en août 1626 ? Le duché d'Orléans et de Chartres, le comté de Blois, Chambord, « le château du roi François », auxquels il faut ajouter les autres terres fortement titrées comme le duché de Valois, sont d'un grand rapport avec rentes et pensions.

De même, Gaston d'Orléans n'était-il pas gouverneur du Languedoc ? Nul besoin d'être prophète pour imaginer la teneur des propos que Philippe et ses fidèles égrènent lors des longues soirées de plaisirs. Louis XIV n'est pas dupe lorsqu'il signale à la fille du défunt, la Grande Mademoiselle : « Vous verrez demain mon frère avec un manteau qui traîne, je crois qu'il a été ravi de la mort de votre père... Il croit en hériter et avoir son apanage. Il ne parle d'autre chose, mais il ne l'a pas encore. » Il est vrai que la décision dépend du roi et de Mazarin et mieux vaut ne pas leur forcer la main pour le moment, car leurs préoccupations sont ailleurs.

La cour arrive le 8 mai à Saint-Jean-de-Luz. C'est là que se déroulent du 3 au 9 juin les fêtes somptueuses qui ponctuent le mariage de Louis XIV et de Marie-Thérèse d'Autriche. Il n'y a pas lieu ici d'en décrire la magnificence, plusieurs mémorialistes s'en sont fait l'écho. La Grande Mademoiselle l'évoque dans le détail, fouille les visages, se pâme devant tant de luxe et de cérémonial. Le 15 juin, les lampions de la fête sont éteints et « les costumes d'apparat pliés dans les coffres ». La famille royale quitte Saint-Jean-de-Luz pour regagner l'Ile-de-France par petites étapes. La chaleur est étouffante et les routes sont poussiéreuses.

Le 26 août, Paris en délire ouvre ses bras et ses cœurs à sa nouvelle reine. Les nerfs à fleur de peau, tout feu tout flamme, Philippe d'Anjou fulmine, trépigne, ne parvient pas à contenir son impatience. A la cour, chacun sait que la possession du duché d'Orléans est une véritable reconnaissance. Il a appartenu à Henri III avant qu'il n'accède au trône, puis Catherine de Médicis se l'était attribué comme duchesse douairière, intéressée par les copieux revenus. A la mort de sa mère, Henri III l'avait rattaché à la couronne ce qui avait permis à Gaston d'en hériter. Quant au comté de Blois, il est devenu apanage en 1524 et appartint successivement aux maisons d'Orléans, de Châtillon et de Champagne.

L'étendue de ce bien princier est tout à fait conséquente : cinquante lieues d'est en ouest et quarante du nord au sud. Il comprend au centre l'Orléanais ainsi que la Sologne, le Blésois, le Vendômois, le Bas-Perche, le Gâtinais, le comté de Dunois, la Beauce et le pays chartrain[1]. Administrativement, il relève de la généralité d'Orléans qui comprend quatre bailliages. En ce qui concerne les affaires religieuses, il couvre deux diocèses : Orléans et Chartres, regroupant 1972 paroisses, vingt-huit abbayes, deux cents prieurés et quatorze chapitres.

1. C. Bouyer, *Gaston d'Orléans*, p. 108.

Finalement, Mazarin et Louis XIV admettent que brimer Monsieur plus longtemps peut être néfaste. Au début de 1661, alors qu'on évoque un mariage avec Henriette d'Angleterre, Philippe d'Anjou devient duc d'Orléans et de Chartres. On ajoute le duché de Valois, la seigneurie de Montargis et d'autres terres par la suite : Sèvres, Nemours, Dourdan, Romorantin et le château de Villers-Cotterêts. L'ensemble rapporte un revenu annuel d'environ deux cent mille livres, complété par certaines pensions.

Mais le gouvernement du Languedoc est confié au prince de Conti. Probablement, le roi et Mazarin jugent-ils le prince peu apte à en assumer la charge.

DEUXIÈME PARTIE

MONSIEUR
ET LE MARIAGE ANGLAIS

1

LA PRINCESSE STUART

En 1603, la famille royale écossaise des Stuarts a succédé aux Tudors sur le trône anglais. Epris d'absolutisme, les souverains mettent moins de quarante ans pour verser dans une guerre civile en août 1642. Charles Ier entre alors en conflit avec le parlement qui s'estime lésé dans ses droits remontant au XIIIe siècle. Les hostilités durent sept ans et s'achèvent par la victoire de Cromwell et l'exécution de Charles Ier en 1649. Il faudra attendre 1660 pour assister au retour de Charles II. Onze ans de difficultés, de doutes, d'humiliations et de drames. La situation est d'autant plus critique que la reine Henriette-Marie est la sœur de Louis XIII, la tante du jeune Louis XIV.

La France peut-elle rester insensible aux malheurs de parents proches, fussent-ils attachés à un trône étranger ? Bien entendu, la raison d'Etat, la diplomatie et les nécessités d'une guerre interminable impliquent la réserve. Il n'y a aucune raison pour que la France intervienne pour aider Charles Ier dont la politique a profondément choqué son peuple. Tout au plus, peut-elle accueillir sur son sol la reine et ses enfants et subvenir momentanément à leurs besoins élémentaires. C'est ce qui s'est passé. Et cette circonstance permet à la future duchesse d'Orléans d'être élevée dans la proximité de la cour du Louvre.

A l'approche de la quarantaine, la reine d'Angleterre est une femme au physique peu avenant mais au tempérament entêté qu'elle tient peut-être de son père le Vert Galant. Catholique convaincue, appelée « la papesse », sa ferveur religieuse ne va pas sans susciter des réactions hostiles dans son pays d'adoption et surtout au sein de sa propre famille. Des sept enfants qu'elle eut de Charles Ier, six sont élevés dans la religion anglicane[1]. Mais sa vie durant, tous ses efforts porteront sur le désir de les voir se convertir.

Il en est tout autre pour la petite Henriette-Anne qui vit sous la coupe de sa mère dans une soumission à toute épreuve. La jeune princesse est née le 26 juin 1644 à Exeter, dans le Devonshire, compte tenu des événements militaires. C'est un bébé d'un mois qu'Henriette-Marie abandonne pour venir en France durant l'été. Baptisée le 31 juillet dans le rite anglican, l'enfant est confiée à Anne Dalkeith, née Villiers, fille du frère du favori Buckingham. A l'automne 1645, le sort d'Henriette-Anne que nous appellerons désormais simplement Henriette est en jeu. En effet, le général Thomas Fairfax envisage d'occuper Exeter, ce qui sera fait en avril 1646.

Le parlement veut s'emparer de l'enfant et l'élever au palais de Saint-James avec sa sœur Elisabeth et son frère Henry sous la houlette des Northumberland. Anne Dalkeith ne l'entend pas ainsi et décide de fuir vers la France. Déguisées en mendiantes, la gouvernante et la princesse gagnent Douvres, traversent la Manche et

1. Charles, prince de Galles, futur Charles II (né en 1630) ; Mary (née en 1631) ; Jacques, duc d'York (né en 1633) ; Elisabeth (née en 1635) ; Henry, duc de Gloucester (né en 1639) ; Anne (née en 1640).

parviennent à Calais au début du mois d'août 1646. A Paris, au Louvre et au château Vieux de Saint-Germain, la reine anglaise, accompagnée de son favori, lord Jermyn, mène une existence difficile même si elle anime une modeste cour grâce aux subsides français[1]. Elle ne peut rien attendre de son époux, défait par Cromwell à Naseby le 14 juin 1645 et qui va se réfugier dans le camp des Ecossais un an plus tard[2].

A deux ans, Henriette retrouve à Paris son frère aîné le prince de Galles, également réfugié. Sa sœur Mary vit en Hollande, mariée au prince d'Orange; mais les autres enfants sont toujours en Angleterre. Des sentiments très affectueux naissent entre la fillette et ce grand frère qui a fière allure et que certains auraient bien aimé voir convoler avec la Grande Mademoiselle, la plus riche héritière du royaume, disposant de cinq cent mille livres de revenus annuels. Quelle aubaine pour Charles! Mais point de mariage, ni en 1646 ni plus tard et l'infortuné prince repartira sur les routes d'Europe afin de chercher des fonds pour alimenter ses désirs de reconquête de son royaume.

En mai 1648, Jacques d'York s'est enfui et a rejoint Mary en Hollande avant de venir lui aussi à Paris. 1648. Année tragique! «Une étoile terrible contre les rois», écrit madame de Motteville. La Fronde parlementaire éclate en France. En Angleterre, l'armée de Cromwell est maîtresse de la situation. Furieuse contre Charles Ier, elle exige du parlement que «le grand et principal auteur des troubles fût cité à comparaître en justice, pour être puni de trahison et du sang versé par son ordre».

Le parlement, resté foncièrement royaliste, traîne les pieds, mais, épuré par un coup de force des militaires, se résout à voter la mise en jugement de Charles Ier. Le roi est

1. Elle reçut au départ une pension de quarante mille livres qui diminuera rapidement.

2. Il sera livré au parlement anglais contre une indemnité de guerre de quatre cent mille livres le 30 janvier 1647.

traduit devant une commission extraordinaire et condamné à mort comme « tyran, traître, meurtrier et ennemi du pays ». Il est exécuté devant le palais de Whitehall le 9 février 1649 et meurt avec courage et dignité. Un mois auparavant, le 6 janvier, lors de la journée des rois, la cour de Louis XIV a abandonné en catimini Paris pour Saint-Germain-en-Laye. On s'en doute, la tragédie de Whitehall suscite une profonde douleur dans la famille royale anglaise éparpillée.

Henriette n'a pas cinq ans, lorsqu'elle apprend la mort de ce père lointain et presque inconnu. C'est une enfant maladive, frêle physiquement, habituée aux restrictions alimentaires et vestimentaires, empreinte de mélancolie et de tristesse. Soumise à une mère abusive, dont l'état de santé n'est guère plus brillant, elle grandit à partir de 1651 à ses côtés au couvent des Visitandines de Chaillot. Henriette-Marie veut faire de sa fille une catholique sincère et s'y emploie. On sait qu'en voulant convertir ses autres enfants – Charles, Jacques et plus tard Mary –, elle fâchera tout le monde.

A Chaillot, l'éducation d'Henriette est confiée à Louise Angélique de La Fayette, la « petite brunette » aimée autrefois par Louis XIII et belle-sœur de la romancière, auteur de *La Princesse de Clèves.* Henriette partage ses études avec d'autres jeunes filles de haut rang. Elle excelle dans la danse, apprend le chant et la musique, joue du clavecin et de la guitare et écoute un grand nombre de prédications. Les contacts avec ses cousins Louis et Philippe sont extrêmement rares ; ces derniers ne lui attachent aucune importance. Peut-être se souvient-elle du baptême du duc d'Anjou le 11 mai 1648, au Palais-Royal. Elle était présente, car sa mère était la marraine du prince.

A partir de 1653, à neuf ans, sa participation à la vie de la cour devient plus présente, plus active, plus remarquée. Elle assiste en bonne place, devançant les grandes dames, au festin donné par Mazarin en 1653 lors de son retour d'exil. En février 1654, elle est invitée au bal donné au

Louvre par Louis XIV. Le gazetier Loret la remarque et parle d'une « autre gracieuse aurore ». D'où vient cette soudaine attention ? Probablement d'Anne d'Autriche, qui a distingué le charme de sa nièce sous des traits encore vagues. Le 14 avril 1654, elle est la muse Erato dans le ballet où le roi incarne Apollon. Le 7 juin, elle est à Reims pour le sacre du roi en compagnie de ses frères York et Gloucester, libérés par Cromwell.

Anne d'Autriche est de plus en plus empressée auprès de sa nièce. Selon madame de Motteville, elle désire « faire admirer le roi et divertir la princesse d'Angleterre qui commence à sortir de l'enfance ». Sans doute en vertu de l'étiquette, mais probablement avec trop de précipitation, car, lors d'un bal en 1655, Louis XIV dédaigne d'inviter sa cousine pour la première danse avant de s'exécuter sur l'ordre de sa mère. Réprimandé, le jeune roi rétorque « qu'il n'aime pas les petites filles ». L'incident est clos mais il est significatif. Quant à Philippe, poudré et maquillé, il ne prête pas la moindre attention à sa cousine.

Henriette ne connaissait pas sa sœur Mary, son aînée de treize ans. Elle la rencontre le 3 février 1656. Mary, mère d'un petit garçon, a perdu son mari le stathouder général des Pays-Bas quelques mois plus tôt, dans la fleur de l'âge. La famille anglaise est en partie réunie au Palais-Royal. Les fêtes se succèdent et lors d'un bal au Louvre, trois jours plus tard, Loret s'extasie devant Henriette :

« La jeune infante d'Angleterre
qui semblait un ange sur terre
qui menait le roi très chrétien
dansa si parfaitement bien
que de toute la compagnie
elle fut mille fois bénie. »

Le 28 février, jour de Mardi gras, chez la reine, Henriette danse cette fois-ci avec Philippe. Outre les tracas politiques, puisque Mazarin s'est allié à Cromwell, Henriette-Marie doit faire face à ses difficultés financières et accepter les incartades sentimentales de ses fils. Charles est amoureux de madame de Châtillon, et Jacques s'est épris d'Anne Hyde, une fille d'honneur de sa sœur Mary d'Orange de retour dans son pays. La santé de la reine anglaise en souffre terriblement. Pendant deux ans (1656-1658), elle paraît peu à la cour, sa fille non plus.

Lorsqu'Henriette, l'hiver suivant, retrouve les festins, les bals et les fêtes, elle doit affronter le comportement dédaigneux de la Grande Mademoiselle rentrée en grâce. Pétrie d'orgueil et de morgue, la duchesse de Montpensier n'épargne pas l'adolescente encore malhabile. Il est même probable qu'elle la dessert auprès de ses cousins. Cette fois-ci, le fautif est Philippe d'Orléans, pour une question d'étiquette. En entrant dans un salon, la Montpensier a voulu passer devant la princesse anglaise. Le fait est rapporté à Anne d'Autriche qui le regrette fermement. Mais Philippe, présent, se récrie : « Et quand même elle l'aurait fait, n'aurait-elle pas eu raison ? Nous avons bien affaire que ces gens-là à qui nous donnons du pain, viennent à passer devant nous. » Quel jugement abrupt de la part d'un fils de France qui se prélasse dans l'opulence et les plaisirs ! On ne sait ce qu'Henriette en a pensé. Après tout, n'était-ce pas une humiliation de plus, et dans ce domaine elle savait à quoi s'en tenir.

Les nombreuses descriptions que donne le gazetier Loret dans ses relations des fêtes de la cour ne livrent pas une image précise de la princesse Stuart. En août 1658, la comtesse de Brégis, dame d'honneur de la reine mère et habile dans l'art du portrait littéraire alors à la mode, brosse celui de « la princesse d'Angleterre » sous le nom de Cléopâtre[1]. Henriette a quatorze ans. C'est donc une sorte d'instantané, un coup de projecteur sur une adolescente dont le devenir physique et psychologique est largement ouvert. Généralement, ces portraits sont plutôt

1. On doit aussi à Madame de Brégis les portraits du roi, d'Anne d'Autriche, de Mazarin, de Charles Stuart et de la reine de Suède.

enclins à l'éloge, aussi doit-on prendre celui-ci avec précaution[1].

Au physique, c'est une jeune fille agréable qui apparaît: « Sa taille ne peut que croître... Son air est aussi noble que sa naissance... Ses cheveux sont d'un châtain clair. » Pour son teint, « sa blancheur est si grande » qu'il ne peut que plaire. Les yeux sont bleus (?) et fort brillants. La bouche est incarnate et « la naissante gorge est belle ». Quant aux bras et aux mains, ils sont fort bien faits. Ainsi, Henriette ne manque pas de charmes prometteurs: « on voit bien qu'elle sort du trône et qu'elle est faite pour y remonter ».

Du point de vue de sa personnalité, les atouts ne manquent pas. « Son esprit est vif et agréable... Elle est douce et obligeante... Elle donne la meilleure partie de son temps à apprendre », ce qui est fort louable pour une princesse à l'époque. Bien sûr, « elle danse d'une grâce incomparable... Elle chante comme un ange et le clavecin n'est jamais mieux touché que par ses mains ». En somme, nous avons affaire à « la plus aimable princesse du monde... Qui, si la fortune lève son bandeau pour la voir, ne lui peut refuser toutes les grandeurs de la terre, car elle les mérite ».

Ce sont là de faciles spéculations sur cette pauvre enfant, lorsque l'on connaît son malheureux destin. Au-delà de l'effet de style, la comtesse de Brégis se fait peut-être l'interprète d'une cause. Anne d'Autriche aime sa nièce. Bien sûr, elle ne va pas, en 1658, jusqu'à penser qu'elle pourrait épouser son fils le roi de France. Mazarin ne l'admettrait jamais. D'après madame de Motteville, le cardinal ministre organisa le voyage à Lyon « pour éviter de marier le roi à la princesse d'Angleterre, qui devenant grande et agréable, pouvait enfin lui plaire ».

En réalité, Anne d'Autriche est sensible à la personnalité de cette enfant, seule catholique des descendants

1. Portrait de la princesse d'Angleterre dans *La galerie des portraits* de Mademoiselle de Montpensier, présentation d'Edouard de Barthélémy, librairie Didier et Cie, Paris, 1860, p. 23-24.

Stuart, orpheline de père, éloignée de son pays, soumise à une mère possessive, éprise de culture et qui manifeste des qualités évidentes d'adaptation à une cour aussi brillante que celle du Louvre. Venue en France à quatorze ans, Anne se souvient sans doute des contraintes que Marie de Médicis et les Concini lui ont imposées. Un autre aspect n'est pas à négliger. Même si elle n'est pas un laideron, Henriette n'est pas une jeune fille vers laquelle on se précipite. Sa mère l'écrit à sa sœur Christine de Savoie: «Je voudrais que la beauté de son corps fût aussi grande que celle de son âme, car en effet elle est bonne enfant.» On ne peut être plus clair.

Pendant le séjour de la cour à Lyon à l'automne 1658 et le long voyage dans le Sud-Ouest qui aboutit au mariage du roi, Henriette et sa mère restent à Paris. Peut-être n'était-ce pas convenable de présenter au roi d'Espagne, en une si exceptionnelle circonstance, la veuve et la fille d'un roi décapité. De plus, l'Espagne et l'Angleterre étaient encore récemment en guerre. Mais ne fut-ce pas une erreur, car la situation politique en Angleterre venait de prendre une nouvelle tournure.

En mai 1659, Richard Cromwell, qui a succédé à son père l'année précédente, démissionne. Le général Monck, chef de l'armée d'Ecosse, prend les affaires en main. Il contacte Charles II, alors en Hollande, et travaille à restaurer la monarchie. Un parlement convention est élu et vote le rappel sans condition des Stuarts. Charles II rentre dans son pays. Le 29 mai 1660, il pénètre dans Londres «au milieu des témoignages d'une joie universelle et en triomphe, à tel point qu'il en parut lui même étonné, et que, voyant toute la haute et la moyenne noblesse se précipiter sur ses pas, il demande aussitôt: où donc étaient mes ennemis?». Onze ans d'attente, de sacrifices, de fausses joies et de désespoirs s'achèvent.

Henriette est maintenant la sœur d'un roi reconnu. Son avenir s'en trouve éclairci. Sa mère et elle-même ne vont plus être à la charge de la monarchie française. A

Saint-Jean-de-Luz, où se trouve la cour, on spécule sur l'événement et l'idée d'une union de Philippe et d'Henriette anime les esprits et fait son chemin. Le roi et Anne d'Autriche envisagent sérieusement l'alliance. A son habitude, Mazarin est plus circonspect. Cependant, il ne faut pas tarder. Henriette pourrait bien rejoindre rapidement son frère à Londres et être sollicitée par une famille royale étrangère.

Philippe d'Anjou, pris au dépourvu, mais peu porté à l'exégèse matrimoniale, n'est pas contre le projet. Après tout, devenir le beau-frère du roi d'Angleterre lui convient parfaitement. Le 26 août, Marie-Thérèse fait son entrée solennelle dans Paris. La reine mère profite des cérémonies pour demander officiellement à Henriette-Marie la main de sa fille âgée de seize ans pour le futur duc d'Orléans.

2

UNE ÉTONNANTE UNION

Le mariage du frère cadet du roi n'est pas chose facile, surtout si celui-ci est héritier du trône. On se souvient des nombreuses complications surgies lorsque Louis XIII et Richelieu avaient décidé de marier Gaston avec Marie de Montpensier, ceci, pour assagir le prince, « emporté et débauché », qu'ils estimaient entraîné sur une mauvaise pente. Le prince avait résisté, en affirmant: « J'aimerais mieux être diable que marié. » Une résistance qui avait suscité une cabale sérieuse, celle du « parti de l'aversion au mariage », débouchant sur la décapitation de Chalais à Nantes en 1626. Mais, séduit par l'attribution d'un bel apanage et pris « entre bond et volée », Gaston s'était laissé entraîner vers l'autel.

Veuf l'année suivante, exilé volontaire en Lorraine en septembre 1629, puis à nouveau en 1631, Monsieur avait épousé secrètement à Nancy, le 3 janvier 1632, Marguerite de Lorraine, sœur du duc Charles IV. Jamais, jusqu'à sa mort, Louis XIII ne parviendra à obtenir la dissolution du mariage.

C'était un précédent bien fâcheux. Pour l'heure, la situation est différente, car Philippe n'émet aucune réserve à son union avec la princesse d'Angleterre. Il sait que l'apanage d'Orléans, qu'on lui attribue à ce moment-là, est certainement une faveur personnelle, un gage d'indépendance, de liberté financière et une anticipation familiale pour une succession directe au duché. Il est également possible que Philippe ait envie d'amorcer une évolution dans sa vie de plaisirs, de se rendre utile envers son frère et de se comporter en fils de France conséquent. Tout est à envisager tant le prince présente une personnalité complexe, inachevée mais non dénuée de qualités, on l'a vu lors de son premier séjour aux armées. Alors, s'il peut servir de lien, après la paix des Pyrénées, entre la France et l'Angleterre, pourquoi pas ? Mais sans doute Mazarin est-il le seul à y avoir pensé, car un moment avant de revenir au trône, Charles II voulait épouser Hortense Mancini.

Pour le moment, rien n'est réglé. Si Henriette ne semble pas faire de difficulté, c'est logique, la sœur d'un roi ne peut se marier sans l'autorisation de ce dernier. Or, Charles II a eu quelques motifs d'insatisfaction à l'égard de la France, ne serait-ce que l'alliance militaire avec Cromwell et l'exécution de son père. De plus, le roi, on le sait, adore sa petite sœur. Il est venu la voir à diverses reprises à Paris. Nul doute qu'il espère lui accorder un bel avenir après ses tristes années de jeunesse. Philippe fait l'empressé durant l'été 1660. Il invite Henriette à Saint-Cloud le 12 août, s'affiche à ses côtés, danse avec elle sous les yeux attendris du gazetier Loret :

> « *Ce couple est des mieux assortis*
> *c'est le cousin et la cousine*
> *et le lys* [France] *et la rose* [Angleterre]
> *seraient une assez belle chose.* »

Certes ! Mais la partie est loin d'être jouée. En septembre, Henriette-Marie informe sa sœur de Savoie que la cour de France envisage le mariage. Le comte de Soissons va être dépêché, au nom de Louis XIV, auprès de Charles II pour en faire la demande. Ce dernier a d'autres préoccupations. Il souhaite que sa mère et sa sœur le rejoignent au plus vite à Londres pour occuper auprès de lui la place qui leur revient. C'est une juste inversion du destin.

Est-ce la vraie raison ? N'est-on pas entré dans le champ des négociations matrimoniales avec leurs implications politiques, en particulier le retour de Dunkerque à la France[1] ? Le 9 septembre, Mazarin offre un magnifique banquet à la reine mère, aux jeunes souverains et à la reine d'Angleterre. Tout ce que le Louvre compte de prestigieux courtisans s'y bouscule. Henriette est à la fête, elle retrouve son rang au grand dam de la duchesse de Montpensier qui a du mal à voir s'éloigner d'elle ses cousins l'un après l'autre. Elle sait pourtant que sa tante Henriette-Marie veut toujours la marier à Charles devenu maintenant roi.

Le départ de la reine d'Angleterre et d'Henriette est précipité par la mort d'Henry, duc de Gloucester, à vingt et un ans, de la petite vérole. Elles quittent Paris le 29 octobre, arrivent le 5 novembre à Calais et parviennent à Londres le 12 novembre. Charles II honore, par de brillantes festivités, leur arrivée. Bien entendu, à Paris, la cour est informée du déroulement du séjour par l'ambassadeur de France et surtout Bardet, l'envoyé spécial de Mazarin. On est au courant de l'accueil enthousiaste réservé à Henriette, qui est surtout heureuse de revoir ses frères et sœurs. Trois mois de bonheur, au cours desquels la princesse reçoit tant d'hommages des jeunes lords qu'elle se métamorphose moralement et physiquement. Fin novembre, le comte de Soissons, ambassadeur extraordinaire fait officiellement la demande en mariage. Charles II, qui a écarté les sollicitations impériales et de la

1. La ville avait été donnée à l'Angleterre lors du traité des Pyrénées.

maison de Savoie, accepte la proposition « d'une manière fort galante ».

Si la reine Henriette-Marie se réjouit du climat de son séjour londonien, elle ne parvient pas à briser le mariage de son fils Jacques avec Anne Hyde et surtout elle voit mourir de la petite vérole, la veille de Noël, sa fille Mary d'Orange, âgée de vingt-neuf ans. C'est un nouveau drame. Un rappel aussi soudain que tragique de la fameuse malédiction des Stuarts. L'atmosphère s'épaissit. La reine obtient du parlement une rente de trente mille livres qui est doublée par son fils à condition qu'elle revienne vivre en Angleterre. Mais elle souhaite rentrer au plus vite en France. Elle y est encouragée par les messages pressants de son futur gendre. Le mariage accepté, Philippe désire qu'il soit concrétisé rapidement.

La duchesse de Montpensier note dans ses *Mémoires* « l'empressement que Monsieur avait pour le mariage » et s'en étonne. Elle ne se dispense pas d'une pique concernant la princesse : « Il est vrai que madame était fort maigre, mais elle était très aimable avec un agrément qui ne peut exprimer à tout ce qu'elle faisait. » Et elle ajoute plus tard : « Elle était fort bossue et on la louait toujours de sa belle taille... La reine d'Angleterre avait un tel soin de son habillement que l'on ne s'en est aperçu qu'après qu'elle a été mariée[1]. »

Heureusement, la Grande Mademoiselle est la seule à avoir connaissance de cette prétendue difformité qui n'existe que dans son esprit haineux. Louis XIV est lui aussi très étonné et taquine son frère : « Mon frère, vous allez épouser tous les os des Saints-Innocents[2]. » Mais Philippe persiste et réclame sa fiancée. Il a entendu parler de la soudaine métamorphose de la jeune femme et souhaite s'en rendre compte par lui-même.

1. Duchesse de Montpensier, *Mémoires*, éd. Bouyer, tome 2, p. 173-174.
2. Les Saints-Innocents étaient le cimetière de la paroisse Saint-Eustache.

Henriette et sa mère quittent Londres pour Portsmouth le 12 janvier 1661. Charles II les accompagne avec plusieurs grands seigneurs. Elles embarquent sur le *London* qui connaît des difficultés techniques et doit rebrousser chemin. C'est alors qu'Henriette, saisie par une violente fièvre, tombe malade. Son entourage craint pour sa vie. Finalement, une rougeole se déclare. Quelques jours plus tard, on appareille pour Le Havre, où le gouverneur de Normandie, Longueville, reçoit les deux femmes avec beaucoup d'égards et de dignité.

C'est une autre princesse que l'on découvre, moins fragile physiquement, plus souriante, plus gracieuse, plus douce, plus maîtresse d'elle-même. Elle sait qu'elle a du charme, on le lui a assez dit en Angleterre. Elle est sensible aux compliments, en particulier à ceux d'un séduisant grand seigneur qui s'appelle… Buckingham. Oui. Le fils du galant d'Anne d'Autriche s'est épris d'Henriette et fait partie du voyage de retour. Il possède l'opiniâtreté amoureuse de son père, au point qu'Henriette-Marie, ne sachant plus quoi faire, l'expédie à Paris pour annoncer à Monsieur l'arrivée de sa fiancée.

On s'en doute, Philippe a été informé du manège de Buckingham et en parle avec Guiche et ses amis. La jalousie l'étreint mais, pour le moment, il sait dompter ses réactions et part à la rencontre d'Henriette qu'il retrouve près de Pontoise. Le 20 janvier, la princesse, sa mère et Philippe sont accueillis à Saint-Denis par Louis XIV et Marie-Thérèse. En attendant le mariage, les princesses anglaises s'installent au Palais-Royal avec leur suite.

Le contenu des dépêches était bien vrai. Philippe le constate. Henriette a vraiment changé en quelques mois. Cette circonstance le bouleverse. Il en oublie les mauvais sentiments qui l'ont saisi peu de jours auparavant. Il n'a qu'une hâte, épouser au plus tôt celle qu'il pense tout à coup ardemment désirer tant dans son cœur que dans son âme. Mais il faut attendre l'autorisation sollicitée à Rome pour cause de consanguinité, les futurs époux étant en effet cousins. Et puis il y a Mazarin dont l'état de santé est loin d'être rayonnant. L'homme est épuisé. Tandis que la cour s'amuse et qu'Henriette, à moins de dix-sept ans, en découvre les fastes et les plaisirs, le ministre prépare son départ pour l'éternité.

Il loge au Louvre, dans un petit appartement proche de la galerie des rois. C'est dans cette galerie que l'on répète au début de février le *ballet de l'Impatience* dans lequel le roi danse. Un incendie se déclare et Mazarin est sauvé de justesse des flammes. Il doit quitter le Louvre et rejoindre son palais parisien[1]. C'est un véritable choc qui complique ses problèmes de goutte et de gravelle. « Il va falloir quitter tout cela », reconnut-il, désabusé, en abandonnant toutes ses collections dans son palais, pour rejoindre Vincennes, dont il est gouverneur, et où il désire mourir.

C'est là qu'il donne à Louis XIV ses ultimes conseils. C'est aussi là qu'Anne d'Autriche lui rend visite chaque jour et ordonne le 5 mars les prières des Quarante heures dans les églises, prières habituellement réservées aux souverains moribonds. Le 7 mars, le cardinal fait ses adieux à la famille royale, tandis que Louis XIV préside seul le conseil pour la première fois. Le 9, Mazarin rend l'âme. Le même jour, la dispense pontificale pour le mariage princier arrive de Rome.

Trois semaines plus tard, le 30 mars, le contrat est signé au Palais-Royal par Louis XIV et le comte de Saint-Albans pour Charles II, ainsi que par les deux reines. Les clauses négociées accordent au futur couple des possibilités d'existence qui sont loin d'être minces[2]. Monsieur obtient confirmation de l'attribution de son apanage, à savoir : le duché d'Orléans, de Valois et de Chartres, ainsi que la seigneurie de Montargis avec, bien entendu, les revenus de

1. Le palais Mazarin, rue de Richelieu, est actuellement le siège de la Bibliothèque nationale.

2. AN. Archives de la Maison de France (branche d'Orléans), 300 Ap I 115.

tous ordres qui y sont rattachés, droits, taxes, émoluments divers. On constate que cet apanage est moins conséquent que celui laissé par Gaston à sa mort[1]. Pour Philippe, comme pour Gaston, des attributions supplémentaires en terres et pensions viendront par la suite.

Charles II donne à sa sœur une dot de « quarante mille jacobus, évalués en monnoye de ce royaume à cinq cent soixante mille livres ». Il ajoute à ce socle vingt mille jacobus, soit deux cent quatre-vingt mille livres, « délivrées partie en argent, partie en bagues dont inventaire sera fait et estimation qui lui tiendront nature de propres[2] ». De son côté, Philippe fait don à son épouse de « quarante mille livres de douaire préfix par chacun an, à prendre sur fonds de terre du duché[3] ». Il lui accorde, le cas échéant, la jouissance du château de Montargis meublé. Selon l'habitude, « les époux sont unis et communs en leurs biens meubles, acquets, conqueste, immeubles qui seront faits par eux durant et constant le dit mariage[4] ».

Les fiançailles font l'objet, le soir du mercredi 30 mars, d'une magnifique réception dans le grand cabinet du Palais-Royal, à laquelle participent seulement la famille royale, Henriette-Marie et sa fille ainsi que les princes et princesses du sang. C'est la coutume. Une sorte de manifestation privée. Chacun revêt ses plus beaux habits et les joyaux les plus extraordinaires ont été sortis de leurs coffrets. Le mariage religieux, solennisé dans l'intimité par Daniel de Cosnac, évêque de Valence et premier aumônier de Monsieur, a lieu le lendemain 31, à midi, dans la petite chapelle du Palais-Royal. Au bas de l'acte concrétisant la cérémonie, Louis XIV, Anne d'Autriche, Marie-Thérèse,

---

1. Chambord restera à la disposition du roi pour ses chasses.

2. Les propres constituent les biens qui restent la propriété personnelle de chacun des époux.

3. Le douaire est constitué de biens que le mari assure à sa femme en cas de survivance.

4. En réalité, la dot d'Henriette ne sera pas intégralement versée avant sa mort.

Philippe d'Orléans, Henriette-Marie, sa fille et Beaudeau, curé de la paroisse Saint-Eustache, apposent leurs signatures.

Qu'en est- il de la consommation physique des noces? Malgré ses travers, Monsieur est parfaitement capable d'honorer son épouse même si comme beaucoup de grands seigneurs « il brûlait la chandelle par les deux bouts [1] ».

La plume de l'attendrissant gazetier Loret s'envole :

« Et Dieu sait si le sacrement
Fut suivi de chères caresses,
De félicités, de tendresses
Et, bref, de toutes les douceurs
Dont les amants sont possesseurs
Quand leur ardeur est consommée
Des fraîcheurs de l'hyménée. »

Mais Loret n'est pas témoin. Pas plus que la duchesse de Montpensier dont les souvenirs tout à coup deviennent flous: « Le lendemain [du mariage] on la fut voir qui était fort ajustée, et le jour d'après ou le soir même [je ne m'en souviens plus] on la mena aux Tuileries chez Monsieur. » Comme Madame est indisposée, il est probable que Philippe ait fêté avec ses amis la nuit du 31, après le somptueux souper au Palais-Royal auquel le roi est présent. C'est donc le 1er avril dans l'après-midi qu'Henriette est conduite aux Tuileries. Mais la nuit de noces ne peut s'accomplir, car Madame a toujours ses règles. Bien entendu, l'enthousiasme retombe vite. Pour les Grands comme pour les manants, les lois de la nature sont identiques, elles font appel à la patience et au bon vouloir du Créateur. Il n'empêche ! Selon la correspondance d'Henriette et de son frère Charles II, c'est un triste moment à passer pour la jeune mariée.

1. Rappelons que Gaston d'Orléans à qui Philippe ressemble par bien des aspects n'a jamais été homosexuel et qu'il y en avait fort peu dans son entourage.

3

LES PLAISIRS ET LES CHAGRINS

L'ère Mazarin est close. Ses deux fils mariés et Louis, l'enfant préféré et choyé, devenu roi à part entière, Anne d'Autriche apprécie sa situation en ce printemps de 1661. A vingt-deux ans et six mois, Louis XIV est un jeune homme orgueilleux, impétueux, difficilement contrôlable, pétri de cette majesté qu'on lui a longuement inculquée. Il a rêvé du pouvoir, de ce pouvoir que l'on ne partage pas et qui étend ses tentacules dans tous les domaines : au conseil comme à la cour, à Paris comme dans les provinces, en politique comme dans tous les domaines du quotidien.

Désormais, son « bon plaisir » ne supporte plus les contraintes futiles, les remarques intempestives, les critiques vaines et les limites restrictives. Il est le maître et le fait savoir le 10 mars 1661, le lendemain de la mort du cardinal, lors d'un conseil extraordinaire tenu à Vincennes. C'est ce que l'on a appelé « la prise de pouvoir de Louis XIV ».

Debout devant sa chaise, le roi s'adresse aux huit membres présents : chancelier, surintendant des finances, ministres et secrétaires d'Etat. « Monsieur [chancelier Séguier], je vous ai fait assembler avec mes ministres et mes secrétaires d'Etat pour vous dire que jusqu'à présent j'ai bien voulu laisser gouverner mes affaires par feu M. le cardinal ; il est temps que je les gouverne moi-même. Vous m'aiderez de vos conseils quand je vous les demanderai. » Le roi fixe ensuite les fonctions de chacun, puis ajoute : « La face du théâtre change. Vous savez mes volontés, c'est à vous maintenant, messieurs, à les exécuter. » Cela dit, Louis XIV mit fin au conseil.

Anne sait qu'elle doit s'effacer. Sans doute eût-elle été flattée que son fils lui demandât de rester au conseil. Il n'en est rien. Il lui fait rapidement comprendre que sa présence n'est plus nécessaire. Le temps de la retraite des affaires a sonné. Cela la froisse à peine. Elle n'est pas une mère abusive, assoiffée de pouvoir comme l'étaient les deux reines Médicis. Elle a assumé la régence avec un ministre exceptionnel ; la page est maintenant tournée.

Tout au plus, aurait-elle désiré avoir un peu plus de considération à propos de certains dossiers que Louis traite avec désinvolture. L'un lui tient à cœur, celui du gouvernement de Bretagne. Louis XIV l'offre au jeune La Meilleraie, devenu duc de Mazarin par son mariage avec Hortense Mancini. Il a oublié que ce gouvernement dépendait de sa mère. C'était une décision prise par Mazarin lui-même, pour empêcher les Vendôme, volontiers cabaleurs, de le récupérer. Anne n'a pas d'objection pour l'offrir à la couronne et fait valoir auprès de son fils que « La Meilleraie était tout à fait dans son rôle comme lieutenant en Bretagne ». Louis s'incline devant la reine mère, non sans maugréer, ce fut la dernière fois.

Anne d'Autriche espère bien continuer à tenir à la cour le rôle qui lui revient auprès de sa bru Marie-Thérèse qu'elle aime sincèrement et qui est enceinte. Il y a aussi le jeune couple Orléans. L'attachement de Monsieur pour sa femme étonne. Ce fils léger, futile, inconséquent et fêtard, l'aime même s'il lui porte des sentiments qu'il réserve aussi à ses favoris. Cela peut paraître incongru, déroutant mais porteur de promesses à venir, puisqu'on a renvoyé Buckingham en Angleterre.

De fait, Philippe et Henriette deviennent la coqueluche de la cour. Ils reçoivent aux Tuileries « où le roi allait quasi tous les jours. On s'y divertissait fort». Et la duchesse de Montpensier poursuit: «Cette cour avait la grâce de la nouveauté.» Henriette surtout semble faire l'unanimité. Sa jeunesse, sa joie de vivre, sa spontanéité, sa volonté d'oublier ses années de malheurs et d'angoisse et sa soudaine gourmandise pour les plaisirs, forcent la sympathie, s'inscrivent dans les manifestations de changement et conviennent tout à fait aux désirs de fastes du roi.

Chez Henriette se retrouvent de nombreux gentilshommes désœuvrés, puisqu'il n'y a pas de guerre. Ils y rencontrent des jeunes femmes charmantes, peu effarouchées, aimant la fête, les ballets, la comédie, les bals et les soupers. Ils se montrent ensemble au Cours la Reine, étalent leurs équipages, leurs armoiries et leurs magnifiques habits. Marie-Thérèse participe peu à cette explosion festive. L'atmosphère ne lui convient guère. Il lui manque la légèreté, l'insouciance, la séduction qui animent ces réunions. Elle préfère s'attarder avec ses dames espagnoles, devant les tables de jeux et y dépenser son argent.

Incontestablement, les Orléans sont à la mode, Louis le sait et compte bien se servir de cette occasion. Il en a besoin pour lui-même, pour son faste, pour son pouvoir et pour ses plaisirs. Il a compris que la pièce maîtresse de ces réjouissances et de cet engouement est sa belle-sœur dont l'éclat des dix-sept ans s'épanouit chaque jour davantage. «Quiconque l'approchait demeurait d'accord qu'on ne voyait rien de plus parfait qu'elle.»

Il lui faut s'attacher la jeune femme, se servir d'elle pour sa propre gloire mondaine. Les choses sont rondement menées. En avril, la cour quitte le Louvre, en restauration après le début d'incendie, pour Fontainebleau. L'air y est meilleur pour la reine enceinte. Le 24 avril, Louis XIV écrit aux Orléans alors à Saint-Cloud pour qu'ils rejoignent la cour. La lettre du roi, à l'adresse d'Henriette, est impérative et ambiguë : « Si je ne croyais vous voir demain, je ne sais quel parti je prendrais et si je pourrais m'empêcher de faire un voyage auprès de vous. »

Philippe n'est pas choqué par le ton du roi. Il connaît l'affection qui lie son épouse et son frère. Il n'y perçoit rien d'inconvenant, ni de malséant. Mais Henriette, qui entretient une correspondance régulière avec son frère à Londres, sait ce que l'on peut lire entre les lignes, découvrir les non-dits, donner forme aux silences. Louis a besoin d'elle à ses côtés. Il s'ennuie. Elle lui manque. Il lui faut sa présence, sa vivacité, son éclat, ses faits et gestes quotidiens sous ses yeux.

Depuis quelque temps, le roi exprime son caractère entier. Sa volonté est impérative, ses désirs ne souffrent pas la moindre attente. Il gouverne, commande, prend ce qu'il désire, ce qu'il convoite, ce qui lui plaît. Qu'importe ce que pensent les Orléans, qu'ils viennent auprès de lui sans tarder. Le 30 avril au soir, Philippe et Henriette rejoignent le roi, la famille royale est réunie. Henriette est pleinement heureuse pour une autre raison. Elle sait que dans trois jours, à Londres, son frère sera sacré à Westminster.

Mais là n'est pas la seule raison de l'envoûtante exaltation qui la saisit corps et âme. Elle, que son futur mari accusait il y a encore peu de manger son pain, que le roi qualifiait « de petits os des Saints-Innocents », se sait aimée de son époux mais aussi, et cela ne peut échapper à une femme même fort peu expérimentée, du roi lui-même. En réalité, elle a peu de mérite, car parmi tous les jeunes gentilshommes qui la couvent de leurs regards de velours, elle a intimement distingué l'ardeur, l'éclair, le feu qui brûlent dans les yeux de son royal beau-frère. Et ces yeux bouleversent secrètement son cœur innocent.

Lui prêter un désir de vengeance serait sans doute outrepasser ses émois du moment. Elle savoure simplement la situation. Le décor affectif est planté pour ce que l'on a appelé « le bel été de Fontainebleau » et qui va alimenter tant de billevesées, de rumeurs et de chagrins.

Philippe Erlanger résume bien la situation en analysant le tableau de Mignard qui évoque l'apothéose d'Henriette. « Entourée de nymphes, sous la protection d'Amour, qui laisse pleuvoir des roses, Minette en bergère mythologique, siège près d'Apollon Louis XIV, comme s'il n'était point d'autres reines[1]. » Même s'il se fait l'écho de bruits colportés dans « la jungle en dentelles », le peintre immortalise un moment d'intense émotion du monarque dans sa première année de gouvernement personnel.

A Fontainebleau, Henriette donne libre cours à ses envies, à ses incartades, à ses passions. En réalité, elle ne fait qu'accepter, suivre et s'imprégner de ce que son royal beau-frère lui propose. Cela jusqu'à l'extase, aux dépens de sa santé toujours fragile. Elle monte à cheval en compagnie de Louis, participe aux chasses en forêt, se divertit lors de longues promenades et se baigne. Selon Mme de La Fayette, « madame s'allait baigner tous les jours ; elle partait en carrosse à cause de la chaleur et revenait à cheval, suivie de toutes les dames habillées galamment avec mille plumes sur leur tête, accompagnées du roi et de la jeunesse de la cour ».

Le soir venu, ce sont de somptueux soupers, des promenades en gondoles sur le grand canal, des bals, des feux d'artifice et la comédie. Souvent, on monte dans les calèches et au bruit des violons, on va se promener une partie de la nuit autour du canal. Le 3 juin, le roi ouvre le bal de la reine avec Henriette. Si Monsieur a des doutes sur ce qui se déroule sous ses yeux, sa mère en perçoit la réalité depuis quelque temps. Elle agit et emmène avec

1. Ph. Erlanger, *Monsieur, frère de Louis XIV*, Paris, 1953, rééd. Perrin, 1998, p. 63.

elle le couple Orléans à Villeroy, puis chez son ancienne amie la duchesse de Chevreuse, à Dampierre. Mais dès leur retour, le 30 juin, la course aux plaisirs recommence.

Qu'en est-il exactement? La bonne madame de Motteville, qui voit tout, pratique la litote: «Au début madame ne pense qu'à plaire au roi comme belle-sœur. Je crois qu'elle lui plut d'une autre manière... Elle crut qu'il ne lui plaisait que comme un beau-frère, quoi qu'il lui plût davantage... Il parut aux yeux de tout le monde qu'ils avaient l'un pour l'autre cet agrément qui précède d'ordinaire les grandes passions... Cela fit beaucoup de bruit.» Brave Motteville! En quelques lignes, elle atteste les suggestions du pinceau de Mignard.

Anne d'Autriche s'inquiète à nouveau et console Marie-Thérèse qui, malgré son peu de discernement, remarque des irrégularités dans le comportement de son mari. Concerné au premier chef, Monsieur ne sait quelle attitude adopter. Quelle véritable preuve a-t-il d'une trahison? Sa femme règne sur la cour. Le roi l'encourage dans cette voie, l'aide et l'honore comme l'égérie de cette extraordinaire mutation. Mais il y a les ragots, les gorges chaudes, et tout cela est bien humiliant.

Nous ne saurons jamais ce qui s'est réellement passé entre Louis et Henriette. Une chose est certaine : Louis XIV ne laissera jamais la jeune femme dans des situations difficiles et cette dernière n'aura de cesse de servir son beau-frère, dans le tissu des relations diplomatiques franco-anglaises. Louis XIV est trop souverain pour ne pas évaluer à sa juste dimension le désordre causé par son exubérante attitude. Pas question pour lui de se laisser aller à la moindre concession. Sans doute Anne d'Autriche et Philippe ont-ils abordé la question en famille. Silence et obéissance semblent être la réponse. Depuis l'affaire Marie Mancini, Anne d'Autriche marche sur des braises chaque fois qu'elle entre dans le domaine sentimental du roi. La position extrêmement délicate dans laquelle se trouve Philippe d'Orléans, n'est pas sans effet sur la vie quotidienne de son propre entourage. Aucun courtisan n'ignore son infortune et le ridicule qui l'enveloppent tout entier.

Alors il se venge, en connivence avec sa mère, et utilise son droit légitime d'époux. Henriette tombe enceinte à un moment où elle a abusé de sa résistance physique, où le corps a du mal à mobiliser son énergie pour une grossesse qui aurait pu, en d'autres circonstances, être un formidable aboutissement sentimental. Avec sa promptitude habituelle, le roi trouve la parade. Il n'est pas question d'abandonner Henriette, ni de la mettre en position de fautive. Aussi entreprend-il en juillet de courtiser assidûment l'une de ses filles de compagnie, la petite La Vallière que madame de Choisy a placée près d'elle. Elle s'appelle Louise Françoise de La Baume Le Blanc de La Vallière et elle est née comme Henriette en 1644. L'impétrante involontaire dans le cœur du roi est «jolie, douce, naïve, des yeux bleus et une chevelure blonde»[1]. Le problème est que Guiche en est fort amoureux. Décidément, Louis XIV ne respecte plus rien. Après avoir humilié son frère, le voilà qui châtie son favori, en le blessant dans ses sentiments personnels. Mais il est le roi, et Guiche s'efface. Pas pour longtemps.

Henriette, qui vit mal ce revirement, est prise dans le filet de la jalousie. Blessée, elle ne repousse pas les assiduités de Guiche, sans pour cela les encourager. Si elle veut se venger de son époux, dont elle pressent l'intervention auprès du roi à son sujet, elle réussit pleinement. Philippe est au désespoir. Trahi par son frère, puis par son favori, voilà «le prince rival malheureux de sa propre épouse». Il fait une scène terrible à son favori qui le rabroue. La passion de Guiche pour Henriette éclate lors des répétitions du *ballet des saisons*[2] dans lequel apparaît La Vallière. Elle n'échappe à personne, tandis que le roi est tout à fait satisfait de ses nouvelles amours.

1. J. Duchênes, *op. cit.*, p. 171.
2. Il sera dansé le 26 juillet à Fontainebleau.

A la mi-juillet, Philippe et Henriette se rendent à Vaux-le-Vicomte chez le surintendant des finances Fouquet. C'est là un geste instinctif, un moment d'éloignement salutaire voulu par Monsieur. Reçu avec faste, le couple assiste le 11 juillet à la représentation de *L'école des maris* de Molière. L'auteur n'est pas responsable du concours de circonstances. Fouquet non plus. Le hasard seul est fautif. La magnificence du séjour des Orléans arrive aux oreilles de Louis qui se rend lui-même à Vaux en août. On s'y amuse si bien. Le 17 août, Fouquet reçoit son roi comme il convient; c'est un enchantement. Mais Louis XIV est profondément choqué devant tant d'argent dépensé, dans un cadre aussi splendide, fait pour un roi et non pour l'ordonnateur de ses finances. Selon certaines sources, Louis veut faire arrêter sur place son surintendant. Anne d'Autriche s'y oppose. La cour ne peut pas provoquer d'esclandre lorsqu'elle est reçue chez un particulier.

Pourtant, le sort du surintendant est scellé. Colbert, gestionnaire oublieux de l'immense fortune de Mazarin, attise la jalousie de son souverain. Cependant, il n'est pas certain que Fouquet ait plus profité de sa fonction pour s'enrichir qu'un autre grand serviteur de la monarchie comme Richelieu, Mazarin, Particelli d'Emery ou Bullion[1]. Mais le temps est au changement. Alors qu'il envoie son frère à la cour des Aides de Paris, afin de faire vérifier divers édits, Louis XIV quitte Fontainebleau le 29 août «en poste et à cheval», accompagné d'une quarantaine de personnes dont le prince de Condé, le duc d'Enghien, le duc de Bouillon et le vicomte de Turenne.

En principe, le voyage à Nantes a pour but l'ouverture des Etats de Bretagne. En réalité, c'est bien de l'arrestation de Fouquet qu'il s'agit. D'après madame de Motteville, celui-ci a été prévenu par La Feuillade. Mais il n'a pas le temps de s'enfuir. Le secret a été bien gardé, car le roi savait «qu'il avait acheté quasi tous les hommes de la

1. D. Dessert, *Fouquet*, Fayard, Paris, 1986.

cour». Le surintendant est saisi le 5 septembre après le conseil par le sieur d'Artagnan, sous-lieutenant des mousquetaires. Il est «mené à Angers et sa femme à Limoges. Deux maîtres des requêtes eurent ordre en même temps, d'aller chez lui, sceller tous ses papiers. Ils furent portés au roi qui les vit et fit sur tous des remarques considérables et judicieuses». On met également les scellés dans toutes les maisons de Fouquet, à Paris, à Saint-Mandé et à Vaux-le-Vicomte.

La charge de surintendant n'est pas reconduite. Le roi écrit à sa mère: «J'ai déjà commencé à goûter le plaisir qu'il y a de travailler soi-même aux finances[1].» Le pouvoir personnel de Louis monte d'un degré. Ce geste, de grande autorité, est bien accueilli à la cour et la naissance, le 1er novembre 1661, du Grand Dauphin vient conforter, s'il en était besoin, Louis XIV dans sa volonté d'absolutisme. Philippe d'Orléans n'est plus, pour le moment, l'héritier au trône. Mais le prince ne paraît pas attacher une grande importance à cette circonstance, qui est dans la nature des choses. Il est trop préoccupé par ses problèmes affectifs, soutenu par sa mère. Il se répand en plaintes et geint sur son sort. Son frère est clair avec lui: «Les fils de France ne doivent jamais avoir d'autres retraites que la cour, ni d'autre place de sûreté que le cœur de leur roi.» Comme cela est bien dit... Et sans doute entendu. D'autant que Guiche est rappelé à Paris par son père le maréchal de Gramont et écarté du voyage de Nantes.

A Fontainebleau, où l'automne précoce dore les frondaisons du parc, Henriette n'est pas au mieux. Sa grossesse est difficile, elle doit garder la chambre et souvent le lit. L'ambassadeur florentin écrit au grand-duc de Toscane que Madame est atteinte «d'une fluxion qui lui tombe du cerveau sur l'estomac avec une dysenterie à qui l'on ne peut, à cause de la grossesse, porter remède». A la fin de décembre, c'est l'ambassadeur anglais qui prévient Charles II, qui

1. Louis XIV, *Mémoires*, éd. Longnon, Paris, 1978.

vient d'épouser l'infante du Portugal, de la mauvaise santé de sa chère « Minette ».

La cour regagne Paris et Henriette s'installe au Palais-Royal près de sa mère. Les intrigues continuent autour de la princesse dans lesquelles interviennent maintenant un autre fidèle de Monsieur, le marquis de Vardes et sa maîtresse, Olympe Mancini, épouse du comte de Soissons, qui souhaitent éloigner La Vallière de l'entourage de Madame. Choquée, la maîtresse du roi part se mettre à l'abri dans un couvent de Saint-Cloud mais Louis XIV ne l'entend pas ainsi et la ramène en catimini au Palais-Royal. Les comploteurs n'en restent pas là. Ils souhaitent informer la reine Marie-Thérèse de son infortune, par le biais d'une lettre rédigée en espagnol, censée venir de Madrid. Mais le message est intercepté et remis au roi[1]. Vardes obtient que Guiche quitte Paris pour commander les troupes en partance pour la Lorraine. Le 27 mars 1662, Madame accouche d'une fille appelée Marie-Louise. Elle désirait un fils et explose : « Qu'on la jette à la rivière ! »

Drôle d'accueil pour l'enfant. Baptisée le 21 mai, son parrain est Louis XIV et sa marraine la reine mère d'Angleterre. On le voit, la venue au monde de la petite princesse est loin d'apporter au couple Orléans la joie que l'on pourrait imaginer.

1. Ce n'est que plus tard, en 1665, que Louis XIV connaîtra l'origine du courrier et exilera les auteurs.

4

« VOUS AIMER POUR L'AMOUR DE MOI »

Le couple Orléans s'installe au Palais-Royal. La reine mère d'Angleterre y séjourne encore parfois, elle va aux eaux à Bourbon ou dans sa maison de Colombes. Elle souhaite rentrer à Londres où son fils la réclame. Encore quelques mois à Paris. Elle a assisté aux couches de « Minette », elle a pu chérir sa petite-fille et applaudir le carrousel des Tuileries organisé en l'honneur du dauphin. Ce sont des fêtes grandioses qui se déroulent les 5 et 6 juin.

Un vaste théâtre de quinze mille personnes a été élevé. Les joutes équestres mettent au défi cinq brigades ou quadrilles. La brigade romaine est celle du roi qui apparaît en empereur romain. La persane est celle de Monsieur, la turque celle du prince de Condé, l'indienne est commandée par le duc d'Enghien et la Maure par le duc de Guise. L'idée est de « représenter toutes les parties du monde comme venant lui rendre hommage [le dauphin] et le reconnaître pour celui qui doit un jour les commander ».

Les mauvaises langues affirment que ces festivités sont offertes par le roi à Louise de La Vallière qui y assiste dans la tribune d'honneur.

Le 5 juillet 1662, Henriette et Philippe accompagnent Henriette-Marie sur la route du nord. La séparation se fait à Beauvais. Quels peuvent être les sentiments de la reine mère ? Elle quitte la France qui l'a reçue fort honnêtement pendant dix-huit ans. Sans doute est-elle inquiète de l'évolution affective de sa fille. Que pense-t-elle de toutes ces rumeurs sur sa relation avec Guiche ? Henriette-Marie avait, elle aussi, lors de son mariage avec Charles Ier, connu la désillusion. Mais elle n'avait jamais fait de concession à son devoir matrimonial. Pour une jeune femme désireuse d'amour et d'accomplissement physique et psychologique, Philippe n'est certes pas l'éducateur rêvé. Soit ! Henriette-Marie en a parlé bien des fois avec Anne d'Autriche. Mais que faire, lorsque l'on a la chance d'avoir une fille mariée au frère du puissant roi de France.

A la fin de juin 1662, la cour s'installe, comme l'année précédente, à Saint-Germain. Les Orléans y font quelques séjours mais ils ne dédaignent pas d'aller à Villers-Cotterêts. Impénitent Louis XIV ! Le voilà qui récidive. Emporté par ses sens et l'appel de ses plaisirs, « un nouveau bel été » se met en place. Il s'énamoure d'Anne-Lucie de La Mothe-Houdancourt, future duchesse de La Vieuville, une fille d'honneur de la reine. La belle accepte les hommages empressés et le roi escalade, la nuit venue, les toits du château Neuf pour la rejoindre.

La Vallière pleure et Marie-Thérèse[1] est désespérée. Elles sont sauvées par la maréchale de Navailles qui dirige d'une main ferme les filles de la reine. « Elle conjura le roi de chercher ailleurs que dans la maison de la reine qui était la sienne, les objets de ses plaisirs et de ses inclinations. » L'intervention est osée mais efficace, et la maréchale fait grillager les fenêtres d'Anne-Lucie. Mais le roi,

1. Marie-Thérèse est enceinte de près de cinq mois.

qui « rit beaucoup » de l'événement, n'oublie rien et les Navailles seront deux ans plus tard exilés au grand désespoir d'Anne d'Autriche. De toute façon, les amours de Louis, même si elles lui prennent beaucoup de temps, n'altèrent en rien ses activités gouvernementales.

La vente par Charles II de la ville et du port de Dunkerque et de Mardick à la France ne concerne pas, à priori, Philippe et Henriette. Mais il est clair que « Minette » en a été avertie par son frère. L'affaire s'effectue en octobre 1662. L'ensemble est estimé à cinq millions de livres, payables en plusieurs versements. En définitive, l'opération n'est pas excellente pour le roi anglais comme le laisse entendre madame de Motteville : « Après le premier paiement, comme ce prince [Charles II] avait besoin d'argent, il lui fit de grandes remises pour le payer du reste et par ce moyen cette importante place ne coûta guère d'argent au roi et fit voir son opulence et son habileté. »

En novembre, la France occupe la ville au moment où Marie-Thérèse accouche d'une fille, Anne-Elisabeth de France. La princesse survivra moins de deux mois, inaugurant une longue liste des enfants morts en bas âge. D'aucuns vont jusqu'à dire que cela est normal, puisque le roi « n'apporta jamais que la rinçure de ses verres à la reine ». Peut-être. Mais Louis XIV peut difficilement être pris en défaut. De ce côté-là, la reine n'a pas à se plaindre. Louis honore régulièrement sa couche et si la reine « aime le métier », elle le manifeste clairement le lendemain auprès de ses dames par l'allégresse de son comportement. Les yeux éblouis, elle « frottait ses petites mains » en signe de reconnaissance.

A la fin de 1662, Henriette reprend sa place de choix à la cour et Monsieur en est très satisfait. Bien sûr, ce n'est pas sans un pincement au cœur qu'elle reçoit son royal beau-frère au Palais-Royal lors de ses nombreuses visites à La Vallière. Madame est épanouie par sa maternité. Son portrait peint à cette époque par Peter Lely en témoigne. En robe de taffetas d'or, Henriette est tout à fait charmante.

La coiffure est recherchée, l'ovale du visage bien marqué, la bouche fine et sensuelle.

Le 6 janvier 1663, jour des rois, les Orléans organisent un merveilleux festin au cours duquel est donnée la pièce *L'école des femmes* que Molière a dédiée à la maîtresse des lieux. Selon l'auteur, elle attire « gloires sur gloires, qualités sur qualités ». Deux jours plus tard, au même Palais-Royal, est créé le *Ballet des arts.* Louis XIV y danse un berger. A ses côtés, Henriette représente une bergère. La Vallière occupe un second rôle. Selon Loret, l'hiver est l'objet d'un « grand tourbillon de fêtes ».

En mai 1663, Marie-Thérèse est atteinte de la rougeole qu'elle communique au roi. Une fois de plus, on craint pour sa santé. Mais c'est une nature forte et il se remet rapidement sur pied. Le problème est qu'en cas d'incapacité à gouverner, le roi n'a pas pensé à son frère mais au prince de Conti. Monsieur accuse le coup sans montrer d'animosité. Philippe entretient de bonnes relations avec Charles II. Ils s'écrivent régulièrement et se font des cadeaux. C'est ainsi que le roi anglais envoie à son beau-frère de magnifiques chevaux que Monsieur montrera avec fierté. Bien entendu, le duc d'Orléans n'ignore rien des galanteries de son épouse. S'il les tolère, c'est tout bonnement pour faire oublier ses propres caprices et turpitudes.

Pendant que Guiche est en Lorraine, où d'ailleurs le roi et Monsieur vont effectuer un court séjour, en août, Madame est très sollicitée affectivement. Le jeune prince de Marsillac se met sur les rangs alors que le marquis de Vardes, qui n'a semble-t-il rien obtenu, continue ses intrigues sentimentales. Peut-être est-il l'auteur de la rumeur selon laquelle la duchesse d'Orléans et madame de Monaco, sœur de Guiche, se livreraient à des jeux lesbiens. Il est clair que l'entourage d'Henriette et celui de son époux ont des comportements tendus, inamicaux et volontiers délateurs. Si Henriette peut compter sur Cosnac, évêque de Valence, et sur madame de La Fayette, elle doit accuser les coups bas. C'est ainsi que mesdames d'Armagnac et de Montespan veulent éloigner la duchesse de Châtillon du service de la princesse. Celle que l'on appelle Bablon a de nombreux ennemis. Bussy-Rabutin dit qu'elle est « infidèle, intéressée et sans amitié ». On sait qu'elle a été aimée de Charles II et « Minette » est attachée à elle. Grâce à l'intervention du roi, elle restera à son poste.

L'attitude de Philippe à l'égard de son épouse est extrêmement ambiguë. Il souhaite la voir admirée, fêtée et adulée mais tombe aussitôt dans la pire jalousie. Il fait alors valoir ses droits d'époux et met sa femme régulièrement enceinte. En 1663, elle fait une fausse couche et se retrouve grosse à nouveau en fin d'année. Le mercredi 16 juillet 1664, naît Charles-Philippe, à Fontainebleau. Philippe est heureux car c'est « un bel enfant ». Celui-ci et sa sœur aînée sont placés sous la responsabilité de madame de Saint-Chaumont, sœur du maréchal de Gramont et tante de Guiche et de la princesse de Monaco alors qu'Anne d'Autriche aurait préféré madame de Motteville.

Cette grossesse de Madame ne fut pas parfaite. Le 26 février, jour de Mardi gras, elle tombe en dansant et, alitée, elle ne peut, le 28, assister au baptême à Saint-Germain-l'Auxerrois du fils de Molière dont elle est la marraine. Cependant, cela ne l'empêche pas en mai de participer à Versailles aux magnifiques fêtes appelées « les Plaisirs de l'Ile enchantée » et d'applaudir le *Tartuffe* qui, interdit par la suite, sera joué en privé à Villers-Cotterêts devant les Orléans en septembre. L'automne est bénéfique pour tout le monde. Henriette et Philippe semblent momentanément assagis. Le roi confie à sa belle-sœur, au début de 1665, la préparation du ballet *La naissance de Vénus*. Donné le 26 janvier 1665, c'est un énorme succès et l'occasion pour elle de revoir Guiche revenu de Pologne. Pas pour longtemps, car Louis XIV apprend les tenants et les aboutissants de la fameuse « lettre espagnole » et fait arrêter Vardes à Aigues-Mortes qu'il envoie dans la citadelle de Montpellier, où Cinq-Mars a été enfermé. Le comte et la comtesse de Soissons quittent la cour le 30 mars.

Le 17 avril 1665, alors que Guiche s'est enfui en Hollande, l'auteur de *L'Histoire amoureuse des Gaules*, Bussy-Rabutin, est embastillé puis exilé en Bourgogne. Le roi est intraitable sur le chapitre de sa vie privée.

A moins de vingt et un ans, Henriette est enceinte pour la quatrième fois et sa santé s'épuise. Les nouvelles qu'elle reçoit d'Angleterre ne sont pas rassurantes. Son frère est en guerre contre les Hollandais. On craint le pire. Finalement les Anglais sont vainqueurs, le 13 juin, sur les côtes du Suffolk et Philippe d'Orléans félicite son beau-frère. Depuis le mois de mars, la peste fait des ravages considérables à Londres. La reine mère Henriette-Marie, effrayée par tant de morts, fuit la capitale anglaise et retrouve après quatre ans d'absence sa fille, la petite Mademoiselle, et le duc de Valois.

Elle revoit aussi sa belle-sœur Anne d'Autriche dont l'état de santé s'est profondément altéré. Revenons sur la maladie de la reine mère qui l'emportera. On sait l'affection d'Anne pour ses deux fils, et l'attachement profond de ces derniers à son égard. Certes, elle se plaint toujours des soucis qu'ils lui procurent, surtout Louis sur lequel elle n'a plus la moindre influence. Mais les relations d'une mère et de ses fils, fussent-ils princes, s'affichent souvent ainsi.

La maladie d'Anne d'Autriche va durer près de trois ans et rapproche probablement Louis et Philippe, dans une communion affective qui n'empêche pas des sautes d'humeur et des écarts de comportement entre eux. Le 10 avril 1663, la reine se trouve mal: « elle eut de grandes lassitudes aux bras, mal aux jambes, mal au cœur et la fièvre ». Madame de Motteville décrit dans le détail l'évolution du cancer au sein de la reine. « La famille royale fut aussitôt troublée de cet accident, le roi en parut inquiet. Monsieur eut le cœur touché de crainte, la reine [Marie-Thérèse] eut recours aux larmes; Madame parut moins gaie et toute la cour fut abattue de tristesse. »

Si Philippe reste des journées entières auprès de sa mère, Louis la veille la nuit, dormant sur un matelas au pied de son lit : « Il l'assistait toujours avec une application incroyable. Il aidait à la changer de lit et la servait mieux et plus adroitement que toutes ses femmes. » Si Anne n'est pas surprise par l'attitude de ses fils, elle témoigne de sa reconnaissance pour « ses bons enfants ». Surtout, elle est sensible « aux tendresses infinies de Monsieur qui ne la quittait quasiment jamais ». Ces graves malaises sont des signes avant-coureurs ; ce n'est qu'un an plus tard, au printemps 1664, que la malade a vraiment conscience de son cancer : « Il parut d'abord une petite glande dont elle ne s'inquiéta point. » Mais le 15 décembre, « au Val-de-Grâce, le mal se déclara tout d'un coup, très grand et incurable ».

Le 27 mai 1665, apparaît « un érésipèle qui lui couvrait le bras et l'épaule du côté de son cancer ». La situation est telle qu'on parle de testament et de mort. L'intendant des finances Tubeuf met de l'ordre dans ses affaires personnelles, tandis que le secrétaire d'Etat Le Tellier est chargé de dresser son testament. Une chose est claire. Alors que Louis pleure sans cesse, dans les moments difficiles, Philippe montre une plus grande maîtrise de lui-même. Il sait qu'en les circonstances de sa vie privée sa mère est proche de lui. Le 22 juin 1665, il signale qu'il souhaiterait porter la moitié de la douleur maternelle. Anne le remercie mais lui rétorque : « Mon fils, cela ne serait pas juste. Dieu veut que je fasse pénitence, il faut présentement que je satisfasse à ce qu'il ordonne, c'est à moi à souffrir et non pas à vous. »

Voilà une belle leçon d'humilité. Où est la jeune reine frivole qui complotait avec la duchesse de Chevreuse ? L'épreuve du pouvoir, sans doute, et la responsabilité due à son rang. En l'occurrence, Anne n'oublie pas la longue agonie de son époux survenue au printemps de 1643. Cela fait vingt-deux ans. Mais est-ce si loin ? Dans sa souffrance, désormais presque quotidienne, la reine mère reste préoccupée par les relations de ses enfants qu'elle souhaite bonnes après son départ. Aussi, les fait-elle appeler régulièrement à son chevet. Un jour, elle demande au roi d'aimer son frère, puis se tournant vers Monsieur insiste : « Pour vous, mon fils, je sais et je n'ai que faire de vous demander d'aimer le roi, de lui obéir et de vous tenir uni à lui toute votre vie, car je sais que vous n'y manquerez pas, mais je vous prie tous deux de vous aimer pour l'amour de moi. »

Tout est dit. L'émotion est si grande que les « deux princes s'embrassèrent tendrement et se promirent, plutôt par leurs larmes que par leurs paroles, une amitié éternelle ». De Saint-Germain, Anne est conduite au Val-de-Grâce puis au Louvre. La gangrène apparaît à sa plaie au sein. Le 27 septembre, la cour apprend la mort du roi d'Espagne, le père de Marie-Thérèse, le roi aux vingt-trois couronnes. Cependant, la vie continue, et la veille de la journée des rois 1666, le 5 janvier, un grand bal, précédé d'un magnifique souper, a lieu chez les Orléans au Palais-Royal.

Les jours suivants, Philippe montre la même attention, la même dévotion pour sa mère. Cela frise parfois l'indécence : « Madame, vous m'avez tant aimé ici-bas, aimez-moi encore quand vous serez là-haut dans le ciel et priez Dieu pour moi. » Epuisée, Anne lui répond : « Mon fils, je vous prie, laissez-moi en repos. »

La veille de sa mort, elle reçoit l'extrême-onction. Louis XIV s'évanouit et doit être écarté du lit. Mais Philippe la veille toute la nuit. Elle meurt le mercredi 20 janvier 1666, entre quatre et cinq heures du matin. Sa mémoire est largement évoquée. Retenons ces quelques vers de mademoiselle de Scudéry :

« Anne, dont les vertus, l'éclat et la grandeur
ont rempli l'univers de leur vive splendeur,
dans la nuit du tombeau conserve encor sa gloire
et la France à jamais aimera sa mémoire. »

5

ENTRE PALAIS-ROYAL ET MAISON DE SAINT-CLOUD

La douleur du roi et de Monsieur, loin d'être fardée, est bien réelle. Louis XIV quitte le Louvre pour Versailles, puis Saint-Germain. Cela ne l'empêche pas de gouverner et, le 27 janvier, il déclare la guerre à l'Angleterre. Selon la tradition, à Paris, le lieutenant civil la fait annoncer par sons de trompes sur toutes les places et carrefours de rues[1]. Les Orléans, qui jusqu'au dernier moment ont cru pouvoir éviter le conflit, se réfugient à Saint-Cloud et n'en sortent que pour conduire le deuil lors de l'inhumation d'Anne d'Autriche à Saint-Denis, le 10 février. Une chose est claire, cette mort libère complètement les deux frères.

Il est vrai que Louis XIV fait preuve depuis bien longtemps d'une grande indépendance de mœurs. A la fin de janvier, lors de la présentation à Leurs Majestés des condoléances des cours souveraines à Saint-Germain, il impose

1. La guerre est due à l'alliance franco-hollandaise.

la présence de Louise de La Vallière auprès de la reine. Ce n'est qu'un début. Philippe est beaucoup plus sensible au jugement de sa mère. Maintenant qu'elle est partie, il semble faire fi des conventions. Il se laisse aller à vivre selon ses instincts et ses désirs, sans la moindre gêne, comme s'il était déchargé d'un poids oppressant.

Le problème est que cela ne se fait pas à l'avantage d'Henriette, largement ménagée jusqu'à présent. La princesse va subir, sous son toit, la présence étouffante des favoris de son époux, en particulier celle du chevalier de Lorraine qui remplace Guiche dans les sentiments du duc.

Né en 1643, Philippe de Lorraine est le fils cadet du comte d'Harcourt, un membre de la puissante famille des Guise-Lorraine. Grand écuyer de France, d'Harcourt est mort ruiné, mais son fils aîné, le comte d'Armagnac, a hérité de la charge et a été remarqué par Louis XIV, qui lui a accordé sa protection. Promu chevalier de Malte, Philippe refuse la décoration et restera toute sa vie le chevalier de Lorraine. Ses liens intimes avec le duc d'Orléans vont durer une trentaine d'années.

Le chevalier est très beau, pétri de charme, « fait comme on peint les anges ». Amant de mademoiselle de Fiennes, il a beaucoup de succès auprès des dames et le marquis de Vardes pouvait lui dire : « Vous êtes en état de tout entreprendre, vous n'avez qu'à jeter le mouchoir et il n'y a point de dame qui ne le veuille relever. » Mais Vardes échoue lorsqu'il veut le mettre dans les bras d'Henriette. Sans doute est-ce par ambition que Lorraine se lance dans cette aventure avec Monsieur.

Selon Saint-Simon, « il prit la chose en guisard qui ne rougit de rien pourvu qu'il arrive ». Toujours est-il qu'en quelques mois le chevalier mène le duc d'Orléans, « le bâton haut ». Dans l'immédiat, l'homme qui constate le mieux le changement dans le comportement de Monsieur est son premier aumônier, Daniel de Cosnac, évêque de Valence. On sait qu'il est entré au service du prince huit ans plus tôt après l'affaire « du poêlon de bouilli ». Depuis, son action n'a pas été brillante mais l'homme d'Eglise a de l'ambition pour son maître et pour lui-même[1].

L'abbé de Choisy dit que « sous une figure assez basse, il avait tout l'esprit, toute la hauteur et toute l'industrie d'un Gascon qui veut faire valoir les qualités qu'il n'a pas aux dépens de celles qu'il a ». En réalité, l'évêque de Valence est un personnage fin, habile, fort gai mais sans scrupules et possédant le génie de l'intrigue. A Saint-Cloud, il retrouve, fin janvier 1666, un duc d'Orléans désireux de tourner la page, épris de nouveauté, conscient de la futilité de sa vie passée et empreint à cet égard d'une volonté peu ordinaire, prêchant en faveur d'une perspective d'avenir animée des meilleurs sentiments.

C'est pour Cosnac du pain bénit. Peut-être tient-il soudainement son propre bonheur entre ses mains, à savoir enfin la possibilité de « diriger le frère du roi ». Certes, il le sait, ce n'est pas une sinécure. Le roi voudra réduire son frère à la vie quotidienne qu'il jugera bon. Mais il existe cependant une marge, aussi étroite soit elle. Elle consiste à amener Monsieur à plaire au roi, à ne jamais le décevoir, à anticiper ses désirs. Il faut montrer une bonne réputation faite de prudence et de sagesse et, en cultivant le secret, vertu gouvernementale, se défaire de cette affreuse tendance qui consiste à divulguer avec force tous les ragots de cour qui avilissent leurs colporteurs. Ceci à l'égard du roi. Philippe doit aussi se protéger du côté des ministres. Il convient de les louer, de les assurer d'une solide amitié, sans pour cela les honorer au point qu'ils puissent en tirer un quelconque avantage. Quant à la cour, la position des Orléans est telle qu'il suffit de persévérer dans cette voie.

Monsieur accepte ces propositions de Cosnac : « Je crois vos intentions si bonnes que je suivrai vos conseils de fort bon cœur. » De son côté, Henriette pousse aussi son mari à s'affirmer, vu que le roi lui a accordé l'entrée au conseil

1. Peut-être souhaitait-il jouer auprès de Philippe le même rôle qu'avait tenu l'abbé de la Rivière auprès de Gaston d'Orléans.

tous les vendredis. Cependant, lorsque Philippe demande une double faveur, à savoir un fauteuil pour son épouse en présence de la reine, et surtout le gouvernement du Languedoc libéré par la mort de Conti, il essuie un refus poli mais sans appel. Verneuil est nommé gouverneur du Languedoc, car selon le roi «les princes du sang ne sont jamais bien en France ailleurs qu'à la cour». Il fallait que ce soit dit.

Vexé, Philippe s'en va bouder à Villers-Cotterêts. Cosnac blâme cette attitude infantile, car, en fait, le gouvernement du Languedoc ne se présentait pour Philippe que comme source de revenus supplémentaires. Or, la bourse royale ne lui a jamais été fermée, loin s'en faut. Henriette négocie la réconciliation des deux frères qui s'effectue à Versailles. Les bonnes intentions affichées par Monsieur après la mort de sa mère disparaissent comme un feu de paille au grand désespoir de Cosnac. «La moindre personne qui arrivât, un colifichet, un rien étaient capables de le détourner et de lui faire perdre le fruit de tout ce qu'on lui avait dit.» L'aumônier constate que le roi a remplacé sa mère dans l'esprit du prince qu'il oriente vers des occupations de plaisir excluant toute activité publique sérieuse.

L'emprise de Lorraine se fait plus envahissante et Choisy précise qu'il dispose de toutes les grâces de son maître, qu'il est «plus absolu qu'il n'est permis quand on ne veut pas passer pour le maître ou la maîtresse de la maison». Henriette n'accepte pas cet état des choses. Elle excite son mari qui est saisi des «pires tourments de la jalousie». Ainsi, «il ne se passait guère de jours où Monsieur n'avait quelques difficultés avec Madame».

Deux événements de cour, qui surviennent à peu de distance, ne sont pas faits pour les rapprocher. Le premier est un libelle contre la princesse imprimé en Hollande, que le roi remet à sa belle-sœur. Il est intitulé «Les amours de Madame et du comte de Guiche». Stupeur de la princesse qui fait appel à Cosnac. Ce dernier se débrouille pour acheter tous les exemplaires et les faire disparaître, mais

Monsieur est mis au courant. Le second événement frappe le prince en pleine face. La scène se déroule à Vincennes, où se trouve la cour, en septembre. Monsieur discute avec quelques courtisans. Le comte de Gramont, « un chien enragé à qui rien n'échappait » (Saint-Simon), se présente, se plaint de l'obscurité et contrefait l'aveugle. « On n'y voit rien », s'exclame-t-il. Monsieur, surpris, car la pièce est éclairée, réplique : « Comment faites-vous ce jugement ? – C'est que, si vous y pouviez voir bien clair, vous verriez comme le chevalier de Lorraine, les comtes d'Armagnac et de Puyguilhem baisent Madame[1]. » Furieux, Philippe chasse Gramont. Mais ce dernier obtient de Louis XIV un logement au Louvre et une pension de dix-huit mille livres. Assurément, le geste odieux de Gramont a reçu l'aval du roi.

Blessée au plus profond d'elle-même, Madame tombe malade et Monsieur s'emporte contre son frère. Ils finissent par se réconcilier. Comment faire autrement ? A la fin de 1666, les Orléans vivent un drame. Le petit duc de Valois, Charles-Philippe, un enfant charmant, malade par intermittence depuis le mois de mai, décède le mercredi 8 décembre. On a juste le temps de le baptiser[2]. La douleur d'Henriette est immense ; quant à Philippe, il est surtout préoccupé de récupérer la pension de cent cinquante mille livres que Louis XIV versait à son neveu chaque année.

Durant l'hiver, on évoque pour Monsieur une éventuelle accession au trône de Naples. Mais la proposition n'est pas suffisamment sérieuse pour que Louis XIV engage des troupes dans cette aventure. D'ailleurs, il n'est pas certain qu'au dernier moment, le prince ait souhaité quitter la vie facile qu'il mène à Paris. On sait que tout fils de France possède une Maison imposante. Celle du duc d'Orléans comprend près de huit cents personnes et celle

1. Ph. Erlanger, *op. cit.*, p. 89.
2. Sa marraine est Marie-Thérèse, son parrain le roi d'Angleterre, représenté par le fils de Condé.

de son épouse, plus de trois cents. On trouve là tout un monde grouillant et coloré. Depuis le chancelier du prince jusqu'au dernier valet d'écurie, chaque charge pourvue est achetée et vendue.

Le trésorier Boisfranc domine ce marché fort lucratif; une charge d'aumônier vaut sept mille livres, celle de valet de chambre entre huit mille et vingt mille livres. Les gages versés à tout ce personnel se montent à huit cent mille livres chaque année. Les frais de table atteignent près de trois cent mille livres y compris ceux de la maison d'Henriette, fixés à dix mille livres chaque mois. Il ne peut être question d'étudier ici tout ce monde; nous nous contenterons de quelques exemples.

Ainsi, le service de santé du prince comprend une trentaine de personnes: 9 médecins, 3 consultants, un apothicaire et son aide, 9 chirurgiens, un dentiste et 5 barbiers[1]. Son personnel ecclésiastique regroupe 27 religieux, ayant à leur tête Cosnac, grand aumônier. Celui d'Henriette est moins nombreux: depuis le premier aumônier jusqu'au dernier « confesseur du commun », 19 ecclésiastiques tiennent chacun une place dans une hiérarchie savamment élaborée. Curieusement, le duc d'Orléans, qui n'aime pas la chasse, entretient près d'une centaine de personnes attachées à cette occupation: des veneurs, des piqueurs, des valets de chiens, des fauconniers et chefs des oiseaux. Les équipages et les écuries dépendent d'un très grand nombre de personnes. Ainsi, Henriette utilise régulièrement quatre carrosses qui mobilisent des cochers, des postillons, des palefreniers, des bourreliers, des charrons, des maréchaux-ferrants et autres intervenants.

Il n'est pas nécessaire de s'étendre sur les serviteurs affectés à la chambre et à la garde-robe de Monsieur et de Madame, sur les dames d'honneur et les gentilshommes, sur les gens d'armes. Tout cela est considérable et coûte fort cher. En outre, comme son oncle Gaston, Philippe

1. J. Duchênes, *op. cit.*, p. 260.

affiche des qualités certaines de collectionneur, de mécène et de bâtisseur. Au Palais-Royal, à Saint-Cloud, à Villers-Cotterêts, les Orléans se construisent un cadre de vie à la dimension de leurs envies.

Philippe collectionne les tableaux de peintres hollandais qu'il affectionne particulièrement[1]. Il acquiert des objets rares et précieux, des tapisseries, des porcelaines de Chine et des pierreries[2]. Madame n'est pas sur la même voie. Mais, au Palais-Royal, elle souhaite disposer de ses tableaux personnels, signés de Véronèse, Le Corrège, Pérugin et autres. Elle apprécie particulièrement les œuvres de Van Dyck, surtout le tableau intitulé *La famille royale d'Angleterre.* Cela n'a rien d'étonnant. Si Philippe entreprend des travaux d'aménagement au Palais-Royal, Saint-Cloud est l'objet de toute son attention. La « délicieuse maison » l'obsède. Il fait acheter les champs, les bois et vergers qui se libèrent aux alentours. Le parc, ouvert au public, devient un lieu privilégié de promenades champêtres.

En 1664, Monsieur accepte les plans de l'architecte Antoine Le Pautre pour la construction d'une grande cascade appelée « le théâtre de pierre ». L'ouvrage est remarquable et suscite la jalousie de Louis XIV lors d'un séjour à Saint-Cloud. Philippe voudrait aller plus loin, mais les fonds lui manquent. Aussi curieux que cela puisse paraître, les Orléans n'ont pas de ressources suffisantes pour assumer leur rang. Même Cosnac met la main à la poche et lui avance de fortes sommes. En pure perte, il le sait mais il l'assume. Il crie son impatience à l'encontre de Philippe qui pensionne à outrance ses favoris. Il lui dit « que jusqu'ici, son esprit n'avait été occupé qu'à des enfances et son affection à des plaisirs assez mal expliqués ».

Si Philippe ne change pas, le premier aumônier doit en tirer les conséquences et quitter son service. L'inconséquent

1. Le prince a regroupé 169 tableaux au Palais-Royal.
2. Lors de l'héritage, les pierreries d'Anne d'Autriche seront disputées entre les deux frères.

prince réagit avec vigueur et assure son fidèle serviteur qu'il n'aura plus, désormais, à se plaindre de sa conduite. Encore faut-il qu'une occasion se présente ! Louis XIV, lui-même, la lui fournit en s'engageant dans la guerre de Dévolution. De quoi s'agit-il ? A la mort de Philippe IV d'Espagne, le 17 septembre 1665, Charles II, un enfant de quatre ans, issu d'un second mariage, monte sur le trône. Louis XIV réclame alors les Pays-Bas en vertu du droit de dévolution, un droit féodal qui en Brabant attribuait l'héritage aux seuls enfants d'un premier mariage. Il s'estime d'autant plus dans son droit que la dot de Marie-Thérèse n'a pas été payée à ce jour. Ses intentions guerrières sont claires : conquérir un certain nombre de places sur la frontière du nord-est.

Les préparatifs s'échelonnent sur toute l'année 1666. La noblesse, qui n'a pas connu de guerre depuis huit ans, se mobilise. Elle recrute compagnies et régiments, réunit des « montres », c'est-à-dire des présentations d'effectifs, acquiert des armes. L'administration militaire organise les étapes des gens de guerre, prévoit des stocks de vivres dans des magasins précis et retient les logements des soldats pour l'hiver suivant. Les financiers et les officiers de l'ordinaire et de l'extraordinaire des guerres se débrouillent pour que les soldes des soldats n'aient pas de retard.

Philippe, qui doit accompagner le roi, apprend qu'Henriette est enceinte, à vingt-trois ans, pour la septième fois. Bien sûr, cela ne l'empêche pas de partir, tant il veut se faire remarquer aux armées et pour satisfaire Cosnac. Dans ses *Mémoires*, l'évêque de Valence ne mâche pas ses mots : « Cette campagne était l'extrême-onction pour lui… S'il ne se tirait pas à ce coup de la bagatelle, il n'y aurait plus de salut pour sa gloire. » L'évêque va plus loin et rédige pour le duc d'Orléans un véritable vade-mecum précisant « la manière dont il devait se conduire avec le roi, avec les généraux, avec les officiers et les soldats ».

Il lui demande d'être généreux, de se montrer sensible à la souffrance, « de visiter les blessés, donnant de l'argent aux pauvres officiers et préférablement à ceux qui avaient de la réputation ». Tel un spécialiste de polémologie, Cosnac distribue les conseils sur l'attitude à adopter « dans la tranchée, dans une alarme, dans une rencontre, dans un parti et généralement partout où il pouvait acquérir la gloire [1] ». Philippe est aussi impatient de combattre que son oncle Gaston en 1636, lors de l'année de Corbie. Mais, soudainement, il reçoit une vraie douche froide. Le chevalier de Lorraine, dont il est fort épris, ne l'accompagnera pas mais servira sous le maréchal d'Aumont. Louis XIV l'a décidé.

Le roi et son frère quittent Paris le 16 mai pour la Flandre. Au siège de Tournai, Monsieur se montre brave, impétueux, vaillant au combat. Cosnac en profite pour signaler ce comportement valeureux à *La Gazette de France* qui relate l'événement. Louis XIV n'apprécie pas et le fait savoir lors d'un conseil de guerre à Douai : « Mon frère, vous pouvez aller vous divertir, nous allons tenir conseil. » Philippe se retire, en ruminant l'humiliation qu'il vient de subir. Mais plutôt que de bouder et de rester sous sa tente, il se montre « à la tranchée », encourage les soldats et accélère les travaux du siège. Face à cet acte de dévouement, le roi se montre reconnaissant. Monsieur retrouve sa place lors des délibérations militaires et entre même au conseil des dépêches.

Après la prise de Douai, Louis XIV rejoint Compiègne, début juillet, pour quelques semaines, afin de laisser les troupes se reposer [2]. De son côté, Philippe retourne à Saint-Cloud où Henriette, qui vient de faire une fausse couche, est au plus mal [3]. Louis et Philippe repartent ensemble sur le théâtre des opérations militaires. Leurs relations sont au mieux. Le résultat en est l'autorisation accordée au chevalier

1. Ph. Erlanger, *op. cit.*, p. 94.

2. C'est sans doute à ce moment que la belle Athénaïs de Montespan devient la maîtresse du roi.

3. Louis XIV viendra lui rendre visite de Compiègne, ce que la princesse appréciera fort.

de Lorraine de suivre le duc d'Orléans partout où celui-ci ira combattre. En fait, Louis XIV, qui fait son entrée à Tournai le 23 juillet, a offert à Monsieur un cadeau empoisonné.

Cosnac constate peu après que le prince est bien moins combatif. Il s'enferme sous sa tente avec son favori des journées entières et néglige ses responsabilités. Au siège de Lille, Lorraine est blessé au pied par une grenade, ce qui met le duc d'Orléans dans une grande inquiétude. La ville se rend. Après une chevauchée vers Gand, Louis XIV confie l'armée à Turenne et rejoint Arras où la reine l'attend[1]. Le duc et le chevalier le suivent puis rentrent à Villers-Cotterêts, alors que Cosnac aurait voulu que le prince restât aux armées.

La passion du prince pour son favori éclate aux yeux de tous et les procédés qu'ils pratiquent sont les mêmes que ceux utilisés par Louis XIII à l'égard du beau Cinq-Mars. Il fait signer à Lorraine des serments de fidélité et d'attachement exclusif « préférablement à celui du roi... Et qu'il sera toujours à lui ». Il lui promet de n'avoir aucun secret à son égard. Cosnac est atterré, et s'exclame avec dépit: « Il est presque impossible de changer la nature humaine quand elle a une fois pris sa pente. » Pourtant, l'inacceptable est devant lui, présent, palpable, évident. Depuis son mariage, il a tout fait pour responsabiliser le prince, pour déceler quelques belles actions qui puissent justifier son attachement. En vain.

Une lutte sourde, inégale et de tout instant s'engage entre le premier aumônier et le favori. Elle laisse peu de place à un éventuel rapprochement dans le couple Orléans. Henriette le déplore, impuissante. La princesse n'est plus la maîtresse chez elle. Louis XIV le sait mais il laisse faire.

1. La paix est signée en 1668 avec l'Espagne, à Aix-la-Chapelle. La France reçoit onze places dont Lille, Douai, Tournai, Charleroi et Armentières.

6

« LE CHEVALIER ITALIEN »

La liberté de mœurs, qui anime alors la cour de Louis XIV, est le meilleur rempart contre les préjugés. L'homosexualité est loin d'être un tabou et les courtisans qui désignent Lorraine comme « le chevalier italien » n'échappent pas à la jalousie que provoque sa faveur auprès du frère du roi. D'ailleurs, plus que d'homosexualité, c'est bien de bisexualité dont il faut parler. On sait que Philippe d'Orléans accomplit son devoir conjugal et rend grosse sa femme régulièrement, avec une conviction jamais démentie une fois l'an. Plus par rancune que par plaisir.

Mais les faits sont là : huit grossesses en huit ans, difficile de faire mieux. On est loin des vingt-trois années d'attente infructueuse du couple Louis XIII et Anne d'Autriche. De son côté, Lorraine n'est pas du tout enfermé dans une logique sexuelle restreinte à ses relations avec Monsieur. Le chevalier, dont on a évoqué l'éclatante beauté, doit faire face à des sollicitations féminines continuelles. Son charisme autorise un choix fort large. Fiancé à mademoiselle de Fiennes, amant de la princesse de Monaco, il est impossible d'établir une liste de ses conquêtes. Mais n'était-ce pas le lot d'un grand nombre de jeunes nobles, désœuvrés par l'absence de guerre, au début du gouvernement personnel de Louis XIV? Que faire, sinon exalter les sentiments dans des attachements souvent aussi légers que répétés.

La situation est identique pour les femmes. Les adeptes des amours lesbiennes sont également nombreuses et admises. Si la princesse de Monaco en est un exemple connu, cette pratique est plus répandue qu'on ne le croit. Exilée à Saint-Fargeau de 1652 à 1657, la Grande Mademoiselle signale que la comtesse de Frontenac refusa, lors d'une visite de son mari, d'aller le rejoindre dans leur chambre pour la nuit, car elle avait l'habitude de dormir avec la jeune comtesse de Fiesque. Désabusée, la princesse constate: «J'avais toujours eu une grande aversion pour l'amour, même pour celui qui allait au légitime, toute cette passion me paraissait indigne d'une âme bien faite, mais je m'y confirmais encore davantage.»

La princesse, toujours en quête d'un éventuel époux, est moins naïve qu'elle n'y paraît [1]. Il est probable qu'elle est informée de ces étranges pratiques qui font florès à la cour et en ville. Dans l'immédiat, Lorraine sait qu'il n'est pas aimé dans l'entourage de Madame et en particulier de Cosnac. Comme cette dernière le protège, son action doit viser carrément la princesse. Il monte à son encontre une véritable cabale à laquelle se rallient le maréchal du Plessis-Praslin, le confesseur du prince Zoccoli, son trésorier Boisfranc et un ensemble de dames et de jeunes nobles faciles à entraîner dans une aventure de cour.

A la fin de 1667, on assiste au Palais-Royal à de nombreux tiraillements dans les relations quotidiennes. Lorraine semble attendre une erreur de Cosnac pour s'en débarrasser. Elle arrive au début de 1668. Louis XIV, qui

1. C. Bouyer, *La Grande Mademoiselle*, p. 87.

va envahir la Franche-Comté, veut donner le commandement de l'armée de Catalogne à son frère pour une éventuelle campagne de printemps dans le Midi. Cosnac, fidèle à son idée, conseille au prince de réclamer à nouveau le gouvernement du Languedoc. Mais Philippe, qui s'attend à une fin de non-recevoir, ne veut pas en faire la démarche.

Décidément, rien ne va plus entre les deux hommes et Cosnac, fatigué, souhaite rentrer à Valence. Alors que Louis XIV mène en plein hiver (février) une attaque réussie en Franche-Comté, Monsieur n'a pas eu le temps de faire ses bagages pour rejoindre son armée. Sa nouvelle préoccupation est l'arrivée à Paris du fils bâtard de Charles II d'Angleterre, James, duc de Monmouth. Logé au Palais-Royal, le prince, âgé de dix-neuf ans, est « d'un extérieur éblouissant ». Précédé d'une réputation de « terreur universelle des époux », James ne quitte pas sa tante. Henriette le conduit dans toutes les fêtes, dîne, joue et danse avec lui. Elle est heureuse de pouvoir s'exprimer en anglais. Mais, à la cour, on parle de relations intimes condamnables.

Pour Philippe, la joie d'Henriette, somme toute bien normale, met en cause sa réputation et Monmouth repart à Londres à la fin de mars. L'isolement de la princesse s'accentue et, le 24 mars, elle n'assiste pas au baptême du dauphin à Saint-Germain alors que sa fille et son époux sont présents. Mademoiselle de Fiennes, dont on connaît les sentiments pour Lorraine, est exilée alors que sa maîtresse est en cure. Elle est soupçonnée de posséder des lettres de ce dernier peu élogieuses pour Philippe d'Orléans. Est-ce la vérité ? Qu'importe ! On accuse Cosnac de vouloir les récupérer pour s'en servir et se protéger. Au mois de mai, le premier aumônier doit « se défaire de sa charge, puis quitter Paris ».

Bien reçu par le roi, auquel il fait ses adieux, il ne peut s'empêcher d'exprimer son sentiment : « Je viens de voir un grand homme qui me dégoûte de mon petit maître. » Le 15 mai 1668, Cosnac retrouve son diocèse de Valence. Le 24 juin, Monmouth est de retour à Paris et alimente une nouvelle discorde chez les Orléans: «Il y eut de grands divertissements à Versailles, écrit la duchesse de Montpensier. ... Et Monsieur et Madame furent fort mal à cause de M. de Monmouth». De fait, le 18 juillet, une magnifique fête se termine par la représentation de *George Dandin ou le mari confondu.* D'aucuns pensent reconnaître Philippe d'Orléans ou Monsieur de Montespan dans le personnage central.

La tension est telle chez les Orléans que Philippe veut empêcher sa femme d'aller se distraire à la cour où madame de Montespan est devenue la maîtresse attitrée du roi. Au lieu de suivre Louis XIV à Chambord, en août et en septembre, pour la saison des chasses, Philippe se réfugie à Villers-Cotterêts et y emmène sa femme et sa fille. On le sait, cette jalousie de Monsieur, tout à fait insupportable et héritée de son père, est liée à la personnalité de sa femme, à son charisme à la cour et à l'amitié que le roi lui porte.

Empêtré dans ses affections masculines, Philippe n'admet pas qu'Henriette s'épanouisse hors de lui, qu'elle soit heureuse, qu'elle vive tout simplement sa vie en liberté. Monmouth regagne Londres, à la fin de juillet, emportant avec lui une image de sa tante où se mêlent tristesse et violent désir de bonheur. Quelle relation de ce voyage va-t-il transmettre à son père, Charles II? Le roi d'Angleterre compte sur sa chère «Minette» pour améliorer les relations entre son pays et la France. La correspondance du frère et de la sœur est claire à ce sujet. De cela aussi, Monsieur ne veut pas entendre parler. Il est vrai que le prince n'a jamais eu de problèmes majeurs avec son beau-frère et qu'il ne comprend pas qu'il soit écarté des négociations.

Penser que Louis XIV, en la circonstance, pourrait faire appel à Monsieur serait mal le connaître. Mais sa confiance est acquise à Henriette dont il connaît l'intelligence et l'approche réfléchie des faits politiques. Il a besoin d'elle en cette année 1668 qui a vu la concrétisation de la paix à Aix-la-Chapelle. Louis a mal accepté que l'Angleterre et la

Hollande, en guerre, se réconcilient sur son dos et signent avec la Suède, le 23 janvier, la Triple-Alliance qui bride ses ambitions face à l'Espagne. En outre, il jalouse la puissance maritime et commerciale des Hollandais. Il faut, de toute évidence, se rapprocher de l'Angleterre. Les circonstances sont favorables. Charles II déteste aussi les Provinces-Unies, maîtresses des mers, véritable champ de son ambition personnelle. Ce n'est pas tout, il envisage de devenir catholique et, pour cela, l'appui financier et militaire de la France lui est nécessaire. Mais tout cela n'est guère facile, car « le parlement et le peuple anglais sont hostiles au roi de France, à sa politique, à sa religion, à son absolutisme et à ses ambitions maritimes[1] ».

Un nouvel ambassadeur français, Charles Colbert de Croissy, frère du ministre, s'installe à Londres, à Leicester House. Sa tâche n'est pas aisée, car si la France veut l'alliance anglaise, chaque nation se tient sur ses gardes. Charles II promet à Louis XIV son soutien sur mer et sur terre en cas de guerre avec la Hollande et reparle à nouveau de se faire catholique. A l'automne 1668, l'idée d'un voyage d'Henriette en Angleterre, pour faire évoluer les choses, est évoquée mais n'aboutit pas, car la princesse est à nouveau enceinte pour la huitième fois[2]. De plus, sa mère, Henriette-Marie, est en mauvaise santé. La reine mère se déplace entre les Visitandines de Chaillot et sa maison de Colombes. La princesse lui envoie les plus grands médecins : Yvelin qui est le sien, Esprit, attaché à Monsieur, et Vallot, au service du roi. Comme les traitements proposés ne font pas grand effet, ce dernier ordonne de lui donner « trois petits grains d'opium ». La reine mère les prend, le soir du 10 septembre, et meurt peu après. Diagnostic, il y a eu surdose. Henriette est effondrée. Elle ne pensait pas sa mère si proche de l'extrémité fatale.

1. J. Duchênes, *op. cit.*, p. 320.
2. Elle donnera naissance le 27 août 1669 à Anne-Marie, mademoiselle de Valois.

L'oraison funèbre de la reine mère d'Angleterre est prononcée à Chaillot par Bossuet le 16 novembre. La prestation de l'ecclésiastique impressionne beaucoup Madame. Certains mots qui évoquent sa mère la frappent: « Ne réunit-elle pas les deux royaumes? » énonce le prédicateur. N'est-ce pas le vœu de Madame depuis son mariage même si Bossuet y associe son époux: « L'on peut tout espérer d'un prince que la sagesse conseille, que la valeur anime et que la justice accompagne dans toutes ses actions. » Séduite, Henriette ouvrira sa porte régulièrement à l'abbé Jacques Bénigne Bossuet.

L'inhumation d'Henriette-Marie à Saint-Denis n'a lieu que le 20 novembre, car Louis XIV n'a pas voulu retarder sa période de chasse à Chambord. La duchesse d'Orléans doit affronter ce deuil sans l'aide de son époux qui, selon Saint-Simon, est « abandonné au chevalier de Lorraine ». Lors des réceptions qu'il donne au Palais-Royal, il invite l'abbé de Choisy auquel il demande de venir déguisé en femme comme lorsqu'ils étaient enfants. Lui-même s'affuble d'une robe, se farde et fixe des mouches sur son visage. Lorraine approuve.

A vingt-six ans, le chevalier « possède Monsieur avec empire » et Henriette ne peut pas grand-chose à cet état de fait. Au Palais-Royal, le chevalier intervient dans l'attribution des charges et touche des pots-de-vin. Il est soutenu par des courtisans fidèles. Mademoiselle de Fiennes éloignée, la place est occupée par mademoiselle de Grancey, appelée la maréchale en souvenir de son père. Intelligente, la jeune femme a compris qu'aimer Lorraine implique flatter Monsieur, le servir et surtout ne pas le décevoir. D'ailleurs, elle ne refusera pas son corps aux caresses du prince même si elle avouera n'en avoir jamais retiré le moindre plaisir.

A côté de Grancey, on trouve une ancienne amie de Philippe, la fameuse mademoiselle de Gourdon, si maltraitée par la Grande Mademoiselle dans ses *Mémoires.* La Gourdon participe à toutes les fêtes et à toutes les intrigues de la petite cour de Monsieur. « L'archimignon chevalier », comme on le désigne parfois, en faisant référence à Henri III, partage lui-même avec son maître deux favoris réduits à un second rôle. Le premier, d'origine normande, le comte de Beuvron, est un cadet désargenté et ambitieux qui occupe une charge de capitaine des gardes. Le second porte un nom célèbre, celui de marquis d'Effiat. C'est le propre neveu de Cinq-Mars adulé autrefois par Louis XIII. Il possède comme son oncle un charme ravageur et une étrange beauté. Il est le grand écuyer et le grand veneur de Monsieur.

Le jeune homme est jugé sévèrement par Saint-Simon qui le considère « sans âme et parfaitement scélérat ». On l'accuse d'être corrompu, perdu de vices, de remplir sa chambre de prostituées et de charmants garçons, de vivre d'une manière libertine, irréligieuse et de développer une ambition démesurée [1]. D'Effiat, véritable âme damnée de Lorraine, partage avec lui le lit de Monsieur. Mais il n'y a pas de jalousie entre hommes, cette dernière étant réservée aux conquêtes féminines.

Pour ses plaisirs, le duc d'Orléans doit être étonné, surpris, saisi par la nouveauté. L'un de ses pourvoyeurs en fraîche jeunesse est Antoine Morel de Volonne, son propre maître d'hôtel, personnage « athée et sodomite... vendant des garçons comme des chevaux et allant au parterre de l'opéra pour faire ses marchés » (la Palatine). Tout cela est peu ragoûtant, pour ne pas dire parfaitement vomitif et intolérable pour Henriette. Surtout qu'au Palais-Royal, on installe « l'hôtel des bains de SAR monseigneur le duc d'Orléans dont l'entrée était rue de Valois [2] ». Or, dans ces bains, comme dans le fameux « hôtel des petits baigneurs » fréquenté par Gaston d'Orléans dans la première moitié du siècle, la clientèle est loin de venir y chercher seulement la douceur de l'eau.

1. Pourtant, Louis XIV respectera toujours le marquis et, plus tard, le régent le fera entrer dans ses conseils.

2. Ph. Erlanger, *op. cit.*, p. 113.

Dans son entourage, Henriette ne peut plus se confier qu'à deux femmes: madame de La Fayette et madame de Saint-Chaumont, la gouvernante de sa fille aînée. Or, cette dernière, qui est restée en relations épistolaires avec Cosnac, pousse sa maîtresse à faire venir incognito l'évêque de Valence à Paris pour régler ses affaires. C'est là une grave erreur. L'évêque est arrêté dans la capitale, rue aux Ours, et exilé dans le Gers à L'Isle-Jourdain. Accusée de complicité, madame de Saint-Chaumont est renvoyée; elle est remplacée comme gouvernante par madame de Clérambault[1].

Cette situation procure beaucoup de peine à la princesse qui veut se rendre à Londres. Son frère, Charles II, se plaint des manigances de Lorraine. Honnêtement, Louis XIV est las du comportement du chevalier et n'attend qu'une occasion pour le briser. Il le convoque afin de cerner les intentions de Monsieur dont l'épouse affirme qu'il y a «longtemps qu'il n'entend plus le français et que sa langue est réduite à suivre aveuglément les intentions du chevalier». Le dialogue est incisif:

– Monsieur est un bon homme, il aime Votre Majesté, dit Lorraine… Assurément, il ne fera jamais rien qui vous déplaise et j'en serai garant. Prenez-vous-en à moi s'il fait quelque chose.

– M'en répondez-vous?

– Oui, sire.

Lorraine venait de s'engager. Sans le savoir, il avait scellé son destin.

Les dernières propositions d'alliance de Charles II, fort coûteuses, sont inacceptables. Il faut reprendre les négociations et là, le rôle d'Henriette doit être essentiel. Louis XIV le sait, Lorraine ne pèse pas lourd dans la balance. A Noël 1669, Philippe fait un chantage grotesque à sa femme: il ne communiera que si cette dernière lui promet de ne jamais faire chasser son favori. Peu après, en janvier 1670,

1. Henriette aurait préféré que la charge soit assurée par madame de La Fayette; ce fut impossible.

la mort de l'abbé de la Rivière, évêque de Langres, libère plusieurs abbayes très fructueuses, situées dans l'apanage du prince, dont celle de Saint-Benoît-sur-Loire. Philippe l'accorde à Lorraine, mais Louis XIV marque aussitôt son hostilité. Monsieur insiste, se fait rabrouer et lasse son frère.

Le chevalier de Lorraine est arrêté à Saint-Germain dans la soirée du 30 janvier 1670. Le roi décide seul du sort de ses sujets. Cela s'appelle la volonté royale. Pas d'abbaye pour Lorraine. Monsieur s'emporte et veut quitter Saint-Germain aussitôt. C'en est trop pour Louis XIV. Le chevalier est un mauvais conseiller, il doit être sanctionné. Les capitaines des gardes du corps, d'Ayen et Lauzun, procèdent à la prise de corps du favori au château Neuf, dans la chambre de Philippe où se trouve le secrétaire d'Etat Le Tellier venu calmer le prince.

Lorraine est conduit à la Bastille. Le couple Orléans ne sait quelle attitude adopter. Monsieur est « très fâché » et Madame est « fâchée de voir Monsieur fâché ». Quelle affaire ! Le 1er février, Philippe, emmenant avec lui sa femme et ses enfants, part pour Villers-Cotterêts avec un équipage de douze carrosses. La brouillerie des deux frères n'a aucune conséquence à Paris, mais une correspondance s'établit entre Villers-Cotterêts, Londres et la capitale française.

Monsieur s'entête. Le résultat ne se fait pas attendre et Lorraine doit être envoyé au château d'If, près de Marseille. A Londres, une certaine inquiétude commence à percer; cette affaire retarde les négociations et le voyage d'Henriette. Chargé de magnifiques présents, Colbert fait à deux reprises le voyage de Villers-Cotterêts. Il finit par emporter la décision. La famille d'Orléans rentre le 24 février; elle est reçue à Saint-Germain par le roi et la reine « avec des témoignages de joie extraordinaires ». Ce n'est là que pure apparence. En fait, rien n'est réglé. Si Lorraine est élargi du cadre sévère du château d'If, il est fermement invité à voyager à l'étranger.

7

« MADAME EST MORTE »

L'infinie tristesse de Monsieur n'empêche pas les fêtes à la cour. Que le prince n'ait pas envie de s'y impliquer est un fait avéré. Sa petite cour de favoris, autour de Beuvron et d'Effiat, fait tout ce qu'elle peut pour le distraire, ainsi que l'abbé de Choisy, mais leur action est loin d'être efficace. « Un seul être vous manque et tout est dépeuplé », écrira Lamartine. Il semble que le prince ait souffert de cette solitude bien avant le poète. Le problème est que Philippe est persuadé de la responsabilité de son épouse dans cet éloignement et souhaite qu'elle agisse auprès du roi pour obtenir le retour du mignon : « Monsieur me fait la mine et veut par des traitements rudes me faire souhaiter le rappel du chevalier. »

Monsieur est dans l'erreur. Henriette ne peut rien auprès du roi qui prépare le traité avec l'Angleterre et se moque parfaitement du chevalier. D'ailleurs, ce dernier est parti pour Rome et mène joyeuse vie dans la Ville éternelle. La rumeur, vite divulguée en France, en fait l'amant de Marie Mancini, princesse Colonna. La nouvelle est un véritable supplice pour Monsieur. Il s'en prend une fois de plus à son épouse qui écrit à madame de Saint-Chaumont: « Le roi a fort travaillé pour lui faire entendre raison, mais jusqu'à présent fort inutilement, parce que son but est de me faire obtenir des grâces pour le chevalier en me traitant de la sorte et que le mien est de ne me rendre pas aux coups de bâton. »

Malheureuse princesse. Coups de bâton fictifs? Certainement. N'empêche, la violence est présente, lancinante, intolérable. Cette circonstance appelle pour Henriette plusieurs sympathies qui ont eu du mal à se déclarer auparavant. D'abord la reine, Marie-Thérèse, qui a fort jalousé sa belle-sœur en 1661. Maintenant que la Montespan règne sur le cœur du roi, il n'y a plus lieu de persévérer dans cette voie.

Ensuite la duchesse de Montpensier. La Grande Mademoiselle n'a jamais, à ce jour, montré beaucoup d'affection pour sa cousine. Les préventions naturelles à la cour ont empêché les deux femmes de se lier. Maintenant, c'est chose faite. Elles se rencontrent souvent à Saint-Germain. « Quand on vous connaît, on vous aime », affirme Madame et la Montpensier lui renvoie le compliment. La Grande Mademoiselle, qui aime bien Monsieur, trouve qu'il exagère. Ne lui a-t-il pas avoué: « Je n'ai aimé Madame que quinze jours. » Quelle délicatesse! Henriette s'épanche auprès d'elle: « S'il m'avait étranglée quand j'ai fait quelque faute, il aurait bien fait. Or, il m'a pardonné et vient maintenant me tourmenter pour rien. » S'il est quelqu'un fort agacé par cette tragique zizanie, c'est bien Louis XIV[1].

Il explique à son frère que le voyage en Angleterre est de simple courtoisie. Monsieur n'en croit rien, tempête, hurle et se couvre de ridicule: « Sans craindre les bruits du monde, il a dit que je l'avais traité de misérable, que je lui

1. Selon Henriette, « on a parole du roi que de huit ans il ne fera revenir le chevalier ».

avais reproché la vie qu'il fait avec le chevalier et beaucoup de choses de cette sorte qui ont fort diverti le prochain charitable. »

Pauvre Monsieur. Le voilà qui soudainement occupe tous les soirs la couche de sa femme, dans l'espoir qu'une nouvelle grossesse l'empêcherait de partir. Il ne connaît pas le secret de l'ambassade de son épouse et son importance. La nature ne lui sourit pas et Madame n'est pas enceinte. Alors il veut partir avec elle. Louis XIV le laisse dans ses rêves, sachant que Charles II n'acceptera jamais. Nouvel échec pour Monsieur. Donc, Madame doit aller seulement à Douvres et n'y rester que trois jours. C'est son dernier vœu. Bien entendu, les simagrées du prince n'affectent plus personne, même si elles altèrent profondément la santé d'Henriette.

Louis XIV et une partie de la cour doivent accompagner la princesse dans le Nord, pour voir les places fortes acquises au traité d'Aix-la-Chapelle[1]. Le départ a lieu à Saint-Germain le 28 avril à dix heures. Le cortège est accompagné de 30 000 hommes de troupe commandés par Lauzun[2]. Tout a été organisé. Louis XIV accorde une magnifique gratification à sa belle-sœur pour son équipage et sa suite de deux cents personnes. Cinq demoiselles d'honneur l'accompagnent dont la ravissante Louise-Renée de Kéroualle, future maîtresse de Charles II d'Angleterre. Ce qui n'est pas prévu, ce sont les humeurs du temps, épouvantables. Giboulées, tempêtes, averses cueillent le cortège sur les routes détrempées qui conduisent aux Flandres.

Enfin, le 22 mai, on parvient à Lille. Le lendemain, Henriette, qui doit partir pour Dunkerque, reçoit les adieux. Ceux du roi sont particulièrement chaleureux. Il n'en est pas de même pour son époux, qui, lors du voyage,

---

1. Le 8 avril 1670, mademoiselle de Valois, fille du couple Orléans, est baptisée. Son parrain est le dauphin ; sa marraine, mademoiselle de Montpensier.

2. Il est colonel général des Dragons, charge créée pour lui le 2 avril 1668. Déjà, la Grande Mademoiselle s'intéresse beaucoup à lui.

trouvant son épouse pâle, s'exclame: « On m'a prédit que j'aurai plusieurs femmes et en l'état où est Madame, j'ai raison d'y ajouter foi. » Quelle tristesse ! Il est vrai qu'Henriette se plaint de l'estomac, ne boit que du lait et se couche fort tôt le soir tant la fatigue la tenaille. Monsieur ne devrait pas se plaindre. Son épouse lui a promis d'intervenir auprès de son frère sur au moins trois points: rétablir un climat meilleur entre Charles II et Philippe, recevoir Lorraine dans son royaume et le traiter convenablement et, enfin, verser la pension du petit duc de Valois décédé, ce dont Louis XIV ne veut pas entendre parler.

Le 26 mai au matin, Henriette et sa suite arrivent à Douvres, accueillies par Charles II. C'est une joie immense. Le frère York organise les festivités dans lesquelles Molière, joué en anglais, n'est pas oublié. Mais Henriette a une mission à remplir. Les entretiens intimes avec son frère sont chaleureux, dénués de toute prévention. Pour « Minette », Charles II est prêt à aller loin. Mais pas au-delà des intérêts de son pays. Henriette discute, conseille, persuade, convainc. La question essentielle est l'engagement de Charles dans un conflit avec les Provinces-Unies avant sa conversion au catholicisme.

Dès le 29 mai, l'ambassadeur Croissy informe Louis XIV de la rapide progression des pourparlers. Satisfait, le roi, faisant fi des désirs de Monsieur, autorise sa belle-sœur à rester dix à douze jours à Douvres. Le traité secret entre Charles II d'Angleterre et Louis XIV y est conclu le 1er juin. Il comporte dix articles principaux, trois articles secondaires et une déclaration des deux souverains. Parmi les principales dispositions, retenons: l'alliance perpétuelle entre les deux rois, le soutien de l'Angleterre aux prétentions françaises sur la succession d'Espagne, le respect du traité d'Aix-la-Chapelle, la déclaration de guerre commune à la Hollande (Provinces-Unies) et l'interdiction de conclure avec elle une paix séparée. Il faut ajouter quelques données comme le choix du duc d'York pour assurer le commandement sur mer, une propagande commune afin de gagner les pays voisins à la lutte contre la Hollande et le serpent de mer d'un traité de commerce entre la France et l'Angleterre. Il n'est pas question de soutenir Charles II dans sa conversion au catholicisme.

Louis XIV peut être satisfait, Henriette a bien œuvré même si les principales clauses sont négociées à l'avance. Croissy remet le traité à son roi le 2 juin, à Boulogne. La cour n'a plus de nécessité à rester dans le Nord ; elle retourne à Saint-Germain le 7 juin.

A Douvres, les fêtes se succèdent avec Charles, York et Monmouth. C'est à qui serait le plus fastueux. Charles II fête ses quarante ans et les dix ans de la restauration monarchique. Il couvre Henriette de bijoux et lui donne 6000 pistoles. Il voudrait qu'elle lui laisse mademoiselle de Kéroualle dont il est fort épris. Mais cela est impossible. Un gentilhomme français, M. de Tonnay-Charente, fait au roi et à Philippe le récit de ce qui se passe à Douvres et, bien sûr, Monsieur est furieux, surtout à l'encontre de Monmouth.

Le 12 juin, Henriette se sépare de ses frères. Les trois survivants de la grande famille des Stuarts fondent en larmes. La princesse débarque à Calais où elle est bien reçue, mais son mari n'est pas là. La Grande Mademoiselle précise : « Monsieur ne fut point au-devant d'elle et empêcha son frère d'y aller, bien que celui-ci l'en priât instamment. » Soyons juste. Si Louis XIV avait voulu aller au-devant d'Henriette, ce n'est pas Philippe qui l'en eût empêché. Mais le monarque avait maintenant son traité et cela suffisait pour lui.

Le 18 juin, Monsieur va au-devant de sa femme et la ramène à Saint-Germain. La nuit suivante est terrible pour la jeune femme. Bien entendu, Philippe souhaite savoir ce qu'elle rapporte de ses engagements. Certes, Charles II lui a promis d'être plus agréable avec son beau-frère, d'accueillir Lorraine s'il venait, mais pas, dans l'immédiat, de payer la pension du petit Valois. Monsieur, qui aurait voulu qu'elle obtienne du roi anglais la promesse d'intervenir auprès de Louis XIV, est fort déçu et le montre.

Henriette l'écrit à sa chère Saint-Chaumont: «Il me fit l'honneur de me dire que je suis toute-puissante et que je puis ce que je veux, que, par conséquent, si je ne fais pas revenir le chevalier, je ne me soucie pas de lui plaire.» Et comme si cela ne suffisait pas, il «joint ensuite des menaces pour le temps à venir».

Le 19 juin, Henriette fait à Louis XIV le compte rendu détaillé de son séjour outre-Manche et le roi ajoute 6000 pistoles à celles données par Charles II. Le 20 juin, la cour quitte Saint-Germain pour Versailles, mais le couple Orléans rejoint Paris, puis s'installe le 24 à Saint-Cloud avec ses deux filles restées vivantes, pour aller enfin à Versailles le 26. Malgré un mal d'estomac persistant et une douleur au côté, Madame essaie de faire bonne figure, car c'est son anniversaire, elle a vingt-six ans.

De nombreux courtisans notent la pâleur de son visage, ses traits fatigués, sa fragilité extrême qui semble crier grâce. Les propos vont bon train. La Montpensier écrit: «Elle entra chez la reine comme une morte habillée, à qui l'on aurait mis du rouge.» Ou bien: «Madame a la mort peinte sur le visage et Monsieur avait raison de dire qu'elle ne vivrait pas au visage qu'elle a.» Tout cela est mauvais présage. De plus, Monsieur, qui ne veut pas que son épouse ait «le plaisir d'être auprès du roi», décide le soir même de rentrer à Saint-Cloud. Henriette est malheureuse et l'écrit à Saint-Chaumont, sitôt arrivée. Passent les heures qui enchaînent les jours. Coulent les nuits secouées de cauchemars, d'insomnies et de mauvais rêves. Henriette s'enfonce dans un vécu secret d'où ne semble jaillir qu'un long sanglot intérieur, étouffant, mortifiant mais salvateur. Il ne reste à la malheureuse princesse que trois jours à vivre.

Le vendredi 27 juin est une journée très ensoleillée. Il fait chaud et Madame se baigne dans la Seine comme elle l'a fait de nombreuses fois, puis se promène dans les jardins. Le samedi 28, la douleur au côté se fait plus violente et la princesse se sent plus ou moins bien tout le jour. Pas question de bain dans la Seine. Le soir, gagnée par l'insomnie, elle quitte sa chambre et se réfugie dans les jardins. A dix heures, madame de La Fayette la rejoint. Les deux femmes se promènent jusqu'à la minuit passée. La discussion porte évidemment sur le comportement odieux de Monsieur et les douleurs répétées de la princesse, un feu dans l'estomac et des lames incisives qui lui déchirent le côté.

Dimanche 29 juin. Madame de La Fayette, qui a saisi la détresse de la princesse, ne la quitte plus. Quel dommage que Saint-Chaumont ne soit pas là ! La gouvernante, l'amie, la confidente. Après le déjeuner, Henriette va voir Monsieur et sa fille aînée qui posent pour un tableau. Depuis le matin, sa douleur au côté l'assaille. Elle reçoit Bablon, l'ancienne duchesse de Mechelbourg et La Fayette, puis fait la sieste. A son réveil, son visage effraie son entourage. Vers cinq heures du soir, comme d'habitude, la marquise de Gamaches s'occupe du verre d'eau de chicorée quotidien, préparé par madame Desbordes, la femme de chambre. Mademoiselle de Gourdon le lui tend. La princesse le boit et s'écrie aussitôt: « Ah ! quel mal, je n'en puis plus. » On allonge Madame sur son lit.

Esprit, premier médecin de Monsieur, diagnostique une colique et donne des remèdes, mais les douleurs devenues insupportables continuent. Saisie par de violentes nausées, la princesse hurle à la cantonade qu'elle a été empoisonnée. Stupeur dans l'assistance. Monsieur demande un contrepoison. On lui donne de la poudre de vipère qui provoque des vomissements. Madame Desbordes, qui a préparé l'eau de chicorée, n'hésite pas à en boire à même la bouteille. Aucune réaction.

L'état physique d'Henriette empire. Le pouls est difficilement saisi et les extrémités des membres deviennent froides. Il faut penser à l'âme. Le curé de Saint-Cloud, prévenu, confesse Madame. Les médecins pratiquent une saignée vers huit heures alors qu'à Versailles, où on est allé chercher Vaillot, la nouvelle se diffuse comme une traînée de poudre. Soulagée par la saignée, Henriette évalue la situation avec lucidité: « Je ne serai plus en vie demain matin », dit-elle à son époux. Parmi les présents, un bruit se répand, lancinant : « La mort se peint sur son visage. »

Prévenu par Créquy, Louis XIV accourt en pleine nuit au chevet de sa belle-sœur, lui parle longuement à voix basse, puis l'embrasse. Que se sont-ils dit ? Dès le départ du roi, « le hoquet de la mort » saisit la princesse. Elle reçoit la communion. Monsieur en pleurs accueille Bossuet, qui reçoit le dernier souffle de Madame. A deux heures et demie du matin, le 30 juin, Henriette d'Orléans est morte.

Cette disparition « d'une manière si subite, qu'on ne la voulut pas croire naturelle », comme le dit l'abbé de Choisy, suscite une rumeur persistante faisant référence à un quelconque poison. C'est la version qui parvient les jours suivants en Europe et en particulier à Londres où Charles II est décontenancé. Comment, en trois semaines, « Minette » a-t-elle pu passer de vie à trépas ? Lorsqu'il apprend la mort, Louis XIV lui-même affirme que s'il y a eu poison, les auteurs seront sévèrement châtiés. Il aurait évoqué le chevalier de Lorraine. On a dit que ce n'était pas l'eau de chicorée qui était empoisonnée mais la tasse, avec un produit fourni à Rome par Lorraine à Maurel de Volonne qui l'aurait remis à d'Effiat. Les commentaires non fondés vont bon train. Tous cependant, s'ils chargent les favoris, excluent Monsieur du prétendu crime. Tout cela est peine perdue, car l'autopsie demandée par Louis XIV, et effectuée en présence de l'ambassadeur anglais et d'une centaine de personnes, révèle bien des causes naturelles de trépas, en particulier « un épanchement de bile » très important, affectant plusieurs organes. La faible constitution de la princesse aurait fait le reste. On s'en tient désormais officiellement à cette version des faits. Mais, à Londres, la rumeur perdurera pendant plusieurs mois, tant, il est vrai, on se méfiait de Monsieur. Alors que Philippe d'Orléans quitte Saint-Cloud pour Paris, puis Rueil, Louis XIV vient s'agenouiller devant la dépouille mortelle de sa belle-sœur et donner des ordres pour les funérailles. La cour prend le deuil. Le corps mis dans un cercueil de plomb est transporté à Saint-Denis, le 4 juillet. Le cœur est déposé au Val-de-Grâce et les entrailles aux Célestins. Les funérailles officielles ont lieu à Saint-Denis le 21 août à dix heures du matin. Comme pour les autres cérémonies, Monsieur est absent. L'oraison funèbre prononcée par Jacques Bénigne Bossuet touche les cœurs et suscite une très grande émotion[1]. Certaines de ses phrases restent, encore de nos jours, des joyaux d'anthologie littéraire auprès des lycéens qui ont la chance d'étudier cet auteur, dont les fameux : « Madame se meurt, Madame est morte » ou « Vanité des vanités, et tout est vanité » ou encore « Madame, cependant, a passé du matin au soir, ainsi que l'herbe des champs. Le matin, elle fleurissait, avec quelles grâces vous le savez, le soir, nous la vîmes séchée ».

Quel dommage que Monsieur n'ait pas été présent pour écouter le prélat et se faire assener quelques vérités, car enfin, s'il n'est pas prouvé qu'il ait attenté à la vie de son épouse, il est clair que son comportement odieux a été une lente mise à mort de la malheureuse jeune femme.

1. Bossuet vient d'être nommé à l'évêché de Condom mais n'a pas reçu encore l'investiture ecclésiastique.

TROISIÈME PARTIE

DANS LA MONARCHIE DU ROI-SOLEIL

1

« VOILÀ UNE PLACE VACANTE »

On l'a vu plus haut, la duchesse de Montpensier n'a jamais été très proche d'Henriette d'Angleterre. Ses *Mémoires* sont là pour en témoigner. La raison en est la profonde affection qui unit la Grande Mademoiselle et son cousin Philippe. D'ailleurs, dès 1657, on a évoqué une hypothétique union entre eux. Mais avec le temps et surtout compte tenu des grandes difficultés rencontrées par le couple, le jugement de la princesse est devenu plus objectif, plus juste, plus humain. Elle fréquente suffisamment les Orléans pour apprécier leur style de vie, la toute-puissance des favoris et surtout le comportement inqualifiable de Monsieur.

A plusieurs reprises, elle ne ménage pas ses critiques acerbes à l'égard de son cousin et fait savoir à Henriette qu'elle compatit à ses malheurs. Le rang, à la cour, de la Grande Mademoiselle, princesse du sang, l'amène à jouer un rôle important dans la conduite des funérailles de la duchesse d'Orléans. Ces dernières ne sont pas achevées que Louis XIV exprime sa volonté: « Ma cousine, voilà une place vacante, la voulez-vous remplir? » La proposition, un peu brutale mais bien dans la logique psychologique du souverain, étonne à peine la princesse.

Louis XIV connaît le caractère ferme et entier de la fille aînée de Gaston d'Orléans, une vraie Bourbon avec laquelle il a eu maille à partir en 1662, lorsqu'il a voulu lui faire épouser le roi du Portugal Alphonse VI pour les besoins de sa politique. La princesse a refusé de s'allier à un souverain débauché, contrefait, dangereux, à demi fou et surtout tout à fait impuissant, « complétamente inhabil para o thalamo ». Louis s'est montré intraitable: « Je songerai à vous quand cela me conviendra et je vous marierai où il sera utile pour mon service. » La princesse a payé son refus obstiné d'un nouvel exil et elle s'en souvient. Bien entendu, les circonstances ne sont plus les mêmes.

Un nouveau mariage de Philippe, organisé par le roi, est, somme toute, assez naturel. Le cadet d'un roi ne peut convoler sans l'aval de Sa Majesté. Nul besoin d'être prophète pour cerner les intentions de Louis XIV. Philippe d'Orléans se débat continuellement avec des problèmes financiers: l'énorme fortune de Mademoiselle de Montpensier peut pallier ces insuffisances et éviter de puiser dans les finances de l'Etat.

En second lieu, le mariage du dauphin avec la fille aînée de Monsieur est toujours à l'ordre du jour. Comme il est peu probable qu'à quarante-trois ans, la nouvelle duchesse d'Orléans ait un enfant, son imposant patrimoine plonge dans l'escarcelle royale. Enfin, et c'est peu dire, la vie de Monsieur est loin d'être exemplaire. Ne serait-il pas souhaitable qu'il soit pris sérieusement en main par une personne peu habituée à faire des concessions? Le salut de Monsieur est peut-être là, à portée de main, quelle erreur de manquer l'occasion! Le problème est que la duchesse de Montpensier n'a pas la moindre attirance pour son cousin, personnage débauché, homosexuel notoire, brutal avéré et soumis à ses mignons. Elle l'a vu se montrer infâme avec sa femme, la laisser mourir dans une quasi-indifférence, fuir les cérémonies d'après décès. Un tel homme n'est pas pour elle. Oui, c'est évident. Mais elle a une autre raison de refuser.

C'est qu'à cette date elle est follement amoureuse d'un cadet de Gascogne : Antonin Nompar de Caumont, marquis de Puyguilhem, futur duc de Lauzun. Certes, elle partage les préventions des Précieuses contre le mariage et s'affirme dans l'indépendance et le célibat. Mais « le petit homme blondasse » décrit par Saint-Simon, habile courtisan, favori du roi et beau cavalier, a su entreprendre une conquête en règle de la quadragénaire. Il a déployé tous les charmes, tous les artifices, toutes les roueries d'un Don Juan. Le Gascon a réussi « à éveiller une sensibilité secrète, à enflammer une imagination généreuse, à embraser un cœur qui ne demandait qu'à s'ouvrir et à se donner[1] ».

La princesse est sur des charbons ardents et voilà que le roi l'entraîne sur une autre voie, aussi inattendue qu'inacceptable. Une chose est sûre, l'expérience est là, il ne faut surtout pas lui faire front, refuser sa proposition et lui demander quelques semaines plus tard d'épouser Lauzun. Il convient d'agir d'une manière souple, de se soumettre en apparence et de manœuvrer pour éviter le pire. Mais les cartes sont multiples et l'issue de l'affaire peu évidente, car Lauzun, qui a le vent en poupe, ne veut surtout pas froisser son roi[2]. C'est un jeu subtil qui se met en place entre Louis XIV, la Grande Mademoiselle et l'ambitieux Gascon, dans un véritable ballet de dits, de non-dits, de faux mensonges et de désirs profonds mal contrôlés. Chacun avance ses pions au gré des circonstances et cela dès l'été 1670[3].

1. C. Bouyer, Préface de la réédition des *Mémoires de la duchesse de Montpensier.*

2. On se souvient qu'il commandait les troupes accompagnant le roi dans le voyage en Flandre au printemps 1670.

3. La source essentielle est constituée par les *Mémoires de la Grande Mademoiselle.*

«Ne raillez pas mon frère, dit Louis, car si vous l'épousez, il vous en faudra désaccoutumer.» Le roi sait ce qu'il veut et, dans l'immédiat, il ne semble pas envisager de résistance du côté des deux intéressés. Un soir, «après souper», il interpelle sa cousine: «J'ai parlé à mon frère, il m'a témoigné recevoir la proposition que je lui faisais, fort agréablement, mais qu'il n'était pas encore temps de songer à se marier.» Heureusement, car à ce moment-là, les funérailles de Madame n'ont pas encore été célébrées à Saint-Denis.

Mademoiselle, qui veut gagner du temps, apprécie le propos et en fait part à Lauzun. Celui-ci lui rétorque: «Eh bien! Vous épousez Monsieur.» La réponse est claire: «Je ne compte pas là-dessus.»

Lauzun se montre soudainement réaliste face à sa propre personne: «Songez ce que c'est que Monsieur, il n'a que le roi et M. le dauphin devant lui. Vous, vous n'y aurez que la reine. Vous serez la plus considérée du monde.» Face à cette présentation logique de la situation, Mademoiselle répond par des artifices. «Songez que j'ai plus de quinze ans et que vous me proposez des choses propres aux enfants... J'ai mon plan dans ma tête de ce que je veux faire pour être heureuse... Je ne changerai point, quoi que vous y puissiez dire.»

Au même moment, la duchesse de Montpensier est invitée à se rendre à Saint-Cloud «quérir le corps de Madame» pour «le mener à Saint-Denis». On voit qu'à la cour de Louis XIV les affaires vont bon train. L'évolution de la situation est telle que Lauzun adresse à Mademoiselle de Montpensier une sorte d'ultimatum: «Je viens vous supplier très humblement de ne me plus parler... Je suis assez malheureux pour déplaire à Monsieur, parce que j'étais très obéissant serviteur de feu Madame... Ne m'appelez point en lieu du monde, car je ne répondrais pas... C'est une chose que je dois faire pour l'amour de vous. C'est pourquoi vous le devez trouver bon.»

Anne Marie Louise d'Orléans n'est pas la princesse anglaise. Elle possède une personnalité peu encline à courber l'échine. Les mignons vont vers la catastrophe. De son côté, Philippe d'Orléans pense que ce mariage peut permettre le retour du chevalier adoré. Alors, dormir de-ci de-là avec cette cousine hommasse et bien en chair importe peu. En amour, tout est possible. Dès son retour de Forges, la Grande Mademoiselle apprend que Lauzun va épouser la duchesse de La Vallière, ce dont l'intéressé se défend. Où en est-elle ? « Monsieur me faisait force honnêteté », déclare-t-elle. Mais depuis la mort d'Henriette, « cela nous faisait vivre d'un air plus froid ». Et la princesse badine un peu avec le roi qui la respecte sincèrement.

– Eh bien, sire, comment va mon mariage ?

Eclat de rire de Louis.

– Vous ne vous en souciez guère.

– Je vous assure que si, sire, et que je suis fort empressée pour cette affaire ; mais la crainte d'ennuyer le monde et d'en être ennuyée moi-même fait que je supplie très humblement Votre Majesté de hâter l'affaire.

On est entré dans un mélodrame dans lequel plus personne ne parierait un denier, mais auquel on donne corps pour ne pas perdre la face. Malheur à celui qui s'en dédit. Louis XIV ouvre les hostilités : « Mon frère m'a parlé, il souhaite qu'au cas que vous n'eussiez point d'enfant, vous donniez tout votre bien à sa fille... Pourvu qu'il soit sûr que sa fille épouse mon fils. » Lors d'une réunion intime, le couple royal joue avec les nerfs de la princesse, la jugeant incapable d'avoir une postérité. Révolte de cette dernière, choquée, blessée, meurtrie.

«Je ne suis pas d'un âge [43 ans] à ne pouvoir avoir d'enfant... A une créature fort inférieure, on fait de ces propositions, ainsi Votre Majesté veut bien que je dise qu'elles ne me sont pas agréables. » La réplique est cinglante. Elle touche, au-delà de l'honneur d'une femme, au corps d'une éventuelle mère qui jusqu'à ce jour s'est peu préoccupée de donner la vie mais qui tout à coup se trouve confrontée au problème de la maternité et de la transmission sinon du nom, au moins de son sang.

Nous sommes en septembre 1670. Henriette est décédée depuis plus de deux mois et la situation est toujours fort opaque. Au fil des semaines, il apparaît clairement que le roi a du mal à démêler l'écheveau. Un soir, Mademoiselle se hasarde: «Je veux tout de bon, sire, l'affaire de Monsieur, et si Votre Majesté ne la fait, j'aurai sujet de me plaindre, je la supplie d'y songer.» Pour toute réponse, Louis XIV dit de manière laconique: «Allons dîner.» Il connaît parfaitement la relation de sa cousine avec Lauzun et tous ces bavardages finissent par l'irriter.

Cependant, il insiste une dernière fois à Colombes dans la maison de feu la reine d'Angleterre, sans doute pour la forme:

– Mon frère a un grand empressement pour votre affaire, il voudrait bien qu'on travaillât au contrat. Je lui ai dit qu'il fallait attendre au retour de Chambord; n'êtes-vous de cet avis?

– Assurément, sire, le plus tard sera le mieux.

Le plus tard! Autant dire jamais. L'image de Lauzun obsède l'esprit de la princesse. La cour part de Saint-Germain le 6 octobre et arrive le 9 à Chambord. Elle y reste jusqu'au 22 octobre.

Les favoris de Monsieur font le siège de la princesse. Ils souhaitent le mariage, évidemment pour la fortune. Le projet, tant évoqué, trouve son issue à Chambord, un soir, dans la chambre de la reine. Le dialogue entre Louis et sa cousine est sans ambiguïté. Il ne peut, d'ailleurs, en être autrement.

– Votre Majesté a dit que l'affaire de Monsieur et de moi serait remise au retour de ce voyage; je serais fort aise qu'elle soit finie; j'honore Monsieur comme je dois. J'ai toute la reconnaissance du monde, de l'honneur que Votre Majesté m'a fait de vouloir faire cette affaire. Mais je ne serais point heureuse pour mille raisons que Votre Majesté sait; aussi je le supplie que l'on n'en parle plus.

Louis:

– Quoi! Voulez-vous que je le dise à mon frère?

– Oui, sire.

– Comment voulez-vous que je lui dise que vous ne vous voulez jamais marier ?

– Non, sire, mais je ne me veux pas marier avec lui, que nous serons fort bien ensemble, cousins germains, comme Dieu nous a fait naître, mais qu'il en faut demeurer là.

– Je lui dirai.

C'en est fait. La duchesse de Montpensier n'épousera pas Philippe d'Orléans. Elle ne s'unira pas non plus avec Lauzun. Un jour, le roi dira oui au mariage, puis non, peu après. Monsieur et le prince de Condé ne pouvaient en aucun cas accepter une pareille mésalliance. Il est cependant probable que la princesse contractera un mariage secret avec « le petit homme blondasse », à son retour d'exil, soit dans son domaine de Choisy, soit à Eu. On voit mal la fière amazone de la Fronde vivre avec un homme sans qu'il y ait des liens devant Dieu.

2

LISELOTTE, LA PALATINE

Il est probable que Louis XIV, avec un désir sans doute sincère, a cru à une union entre Philippe et sa cousine la Grande Mademoiselle. Il lui revient maintenant de trouver à son frère une épouse « sortable à la grandeur de sa naissance ». On connaît la volonté souveraine, jamais démentie, du roi pour les questions matrimoniales relatives à l'établissement des enfants de France. Le second mariage de Monsieur doit servir la diplomatie de son pays. Cela est certain. Le choix du roi est guidé par Anne de Gonzague, princesse de Clèves, veuve du prince palatin Edouard.

En 1658, lors de la maladie de Louis XIV, elle fait partie des trois dames avec la Choisy et madame de Fiennes qui ont opté pour l'arrivée de Philippe au trône. On a beaucoup glosé à l'époque sur le comportement d'Anne de Gonzague, qui aurait utilisé les méthodes des vieilles coquettes pour mettre le prince dans son lit afin de le déniaiser et le dominer. La duchesse de Montpensier se fait l'écho de cet épisode dans ses *Mémoires*: « Tous les gens qui aimaient fort Monsieur furent fâchés de ce bruit et craignirent bien qu'il ne fût véritable. On ne trouvait pas que cela fût fort honorable pour lui; on disait que c'était le moyen de le dégoûter d'aimer les femmes d'avoir commencé par une si ridicule et à qui il restait peu de charme et de beauté. »

Le jugement de la Grande Mademoiselle peut paraître curieux. Elle qui, à trente et un ans, ne sait pas ce qu'est une relation sexuelle, ni un sentiment amoureux profond. Une chose est sûre: on comprend qu'Anne de Gonzague aime beaucoup Philippe d'Orléans et le fasse savoir[1].

Dans une lettre de Francfort à son beau-frère Charles-Louis, électeur palatin, elle écrit le 14 juillet 1670: «J'ai reçu deux lettres de Monsieur qui est tout à fait touché de sa perte. Il faut qu'il y ait des gens bien abominables pour oser dire qu'il y ait contribué; ils connaissent bien mal le cœur de ce prince, incapable d'une si horrible action. L'on commence à penser que Monsieur est un bon parti et l'on m'en écrit déjà quelque chose. C'est un peu bien tôt. Je ferai tout ce que je pourrai pour avoir l'honneur de vous voir. En passant, deux jours ne me retarderont guère et nous trouverons peut-être assez de choses à dire sur les conjonctures présentes pour les bien employer[2]. » Difficile d'être plus clair.

A l'évidence, Anne de Gonzague pense à sa nièce pour remplacer la malheureuse Henriette d'Angleterre. Sitôt revenue en France, la princesse entreprend des négociations, qui vont durer toute une année. Du côté de Philippe d'Orléans, il n'existe pas d'opposition à la proposition de la princesse, car « il lui était rien passé dans l'esprit qu'il ne lui eût confié ».

---

1. Anne de Gonzague, princesse palatine, est fille de Charles Ier de Gonzague, duc de Nevers et de Mantoue. Sœur de Marie-Louise de Gonzague, reine de Pologne, aimée autrefois par Gaston d'Orléans, elle joua un rôle durant la Fronde.

2. Ph. Erlanger, *op. cit.*, p. 155.

Les difficultés viennent de Louis XIV qui apprécie mal l'intérêt du parti palatin qui n'est pas une famille royale. L'électeur Charles-Louis a récupéré le Bas-Palatinat aux traités de Westphalie et c'est un allié de la France[1]. Marié à Charlotte de Hesse-Cassel, le couple vit séparé et le prince entretient une liaison, connue de tous, avec Louise de Degenfeld, qui lui donnera huit enfants. Charles-Louis est un personnage autoritaire, peu malléable, coléreux et d'une « impudente fierté », mais il ne manque pas de culture. De Charlotte de Hesse-Cassel, il a eu deux enfants, Charles né en 1651 et Elisabeth-Charlotte en 1652, celle que l'on appellera affectueusement Liselotte.

A sept ans, Elisabeth-Charlotte quitte Heidelberg; elle est envoyée à Hanovre chez sa tante paternelle Sophie, épouse du duc Ernest-Auguste de Brunswick-Lunebourg, futur Electeur de Hanovre. Durant près de cinq ans, Liselotte grandit sous la coupe de Sophie, une femme douce, intelligente et fort lettrée. Charles-Louis plaisante avec sa sœur au sujet de sa fille: « N'allez surtout pas faire d'elle une femme savante. » Une chose est sûre, la fillette reconnaît dans ce séjour « les meilleures années de [sa] vie ».

Intelligente, spontanée, joviale, elle a le goût de la bonne littérature, mais ne présente pas de qualités physiques avenantes. Le nez est gros, les yeux petits, la démarche est lourde et le teint coloré comme celui des paysannes. Ses traits ne s'affineront pas avec le temps comme cela s'était effectué pour Henriette d'Angleterre. En 1663, elle revient à Heidelberg.

Les arguments d'Anne de Gonzague pour faciliter le mariage font, bien sûr, appel à la politique. La situation du Palatinat entre les autres Etats allemands et la frontière française est bénéfique pour la France. C'est un Etat tampon, une sorte de glacis en cas de mouvements de

1. Issu de la famille des Wittelsbach-Simmern, il est le fils de l'Electeur Frédéric V, qui, ayant accepté la couronne de Bohême, fut vaincu à la Montagne Blanche et dut s'exiler en Hollande.

troupes venues de l'est. Louis XIV finit par reconnaître le bien-fondé du projet. Mais des difficultés demeurent. Si Charles-Louis est séduit par l'alliance: «Ma fille, je vous destine le mari qu'il me faut pour gendre», Liselotte l'est beaucoup moins. A dix-huit ans, elle a déjà écarté trois prétendants: le duc de Courlande, le margrave de Bade-Durlach et le duc de Kreuznach.

Plutôt que d'aller vivre sous les ors de Versailles, «elle préférerait épouser un gentilhomme allemand, partageant son amour de la nature, de la vie simple et de longues randonnées au grand air [1]».

En second lieu, la jeune femme est protestante; il est impossible de l'accepter à la cour de France sans conversion. Cet obstacle est plus sérieux pour Charles-Louis qui craint une réaction de ses sujets: «On l'estimerait peu dévote, si elle changeait de religion pour avoir un mari de quelque qualité qu'il fut.» Mais comment faire autrement? Tout au plus, retient-on d'annoncer son adhésion au catholicisme qu'une fois son arrivée sur le sol français. Dans l'immédiat, on confie son éducation religieuse, non à un ecclésiastique, mais à Urbain Chevreau, un érudit français, intellectuel laïque et ancien secrétaire de Christine de Suède. Le savant homme était au service depuis plusieurs années du duc et de Sophie de Hanovre.

Reste enfin la question de la dot qui n'est réglée que durant l'été 1671 par le marquis de Béthune, envoyé par Louis XIV auprès de l'électeur palatin. En août, les négociations finissent par aboutir. Le contrat de mariage, rédigé par les secrétaires d'Etat Le Tellier et Colbert, est signé à Versailles le 6 novembre 1671. Le représentant de Charles-Louis, comte palatin du Rhin, duc de Bavière, est Frédéric-Paul de Rammengen. Dès réception du contrat par son père, la princesse est conduite à Metz où ont lieu «les épousailles par procuration». Monsieur est représenté par son ancien gouverneur, le maréchal duc Duplessis-Praslin.

1. A. Lebigre, *La princesse palatine*, p. 23, Albin Michel, Paris, 1986.

Liselotte est ensuite conduite à son époux par Anne de Gonzague « à un endroit précis où sera le duc d'Orléans et le mariage consommé ».

Curieusement, le contrat est peu clair sur les clauses financières. Le montant de la dot de Liselotte « semblable à celle des princesses palatines » n'est pas précisé. En réalité, il est assez faible, atteignant seulement 64 000 livres[1], alors que la princesse renonce à la succession de ses parents[2].

Philippe donne à son épouse des pierreries, bagues et joyaux d'une valeur de 150 000 livres. Il lui accorde un douaire préfix de 40 000 livres de rentes annuelles et la jouissance du château de Montargis.

A Strasbourg, Elisabeth-Charlotte, en larmes, fait ses adieux à son père. Elle ne le reverra jamais. Anne de Gonzague la conduit à Metz où doit avoir lieu, le 16 novembre, le mariage par procuration. Il lui faut auparavant abjurer sa religion. Le père Jourdan s'en charge. Tout à fait anodines, les questions du prêtre ne gênent pas la néophyte. La jeune femme a vraiment le sentiment d'être immolée à Philippe d'Orléans comme une nouvelle Iphigénie. Monsieur, en grand équipage, se rend au-devant de Liselotte à Châlons. Si la rencontre se déroule avec simplicité, les impressions de chacun des intéressés sont loin d'être exaltées. Elisabeth-Charlotte écrira plus tard que Monsieur, « sans avoir l'air ignoble était petit et rondouillet, avec des cheveux et des sourcils très noirs, de grands yeux de couleur foncée, le visage long, mince, un grand nez et une bouche trop petite garnie de vilaines dents ». En revanche, les habits sont magnifiques. La princesse est surprise par cet homme de taille modeste, juché sur des talons hauts et paré comme une femme avec bagues, bracelets et pierreries. A trente et un ans, Philippe, dont le visage est

1. Nous avons trouvé le montant dans les papiers laissés après son décès par Monsieur, AN, Ap I 115.

2. Sans doute faut-il voir ici une manœuvre de Louis XIV jugeant le palatin incapable de verser la dot de sa fille.

resté charmeur, est empâté par les excès de table et une carence évidente d'activité physique.

Face à sa femme, la réaction de Monsieur n'échappe pas à la consternation : « Comment pourrai-je coucher avec elle ? » aurait-il dit, suffisamment fort pour être entendu par plusieurs personnes. Pourtant, si à dix-neuf ans Liselotte est loin d'être une beauté, elle n'est pas un modèle de laideur. Blonde, fraîche, massive, les joues colorées, les yeux bleus, le teint clair, elle affiche « une taille belle et libre, un port dégagé, un air ouvert et aisé ». Ses traits sont, il est vrai, assez irréguliers mais l'ambassadeur Spanheim lui trouve « un regard intelligent et vif » et dans le visage « de l'agrément, de la noblesse et de la douceur ».

D'emblée, la nouvelle Madame est saisie par le faste des festivités qui se déroulent chaque jour sur le chemin qui la mène à Saint-Cloud. Feux d'artifice, ballets, concerts, bals et festins, ponctuent la découverte de Villers-Cotterêts, Chantilly, Saint-Germain et Versailles. Le 27 novembre, Louis XIV quitte Versailles pour Villers-Cotterêts afin de « voir Monsieur et Madame qui y étaient arrivés. Il en revint si charmé que c'était une femme qui avait le plus d'esprit d'agrément, qui dansait bien, enfin que feu Madame n'était rien auprès ». Et, ajoute la Grande Mademoiselle : « Tout ce qui était avec lui était de même. » A son habitude, la cousine Montpensier ne farde pas ses sentiments : « Quand on vient d'Allemagne, on n'a pas l'air français. » Certes, mais « elle nous parut fort bien ». Cependant, dès le lendemain, la princesse constate qu'elle « ne parut pas si bien au jour qu'aux flambeaux ».

Madame doit affronter les marques d'étonnement des courtisans qui constatent combien elle est différente d'Henriette d'Angleterre, « véritable contraire pour les manières, pour la qualité et le tour des pensées, pour la délicatesse et pour tout » (Sainte-Beuve). Mais comme Madame a conquis le roi parce « qu'on lui dit tout droit ce que l'on pensait », « la jungle en dentelles » se met au goût du jour. Les élégantes fixent leur bonnet de travers pour copier celui de Liselotte qui ne tient jamais droit sur sa tête. Elles se recouvrent de zibeline pour imiter la princesse qui utilise cette défense vestimentaire contre le brouillard glacial qui règne à Versailles. Même si la duchesse d'Orléans écrit des courtisans « qu'ils me regardent comme une vache », elle n'est pas mécontente d'être à la mode.

Il est vrai que le nouveau couple Orléans est bien une réunion des contraires. Philippe est précieux, gracieux, fardé à outrance. Il soigne sa toilette jusqu'à l'extravagance : « Toujours paré comme une femme, plein de bagues, de bracelets, de pierreries partout, avec une longue perruque toute étalée en devant, noire et poudrée et des rubans partout où il en pouvait mettre » (Saint-Simon). Il passe le plus clair de son temps dans les cabinets intimes du Palais-Royal ou de Saint-Cloud, s'attarde fort tard dans la nuit aux tables de jeux, se trémousse devant les miroirs et se livre à d'interminables bavardages.

A l'opposé, Liselotte n'a pas une grande préoccupation de son apparence physique. Elle se maquille rarement, aime le grand air, la chasse, les longues chevauchées et surtout la lecture et la correspondance avec sa famille, en particulier avec la tante Sophie à Hanovre.

Cependant, on constate d'emblée que les Orléans ont l'intelligence de faire la part des choses. Madame n'est pas gracieuse, elle est jugée laide, hommasse, sans attrait et Monsieur l'accepte telle qu'elle est avec gentillesse et même sollicitude. Les mœurs de Philippe ? Va-t-on se fâcher avec ses amis pour ces « plaisirs de Français[1] » ? Liselotte comprend tout de suite qu'il vaut mieux se débarrasser de ses illusions. Qu'elle n'entre surtout pas en compétition avec son époux dans certains domaines et la vie ira son chemin. « Il était heureux que je fusse de cette humeur, car Monsieur qui aimait extrêmement la parure aurait eu mille querelles

1. Pour Madame, ce que l'on qualifiait auparavant d'amour italien était devenu l'amour français.

avec moi pour savoir qui porterait les diamants les plus beaux. » Elisabeth-Charlotte a tout compris. Surtout ne pas faire comme Henriette et devenir rivale de son époux. Fuir la coquetterie, ce qui ne lui est pas difficile, ignorer les intrigues de cour et rester indifférente aux sollicitations de gentilshommes désœuvrés lui apparut être un projet tout à fait acceptable. Comme cela convient parfaitement à Monsieur, il ne manque pas, éternel bavard, de s'en féliciter à l'adresse du plus grand nombre : « Je ne crois pas que, depuis que le monde est monde, il y ait eu meilleur mariage que le nôtre. » Il faut que cela soit dit.

3

« LE MEILLEUR HOMME DU MONDE »

Comme pour les souverains, il n'est pas rare, sous l'Ancien Régime, qu'un fils de France soit obligé de convoler à plusieurs reprises. Gaston d'Orléans a perdu son épouse cinq jours après la naissance de sa fille en 1627. Certes, il a enfreint la coutume en épousant secrètement Marguerite de Lorraine contre l'avis de Louis XIII. Ce n'est pas le cas pour Philippe qui bénéficie par sa soumission à la volonté royale d'avantages certains, en particulier une augmentation d'apanage.

Louis XIV connaît l'appétit de son frère pour les espèces sonnantes et trébuchantes qui circulent abondamment sur les tables de jeux, souvent en pure perte, et se montre généreux. On sait que l'apanage attribué en mars 1661 rapportait au minimum à Monsieur une rente annuelle de 200 000 livres. Ce qui n'empêchait pas Louis de faire des dons à son frère[1]. Par lettres patentes du

1. Un brevet royal du 18 avril 1661 accordait à Monsieur une pension à vie de 560 000 livres et pour sa femme 252 000 livres, ceci chaque année.

24 avril 1672, il procède à une augmentation de biens conséquente[1].

Il s'agit du duché de Nemours, des comtés de Romorantin et de Dourdan et des seigneuries de Coucy et de Folombray.

L'inventaire des revenus de ces terres les estime en gros à 53974 livres[2]. Bien entendu, Philippe fait valoir que cela ne compense pas la perte de la pension du petit duc de Valois décédé, mais ce n'est pas négligeable.

Le mariage avec Elisabeth-Charlotte ne change rien concernant les deux filles issues de la première union. Le 5 septembre 1670, Louis XIV donne la tutelle de ses nièces, Marie-Louise et Anne-Marie d'Orléans, à leur père, le prince de Condé étant nommé curateur. Il s'agit de légaliser au plus vite une situation, compte tenu des bruits suspects qui continuent à courir outre-Manche sur la mort d'Henriette. Philippe avait prêté serment le 13 septembre « dans les mains du roi » de n'en rendre compte qu'au souverain. Que Monsieur continue à entretenir une correspondance avec Charles II n'est pas anormal, mais Louis XIV ne souhaite pas une intrusion de l'Anglais dans la vie des « filles de France ».

Tant au Palais-Royal qu'à Saint-Cloud, les Orléans vivent dans le cadre où Henriette a évolué pendant neuf ans. Le Palais-Royal est une magnifique demeure où Anne d'Autriche s'est installée au temps de la régence, mais en 1652, le Louvre a retrouvé sa vocation de siège de la cour et du gouvernement. Très vaste, magnifiquement meublé et décoré avec beaucoup de goût, le palais est une véritable ruche où s'affairent les gens des deux maisons du couple et qui accueille aussi force visiteurs[3]. Il est le théâtre de somptueuses réceptions et c'est là que Monsieur travaille à la

1. AN 300 Ap I 748.

2. Monsieur prend possession de Nemours le 1er juin 1672, de Coucy le 8 et de Dourdan le 18 du même mois. AN 300 Ap I 748.

3. L'inventaire après décès des biens d'Henriette à partir du 16 février montre des richesses considérables : tableaux, tapisseries, tentures, petits objets de valeur, miroirs, vaisselle, etc. AN 300 Ap I 750.

gestion de ses domaines. Il préside des réunions avec le chef de son conseil, qui est en même temps son chancelier et garde des Sceaux, auquel participent les personnages intéressés dans des domaines particuliers.

Généralement, les sujets débattus concernent quatre secteurs : la gestion de l'apanage, les questions financières, celles relevant de la justice du prince et enfin les affaires religieuses. Les ordonnances qu'il signe sont souvent rédigées selon un modèle peu original, avec en tête la formule : « De par Monseigneur, fils de France, frère unique du Roy, duc d'Orléans ». Suit l'incontournable phrase : « Son altesse royale ayant esté informée… » Outre les ordonnances, les papiers du prince révèlent un grand nombre de commissions, de pièces diverses et d'actes notariés, achats, ventes et échanges.

Philippe est loin d'être assidu au travail. Cependant, il veille jalousement à la qualité de sa maison militaire dont les chefs sont des favoris. Il est également très sensible à tout ce qui touche la religion et le respect de ses manifestations publiques et privées. Enfin, il voue un véritable culte à l'étiquette de cour et celle de Versailles, fort imposante, sera en grande partie son œuvre[1]. Mais un grand nombre de décisions sont prises dans des réunions intimes.

Au Palais-Royal, les appartements de Monsieur et de Madame sont séparés, ce qui permet à chacun de vivre comme il l'entend. La belle maison de Saint-Cloud n'a pas encore eu les vastes transformations qui en feront une vraie merveille.

En découvrant Paris et les palais royaux, Elisabeth-Charlotte mesure l'éclat de la monarchie française. Elle est saisie par la gaieté, la turbulence et la jeunesse des courtisans qui entourent Louis XIV. La multitude des soupers, des bals, des ballets, opéras, concerts et représentations théâtrales, l'assaille, mais si la solide Palatine y

1. Malheureusement, l'énorme volume intitulé *Cérémonial et étiquette* ne peut être consulté actuellement. AN 300 Ap I 188.

participe, elle ne se laisse pas étourdir par ce tourbillon. On sait qu'elle préfère être en tenue de chasse plutôt qu'en robe constellée. Mais elle souhaite faire plaisir à son époux.

Comme avant lui Henri III, Philippe éprouve un secret plaisir à conseiller sa femme sur le moindre maquillage auquel elle consent et dans le choix de certains habits[1]. Au fil des mois, l'entente scellée par de menus gestes, quelques attentions appuyées et une certaine réserve dans le respect de l'autre, étonne bien des courtisans. Elisabeth-Charlotte peut ainsi écrire, le 3 décembre 1672 à Sophie de Hanovre: «Je ne vous dirai qu'une chose, à savoir que Monsieur est le meilleur homme du monde, aussi nous entendons-nous fort bien... Aucun de ses portraits n'est ressemblant[2].» Cette disposition d'esprit vient en grande partie de l'humour de la princesse et de sa capacité à saisir la juste valeur des choses. Ainsi de la vie intime du couple. Un épisode burlesque du comportement de Monsieur au lit révèle, s'il en était besoin, que rejoindre quotidiennement sa femme pour le devoir conjugal est souvent un vrai combat contre ses désirs profonds. On imagine la scène. «Il apportait toujours au lit un chapelet d'où pendait une quantité de médailles et qui lui servait à dire ses prières avant de s'endormir. Quand c'était fini, j'entendais un grand fracas causé par les médailles, comme s'il les promenait sous la couverture. Je lui dis: Dieu me pardonne mais je soupçonne que vous faites promener vos reliques et vos images de la Vierge dans un pays qui leur est inconnu. Monsieur répondit: Taisez-vous, dormez, vous ne savez ce que vous dites.» Afin de connaître exactement le fond de l'affaire, une nuit, la curieuse allume une chandelle et soulève brutalement la couverture: «Pour le coup, vous ne sauriez plus le nier.» Tout penaud, Monsieur, le sexe

1. Liselotte à Sophie de Hanovre: «Comme vous ririez si vous me voyiez avec des touffettes à la dinde.»

2. *Lettres de la princesse Palatine (1672-1722)*, Mercure de France, le Temps retrouvé, Paris, 1999, p. 40.

emmêlé dans ses breloques, doit reconnaître le bien-fondé des doutes de son épouse. Il lui précise alors que les images de la Sainte Vierge possèdent une influence généreuse sur les parties du corps qu'elles touchent. La leçon de choses s'achève dans un gros rire réciproque : « Quelle façon d'honorer la Sainte Vierge en promenant son image sur les parties destinées à ôter la virginité, pouffe la princesse. – Je vous en prie, n'en parlez à personne. » Madame vient de faire un nouveau pas dans la découverte de son étrange mari.

En réalité, la bonne humeur du duc d'Orléans s'explique aisément. Louis XIV lui a « rendu » son cher Lorraine. On ne sait pas si le retour du chevalier est dû à l'acceptation par Philippe du mariage allemand. Aussi curieux que cela paraisse, le favori a de solides appuis à la cour, dont Louvois n'est pas le moindre. Dès octobre 1671, le cardinal d'Estrées, qui fréquente le chevalier à Rome, plaide sa cause auprès du roi. Une petite cabale s'organise en faveur de l'exilé. Mais Louis XIV n'aime pas qu'on veuille lui forcer la main et le marquis de Villeroy est éloigné de la cour, même si au même moment Louis envisage de faire plaisir à son frère. L'exil de Villeroy est mal perçu à Paris. Le roi et Philippe s'en entretiennent un jour :

– Et qu'en dit-on ? demande Louis.

– On dit que c'est qu'il a voulu parler pour un autre malheureux.

– Et quel malheureux ?

– Pour le chevalier de Lorraine.

Le roi joue avec les nerfs de Philippe.

– Mais y songez-vous encore, à ce chevalier de Lorraine ? Vous en souciez-vous ? Aimeriez-vous bien quelqu'un qui vous le rendrait ?

– En vérité, ce sera le plus sensible plaisir que je puisse recevoir de ma vie !

– Oh, bien, je veux vous faire ce présent. Il reviendra, je vous le donne.

Et un instant après :
– Je veux que vous m'ayez toute la vie cette obligation et que vous l'aimiez pour l'amour de moi… Je fais plus, car je le fais maréchal de camp dans mon armée.

Monsieur n'en croit pas ses oreilles ; il se jette aux pieds du roi et veut lui embrasser les genoux.

Louis le relève : « Mon frère, ce n'est pas ainsi que des frères doivent s'embrasser. » Et les deux hommes se donnent l'accolade.

Fin février 1672, Lorraine est à Paris. Son arrivée attendue par ses amis du Palais-Royal ne passe pas inaperçue. Madame qui fait sa connaissance paraît peu touchée par son charme : « Le chevalier avait mauvaise mine, parce qu'il avait eu quelques fois la vérole. Auparavant, il avait bonne mine. C'était un drôle bien fait ; si l'intérieur eût ressemblé au dehors, je n'aurais eu de ma vie rien contre lui. » Dans ce portrait à l'emporte-pièce, avec son franc-parler, la princesse cerne l'homme adoré par son mari. Elle ne sait pas encore que « le drôle » va transmettre sa maladie intime à Monsieur, qui bien sûr en fera don à la pauvre Liselotte qui devra se soigner. Marqué par la vie de débauches qu'il a menée à Rome, le chevalier se remet rapidement de ce désordre dans l'intimité de Monsieur. Il lui faut revivre à la cour sans trop se faire remarquer et surtout organiser sa relation avec la nouvelle Madame.

Une première impression lui signifie que si le roi l'a fait revenir et nommé maréchal de camp, c'est parce qu'il a besoin de lui dans la guerre qui s'annonce contre les Provinces-Unies. Louis XIV souhaite que Monsieur, auquel il compte donner des responsabilités, soit contrôlé par une personne très proche et capable de répondre de son comportement aux armées. Qui mieux que Lorraine pourrait servir de garantie ? N'a-t-il pas à prouver au roi que le pardon n'est pas un vain mot ?

Dans l'immédiat, le chevalier songe à reprendre ses marques auprès des élégantes parisiennes. De ce côté-là, il a peu de soucis à se faire, tant sa réputation est solidement ancrée au Palais-Royal. Si ses amours avec mademoiselle de Fiennes sont bien terminées, l'offre sentimentale est toujours vivace chez madame de Coëtquen et surtout auprès de mademoiselle de Grancey, consolée par d'Effiat lors de l'exil romain. D'ailleurs, l'influence de ce couple s'est faite très forte sur Monsieur au cours des derniers mois, surtout dans l'utilisation de ses revenus. Comme dans tout retour en grâce après un exil, « l'accommodement » prévoit des effets financiers qui, s'ils ne viennent pas du roi, n'en sont pas moins copieux. On se rappelle que l'attribution de l'abbaye de Saint-Benoît-sur-Loire au favori a été l'un des prétextes du départ de Lorraine de la cour. Cette fois-ci, plus question de refus royal. L'abbaye lui est offerte comme l'avaient été celles de Saint-Père, de la Trinité-de-Tiron, de Saint-Jean-des-Vignes et quelques autres lieux. Si, bien entendu, ces attributions de biens ecclésiastiques à un favori laïc sont choquantes, puisque les revenus sont dilapidés, elles ne sont pas nouvelles et relèvent en toute légalité du vœu du donateur.

Les lettres patentes du 2 avril 1661, « par lesquelles Sa Majesté accorde à monseigneur son frère unique, la faculté de nommer aux abbayes et aux offices extraordinaires et ordinaires des terres et seigneuries à luy donnés en apanage », sont claires. Et cela a toujours existé[1].

Philippe d'Orléans vit dans un total bonheur. Il a retrouvé son mignon. Quant à sa femme, « la laissant faire sans se soucier de sa personne avec qui il n'était presque point en particulier », elle n'est en aucune façon une gêne. Elle n'ignore pas le favori, se montre aimable, sans se forcer, n'éprouve pas de sentiments à son égard. Il est là, c'est tout. D'ailleurs, le chevalier lui rend le compliment. Il sait que Liselotte est dans l'estime du roi. Alors, mieux vaut attendre et voir. Dans l'immédiat, elle doit, tout de même, montrer qu'elle est la duchesse d'Orléans, dans le tourbillon des fêtes qui reprend dès le printemps 1672.

1. AN. Archives de la Maison de France, 300 Ap I 748.

Philippe souhaite qu'elle participe à ses plaisirs, qu'elle se libère de son éducation allemande, qu'elle s'épanouisse, afin de devenir une bonne mère et, pourquoi pas, une complice. Sans doute est-ce trop lui demander. Elle fait tout de même un effort pour s'asseoir aux tables de jeux. Mais comme elle y perd, son bon sens naturel l'en éloigne définitivement. Ce n'est pas le cas pour Philippe. Le jeu, qu'il a pratiqué fort tôt, occupe une part importante de son existence oisive, où qu'il se trouve, à Paris, Saint-Cloud, Versailles, Fontainebleau, Saint-Germain ou Villers-Cotterêts. Il joue à l'hombre, au reversi, au hoca, ainsi qu'à la bassette. Cette dernière, capable de ruiner un joueur en quelques heures, sera interdite par le lieutenant général de police, La Reynie. En ville, certes, pour les sujets, mais pas sous les plafonds dorés de Versailles.

Or, si Monsieur gagne de temps à autre, il perd, surtout, des sommes considérables, qui grossissent les bourses de ses favoris et des dames invitées à partager ses plaisirs. Fuyant ces lieux, Liselotte préfère s'isoler pour s'adonner à sa passion de la lecture. Elle dévore des heures durant les ouvrages de littérature des dernières décennies comme *Clélie* et *Le grand Cyrus*, lit *L'Astrée* d'Urfé et découvre les auteurs du XVIe siècle français. Même si elle préfère le roman à intrigue à la poésie, cette dernière n'est pas absente. Et puis il y a l'écriture. Une nécessité, une passion, une confession intime profonde. La correspondance avec Hanovre et Heidelberg est régulière, nécessaire, salvatrice. La jeune fille, qui pleurait à Strasbourg un an plus tôt dans les bras de son père, s'est adaptée à ce pays où les gens « marchent comme des oies ».

4

LA FAMILLE ET LES CAMPS

Cinq mois après son mariage, Philippe d'Orléans suit le roi à la guerre. Il s'agit de la guerre déclarée le 6 avril 1672 aux Provinces-Unies et communément appelée guerre de Hollande. Ce conflit, qui va durer plus de six ans, aurait pu être beaucoup plus court si Louis XIV n'avait à diverses reprises développé des prétentions inacceptables pour les autres belligérants.

En réalité, les causes de cette conflagration européenne plongent leurs racines dans la guerre de Dévolution et l'intrusion des Hollandais. Dans l'esprit de Louis XIV, la guerre était inévitable et il y pensait depuis 1669. C'est pour obtenir l'alliance de Charles II d'Angleterre qu'il a envoyé Madame à Douvres au printemps de 1670.

Colbert jalousait la richesse des Provinces-Unies, leur puissance navale et rejetait les droits élevés mis sur les marchandises françaises, ce qui gênait notre commerce. Le comportement des Hollandais est décrié depuis fort longtemps.

Vers 1635, le satiriste espagnol Quévédo s'en fait l'écho[1] : « Les Hollandais qui, à cause de la mer, ne foulent que quelques lambeaux de terre qu'ils dérobent aux flots à l'abri de tas de sable nommés digues... ont obtenu par la prospérité de leurs affaires une renommée de gens belliqueux et gagné d'opulentes richesses... Ils se vantent d'être les fils aînés de l'océan... Ils vont chercher l'or et l'argent dans nos flottes... Ils ont pour principe et loi d'enlever la richesse à qui l'apporte et non pas à qui la produit. »

Louis XIV n'est pas très loin de ce jugement[2]. Selon lui, « il faut imputer la source et l'origine de la guerre présente qui vient de s'allumer entre la France et les Provinces-Unies à l'ingratitude, à la méconnaissance et à la vanité insupportable des Hollandais ». Un actif ballet diplomatique isole les Provinces-Unies. L'Angleterre et de nombreux princes allemands sont alliés de la France. Louis XIV et Monsieur partent le 28 avril pour rejoindre l'armée.

Le 23, le roi a donné pouvoir à la reine « pour commander en son absence dans le royaume ». Louvois a prévu un approvisionnement conséquent pour une armée de plus de 20000 hommes. Les magasins de vivres, pour une durée de six mois, ont été établis à Dunkerque, La Bassée, Courtrai, Le Quesnoy, Lille, Rocroi, Thionville, Metz, Nancy, Brisach et en Italie à Pignerol.

En principe, la hiérarchie dans le commandement est claire. Philippe d'Orléans doit assister le roi dans le commandement suprême. Les maréchaux obéissent à Turenne, Turenne à Condé et Condé à Monsieur. Ainsi tous les espoirs sont permis à ce dernier de se faire remarquer victorieusement, de trouver la gloire et de se mettre en valeur auprès de son frère. Contrairement à ce qui s'était passé pour le dernier conflit, il est libéré de la présence

1. Quévédo, *L'heure de tous*, Nouvelles Editions Latines, Paris, 1934, p. 159 à 164.
2. Louis XIV, *Mémoire relatif à la campagne de 1672.*

pesante de Cosnac. Quant à Lorraine, sa seule ambition tient en un mot : le succès.

Les premières opérations militaires permettent à Monsieur d'obtenir la capitulation des places d'Orsoy et de Rhimberg. A la mi-mai, les troupes françaises entrent en Hollande et un mois plus tard a lieu le fameux passage du Rhin, le 12 juin[1]. Si la traversée du fleuve à gué[2] est décisive pour les troupes françaises qui en vingt-deux jours conquièrent une quarantaine de villes hollandaises, l'événement est salué avec enthousiasme par la propagande royale.

Pour Bossuet, c'est « un prodige de notre siècle et de la vie de Louis le Grand » et Voltaire en fait plus tard « un des grands événements qui dussent occuper la mémoire des hommes ». De son côté, la Grande Mademoiselle ne tarit pas d'éloges : « Ce fut une chose extraordinaire que ce passage… La vie du roi paraîtra une chose incroyable aux siècles à venir, jamais il n'y a eu un prince si heureux, aussi n'y a-t-il jamais eu un prince si brave, si habile et si prudent, ni si appliqué à tout ce qu'il veut faire. » Et, se livrant à une sorte de synthèse, elle écrit : « Cette campagne fut extraordinaire, le roi y prenait tout ce qu'il voulait. » Il n'empêche ! Les pertes, dont le duc de Longueville, ne sont pas minces et Condé y est également blessé.

Le 14 juin, la reine accouche d'un garçon, Louis François, duc d'Anjou[3]. Les Provinces-Unies résistent à la pression des armées françaises en ouvrant le 20 juin les écluses de Muyden : « Trois jours durant, les eaux se répandirent sur la plaine basse… et Amsterdam devint une île du Zuiderzee. » Le 21 juin, Louis XIV demande à son frère, qui a Lorraine sous ses ordres, d'attaquer dans le pays de Gueldre et de s'emparer de Zutphen. « Parti dès l'aube à la tête de huit mille hommes et de six canons, il

1. Entre-temps, le 7 juin, la bataille navale de Solebay près des côtes anglaises n'avait pas été significative.

2. Le passage eut lieu près de Tolhuys à gué et non à la nage comme il fut écrit.

3. Il mourra le 4 novembre suivant.

passa quatorze heures à cheval et le soir somma la place[1].» Elle est investie le lendemain grâce aux renforts de cinq mille cinq cents soldats et quatre canons. Les jours suivants, la lutte fait rage. Lorraine se comporte avec beaucoup de courage tandis que Monsieur, indifférent au danger, se mêle aux assaillants, les encourage en faisant distribuer vivres et espèces sonnantes. La ville se rend le 25. Lorraine conduit auprès de Monsieur le bourgmestre qui vient implorer le pardon pour sa cité menacée de pillage et de massacre.

Comme son oncle Gaston d'Orléans en 1636, Philippe fait preuve de générosité, savourant son triomphe le lendemain 26 juin, en parcourant les rues de la ville conquise. Un tableau anonyme le montre en tête de ses gentilshommes et des hommes d'armes, « caracolant sur un puissant cheval, le bâton de commandement au poing». Le peintre le favorise. Le visage est beau sous l'énorme perruque et la taille emprisonnée dans « une armure ceinte de l'écharpe blanche et ornée du Saint-Esprit».

Mais la grande satisfaction de Monsieur, pour réelle qu'elle soit, s'arrête là. La gloire doit revenir à Sa Majesté et le 28 juin, à Zeist, Philippe remet à son frère les trophées de sa victoire. Accueilli par Lorraine à Utrecht, il prépare la venue le 5 juillet du roi, qui une fois de plus recueille les lauriers. On est loin du temps où Cosnac envoyait, pour publication à *La Gazette*, des notes dithyrambiques à l'adresse de son maître. Sans le montrer outre mesure, Louis XIV est satisfait du comportement de son frère et ne semble pas froissé de sa popularité auprès des soldats.

Du côté hollandais, la tournure prise par les événements provoque une grave crise politique. Le 7 juillet, Guillaume d'Orange, âgé de vingt-deux ans, élimine Jean de Witt et devient stathouder des Provinces-Unies[2]. Les opérations militaires reprennent aussitôt et l'armée française est bloquée devant Bois-le-Duc. Jugeant la situation

1. Ph. Erlanger, *op. cit.*, p. 170.
2. De Witt et son frère seront massacrés le 20 août par la foule.

peu grave, Louis XIV, suivi de Philippe, quitte la Hollande, après avoir confié le commandement au duc de Luxembourg[1]. Le 1er août, le roi regagne Saint-Germain où il découvre son fils Louis-François, et Monsieur rejoint Liselotte à Saint-Cloud. Madame, qui a suivi régulièrement les actions de son époux au front, ne cache pas la joie que lui procure son retour.

Monsieur peut être satisfait. Les Parisiens l'acclament, son épouse est fière de lui et ses filles sont heureuses de le revoir. Aussi est-ce pour lui une véritable consécration lorsqu'il reçoit le 11 août la cour à Saint-Cloud. Fête somptueuse, s'il en est. Comme Monsieur sait les organiser. C'est un orfèvre en la matière et la campagne où il a brillé le conduit à s'offrir ainsi qu'à son frère un triomphe tout à fait exceptionnel. « Les jardins envahissaient la maison, car les fleurs, couvrant le vestibule et l'escalier, prolongeaient les parterres jusqu'aux appartements… Des roses et des tulipes semblaient s'offrir le long des pelouses déclives, puis se dressaient en d'énormes vases qui alternaient avec les jets d'eau. Des tubercules et des fleurs d'oranger tapissaient le réduit de verdure dit cabinet de l'Aigrette que le roi se donna le plaisir de découvrir après s'être plusieurs fois perdu à travers les méandres d'un labyrinthe[2]. »

Un concert ininterrompu de violons emplit l'atmosphère festive. La nuit venue, les courtisans admirent « la grande cascade, fourmillante de lumignons réfléchis par des miroirs, allongeant sur la croupe de la colline sa fournaise tourbillonnante, dardant les mille flèches d'or de ses jets, épandant en phosphorescentes joailleries ses nappes et ses cascatelles[3] ». Après la collation de l'après-midi, un somptueux souper précède la représentation par la troupe de Molière des *Femmes savantes*, fort appréciée du roi. Jusqu'au petit matin, un joyeux bal emporte dans une

1. Pourtant, le 22 juillet, l'empereur était entré dans une alliance antifrançaise avec l'Espagne et le Brandebourg.
2. Ph. Erlanger, *op. cit.*, p. 172-173.
3. E. Magne, *Le château de Saint-Cloud.*

véritable ivresse de plaisirs la jeunesse dorée de la cour. Le culte de celui qui va être désigné Louis le Grand est bien amorcé et Philippe d'Orléans en est partie prenante.

L'été et l'automne 1672 sont pour les Orléans une période de vie calme dans laquelle l'affection réciproque ne fait pas défaut. Malgré sa tendresse bourrue, Madame est bien acceptée par les filles d'Henriette, ce qui favorise chez elle le développement de l'instinct maternel. L'aînée, Marie-Louise, âgée de dix ans, est une enfant facile à vivre, mais qui ne manque pas de tempérament. La gentillesse et la gaieté de sa belle-mère, qui la considère comme une petite sœur, sont bénéfiques pour son évolution. Quant à la cadette, qui a deux ans, elle semble adopter Liselotte comme une nouvelle mère.

A la fin du mois de novembre 1672, Madame apprend qu'elle est enceinte. Elle souhaite faire plaisir à Philippe qui désire un fils. Compte tenu de sa robuste constitution, une fausse couche, comme Henriette en a connues, est peu vraisemblable. Philippe est fort satisfait lorsqu'il apprend la nouvelle aux armées lors de l'expédition dans les Flandres.

En effet, le prince d'Orange, faisant fi des coutumes militaires où l'on met les soldats en quartiers d'hiver, continue son harcèlement. Orange déteste Louis XIV et, aidé de ses nouveaux alliés, il n'entend pas laisser au monarque français le moindre répit. Louis XIV et Monsieur, comme d'habitude, partent de Saint-Germain pour une opération considérée comme une punition. Charleroi est prise par les Français. Au début de janvier 1673, les princes sont de retour mais ils ont dû fêter Noël au milieu des soldats.

Un mois plus tard, la cour apprend la mort de Molière, l'homme qui l'a tant fait rêver[1]. Le poète doit beaucoup à Monsieur qui avait protégé sa troupe. Le 10 février, *Le Malade imaginaire* est joué. Suivent trois représentations que Molière a le courage d'achever dans d'horribles souffrances. Il est à bout de forces. Il finit sa vie entre les bras de deux

1. Molière meurt le 17 février 1673.

sœurs religieuses, « de celles qui viennent ordinairement à Paris, quêter pendant le Carême et auxquelles il donnait l'hospitalité». Cette disparition provoque une forte émotion[1].

Le 1er mai 1673, le roi et Philippe reprennent le chemin des armées, suivis par la cour qui s'installe le 15 à Courtrai. La reine est autorisée à venir jusqu'à Tournai. Compte tenu de sa grossesse, Liselotte reste à Paris au milieu de ses dames. Si beaucoup étaient déjà au service d'Henriette, elle a gardé près d'elle une Allemande, Eléonore de Rathsamhausen. Les autres ont été renvoyées pour cause de protestantisme.

L'armée française, forte de 30000 hommes, fait le siège de Maastricht. La ville est prise le 29 juin, mais le célèbre d'Artagnan y perd la vie. En juillet et août, la cour se déplace de ville en ville. De Tournai, elle va à Orchies, à Rethel où le roi et Monsieur la rejoignent, puis à Metz, Nancy, Lunéville, Saint-Dié et Brisach avant de regagner la capitale par Laon.

A Rethel, Philippe apprend la naissance de son fils Alexandre, duc de Valois, et rentre aussitôt à Paris. L'enfant fait l'orgueil de son père. Pour la mère, il est «si énormément gros qu'il ressemble plutôt à un Allemand et même à un Westphalien qu'à un Français». Elle en oublie, dans sa joie, les longues semaines de repos forcé, les saignées qu'elle détestait et les seize heures de délivrance marquées par d'insupportables souffrances. Louis XIV, fort satisfait de son neveu, lui attribue une pension de 150000 livres. La vie de cour reprend ses droits à l'automne et Liselotte y souscrit volontiers. Elle partage des goûts identiques à ceux du roi et l'écrit le 10 octobre à Sophie de Hanovre: «J'espère la semaine prochaine suivre à cheval la chasse du roi, il m'a fait écrire par Monsieur qu'il prétendait que j'allasse chasser avec lui deux fois par semaine. Cela sera tout à fait dans mes goûts.» Et pour rassurer sa tante sur cette activité débordante, elle ajoute: «ma tante sait bien que sa Liselotte a été de tout temps un petit démon».

1. Henriette, première épouse de Monsieur, était la marraine de son fils.

Cela dure peu, car dès novembre la princesse est à nouveau grosse. On se demande si Philippe ne va pas récidiver la pratique utilisée au temps d'Henriette, celle de la grossesse annuelle qui a tant fatigué sa première épouse, ceci afin d'être libre pour se distraire avec ses favoris.

La guerre prend une nouvelle tournure. En février 1674, l'Angleterre se retire du conflit tandis que le duc de Lorraine prend la tête d'une armée. Seules la Suède et la Bavière restent alliées à la France et le théâtre des opérations militaires s'est élargi à l'Alsace par l'intervention de l'empereur. Une fois de plus, la cour suit le roi au printemps de 1674. Elle reste à Dijon alors que Louis XIV part attaquer Besançon[1]. Besançon capitule en mai et Dole est prise le 6 juin. Monsieur est présent lors de ces deux combats. Le 16, le duc de Lorraine est battu à Stintzheim. Mais le duc et les Impériaux attendent des renforts. Le Palatinat, le pays de Liselotte, est sur leur passage. L'électeur palatin est impuissant face à cette situation. Afin d'éviter tout ravitaillement des ennemis, Louvois ordonne à Turenne d'intervenir[2]. Une armée de 15000 hommes envahit le petit Etat et le ravage pendant trois mois.

Au Palais-Royal, où Monsieur a rejoint sa femme sur le point d'accoucher, la tristesse s'impose, à peine adoucie par la naissance, le 2 août, d'un second fils, Philippe, duc de Chartres[3]. Certes, l'humour continue d'animer la princesse qui écrit « qu'on a fait tirer l'horoscope de mon plus jeune fils et que cet horoscope dit qu'il sera pape, moi je crains bien que ce petit ne soit plutôt l'Antéchrist[4] ». Il n'empêche, une béance affective s'est glissée dans l'âme blessée de Liselotte la Palatine.

1. Le 20 avril, La Vallière quitte la cour pour le couvent.

2. Louis XIV avouera à sa belle-sœur qu'il était étranger à la manœuvre ; cela est peu probable.

3. Il s'agit du futur Philippe d'Orléans, régent du royaume de 1715 à 1723.

4. Lettre à Sophie de Hanovre de Saint-Germain, le 16 novembre 1674.

5

« POURVU QUE VOUS NE ME HAÏSSIEZ PAS »

Bien entendu, la guerre de Hollande modifie la vie de la cour, même si le roi et Monsieur reviennent régulièrement à Paris. La nouveauté est que l'ennemi n'hésite pas à entreprendre des offensives en plein hiver. La jeunesse dorée de la gentilhommerie est mobilisée sur les fronts une grande partie de l'année et pas seulement en été. Certes, chez les Orléans, les choses sont plus simples et si Philippe part généralement au printemps avec le roi, il rentre avec lui à l'automne, ou à la fin de l'été.

Cette pratique n'exclut pas de courts séjours auprès de son épouse et de ses enfants de temps à autre. Pendant de longs mois, Madame attend le retour de son époux. Un tantinet dolente, elle vit au jour le jour, lit, écrit et monte à cheval. Sa passion en cette circonstance est de s'occuper de ses propres enfants et des deux filles aînées de Monsieur. Dans une demeure vide des favoris de Monsieur, la princesse met un peu d'ordre parmi les dames proches de son mari. Qu'elles ne croient surtout pas avoir affaire à une personne inerte pour ce qui touche au respect qu'on lui doit.

La première à en faire les frais est madame de Fiennes qui colporte des rumeurs sur le roi, Monsieur et toute la cour. Liselotte n'aime pas cela et le fait savoir : « Vous avez beaucoup d'esprit, mais vous avez une manière de parler dont le roi et Monsieur s'accommodent, parce qu'ils y sont accoutumés. Pour moi, qui ne viens que d'arriver, je n'y suis point faite et je me fâche quand on se moque de moi. C'est pourquoi j'ai voulu vous donner un petit avis. Si vous m'épargnez, nous serons très bien ensemble. Si vous me traitez comme les autres, je ne dirai rien et m'en plaindrai à votre mari ; et s'il ne vous corrige pas, je le chasserai. » Difficile d'être plus clair. La dame a aussitôt compris.

Les choses sont moins simples avec la Grancey et la Gourdon qui se prévalent de l'amitié profonde de Monsieur et cabalent dans l'allégresse, pour être placées auprès de Madame. Finalement, mademoiselle de Gourdon reste auprès de la princesse, car le maréchal de Grancey refuse à sa fille les 150 000 livres qui auraient permis de servir Liselotte comme dame d'atour. Et puis, il y a les autres, plus proches. En particulier, la princesse de Monaco. Celle qui fut quelque temps maîtresse du roi, a servi Henriette, mais sait s'adapter à la nouvelle Madame sans contrainte, elle lui faisait « les mêmes petites manies et les mêmes petites façons qu'elle faisait à l'autre » (Sévigné).

Les deux femmes deviennent un moment complices et sortent dans Paris, habillées en bourgeoises. En tout bien, tout honneur. La disciple de Sapho de Lesbos sait bien que cette attitude est aux antipodes des idées de sa maîtresse. D'autres jeunes femmes ont un sort moins enviable et ne laissent pas Liselotte indifférente. Ainsi d'Anne de Bavière, l'une des trois filles d'Anne de Gonzague. Anne est une véritable sainte, sacrifiée à un lourdaud, parfois dément, fils unique de Condé. Il la bat, l'insulte, la maltraite, la trompe tout en l'engrossant une fois l'an. C'est aussi pitoyable pour la petite duchesse de Ventadour, douce, jolie et innocente, mariée à un diable, bossu, affreux et débauché qui la souille des maladies honteuses acquises dans des alcôves de fortune. Et que dire de la propre cousine de Monsieur, la fille de Gaston d'Orléans, Marguerite, princesse de Toscane, qui a fui Florence pour tenter de vivre cloîtrée au couvent de Montmartre.

Si toutes ces femmes sont exclues de la cour, Liselotte ne les abandonne pas. Son sort est bien meilleur. Mais sa bonté et sa générosité que Louis XIV a décelées dès leur première rencontre ne font pas défaut. La complicité pour la chasse, les longues chevauchées en forêt, l'activité physique entre le roi et sa belle-sœur ne froissent pas Monsieur. De sorte que Madame accepte de partager les médianoches (repas de minuit) du roi et de la Montespan avec le gratin de la cour. Aime-t-elle la Montespan ? Sans doute pas. Elle a plus de vénération pour la malheureuse Marie-Thérèse, cette reine soumise qui a vu tant de ses enfants disparaître les uns après les autres. Pourtant, elle n'hésite pas à favoriser les aventures galantes du roi qui vient voler quelques amours passagères parmi ses filles d'honneur peu effarouchées. Après tout, la belle Athénaïs n'a qu'à défendre son pré carré affectif. Elle a bien su vaincre La Vallière pour prendre la place.

Parmi les élues se trouvent deux belles personnes que la Montespan croyant se préserver, avait fait chasser de la maison de la reine et qui s'étaient retrouvées chez Madame : Marie Elisabeth de Ludres et Lydie de Théobon. Le roi honora trois années la merveilleuse Ludres tout en satisfaisant la maîtresse en titre. Et si rien ne transpira pour la Théobon, c'est que le secret fut bien gardé. Les deux protégées de Madame resteront à son service bien après leurs aventures royales.

Plus sérieuse est la compromission dans le lit du roi de Marie-Angélique de Scoraille de Roussille qui deviendra duchesse de Fontanges. A dix-sept ans, la jeune fille quitte sa famille auvergnate « avec le dessein formé et les espérances fomentées même par ceux de sa famille de faire du roi son amant[1] ». La belle enfant rousse se confie à Madame et réussit à se faire remarquer par le roi. Elle est choyée, adulée pendant trois ans et meurt à vingt ans selon la prédiction d'un capucin qui l'a prévenue que « si vous abandonnez Dieu, il vous abandonnera, et vous tomberez dans les ténèbres éternelles ». N'empêche, elle contribua à la chute de la Montespan et coûta au roi « onze millions de livres ».

Soyons clair, Madame n'est pas la pourvoyeuse en maîtresses du roi mais elle laisse faire. Et Louis lui en est très reconnaissant. A chaque automne, à Fontainebleau, il sait qu'Elisabeth-Charlotte partage sa passion de la chasse. Cela créé des liens que les deux intéressés savent fidèles et durables. L'hiver de 1674-1675 se déroule comme d'habitude ponctué par les fêtes et les plaisirs de cour.

En apparence, Madame semble avoir oublié la destruction du Palatinat qui renvoyait la mémoire aux pires moments de la guerre de Trente Ans, immortalisés par Callot, avec ses vingt-sept bourgs et villages brûlés corps et biens. Il n'en est rien et au printemps 1675, la princesse tombe sérieusement malade.

Crise psychologique ? Sentiment d'impuissance dans cette cour de France enviée de toute l'Europe ? Découragement face à son mariage et désillusions ? Sans doute une synthèse de l'ensemble. Mais dans le couple Orléans, les facteurs positifs l'emportent toujours. Monsieur est inquiet. Il fait dire des prières dans les églises pour la guérison de son épouse. Il écrit même à la tante Sophie pour lui annoncer la guérison en affirmant : « J'étais plus mort qu'elle. » C'est dire l'attachement toujours vivace du prince pour son épouse.

La campagne militaire de 1675 à laquelle, bien sûr, Monsieur participe, ne remporte pas les succès escomptés. La Hollande, l'empire et l'Espagne ont réuni leurs forces

1. A. Lebigre, *La princesse palatine*, p. 64.

et leur pression se fait plus contraignante. Turenne est une pièce maîtresse dans le dispositif de Louis XIV. Après avoir ravagé le Palatinat, il a traversé le Rhin et défendu l'Alsace. C'est l'hiver 1674-1675. Le maréchal rassure Versailles. Pour prix de son action, il est autorisé à rejoindre la cour et surtout profiter un peu de sa famille. Le 20 janvier 1675, madame de Sévigné écrit à Bussy-Rabutin : « Que dites-vous de nos heureux succès et de la belle action qu'a faite M. de Turenne en faisant repasser le Rhin aux ennemis ? Cette fin de campagne nous met dans un grand repos et donne à la cour une belle disposition pour les plaisirs. » On croit aisément la fameuse épistolière.

Cependant, le maréchal est fatigué et souhaiterait être dépossédé de son commandement[1]. Il n'en est pas question pour Louis XIV. Le roi part vers le nord le 11 mai 1675 et envoie Turenne en Alsace retrouver ses troupes. Le roi arrive le 15 à Cateau-Cambrésis où se trouve un corps d'armée. Pour cette nouvelle campagne, « M. le prince (Condé) commande l'armée sous le roi[2] ». Après avoir rassemblé ses régiments, Turenne campe près de Strasbourg et franchit le Rhin à Kehl. Mais son armée qui est beaucoup moins forte que celle des Impériaux, choisit la tactique du mouvement durant deux mois.

Le 27 juillet, Turenne est tué par un boulet de canon près de Sasbach. L'Alsace est envahie en août et septembre 1675. Louis XIV expédie Condé sur place. Monsieur le prince stoppe l'avancée ennemie mais décide de se retirer presque aussitôt et définitivement dans son château de Chantilly[3]. En quelques semaines, le roi de France perd ses deux meilleurs chefs militaires. Mort, Turenne va connaître des honneurs exceptionnels, selon la volonté du roi. Son corps est ramené du Rhin vers la capitale. Sur les routes

1. Il est alors âgé de 64 ans. Pour l'époque, c'est un âge fort avancé.
2. Le 17 juillet, Louis XIV confie le commandement à Condé et rentre à Paris le 21.
3. Il avait 54 ans.

suivies par le cortège, « partout où passe cette illustre bière, ce sont des pleurs et des cris, des presses, des processions, qui ont obligé à marcher et arriver de nuit » (Sévigné). Ce qui montre que le peuple est plus informé qu'on ne le pense. Le maréchal est inhumé à Saint-Denis aux côtés de Charles Martel et de Bertrand Duguesclin. Insigne honneur, son corps inaugure la chapelle nouvelle des Bourbons.

Le 10 janvier, à Saint-Eustache, Fléchier[1] lui rend hommage dans sa fameuse oraison funèbre adressée à « Très haut et très puissant prince Henri de la Tour d'Auvergne, vicomte de Turenne, maréchal général des armées du roi, colonel général de la cavalerie légère, gouverneur du haut et bas Limousin ». Si cette disparition affecte beaucoup Monsieur, la tristesse de Louis XIV est grande et par ricochet elle touche la cour tout entière en pleine période estivale.

Si les opérations militaires de cette fin d'année 1675 sont loin d'être convaincantes, la recherche de conditions de paix acceptables l'est tout autant[2]. La guerre s'enlise, même si le duc de Lorraine Charles IV meurt le 13 septembre.

Durant l'hiver, deux événements, au milieu des fêtes, touchent les Orléans. A la fin de décembre 1675, Madame est à nouveau enceinte et surtout son fils aîné, Alexandre, duc de Valois, est malade. Lorsque l'on sait l'amour de Liselotte pour ses enfants, on comprend ses craintes. Sa méfiance à l'égard des médecins de cour, les fameux Diafoirus de Molière, est totale. Déjà, le 14 septembre 1675, elle écrivait à sa tante Sophie : « J'ai dit à Monsieur que si j'étais le maître, j'enverrais mes enfants en pension à Osnabrück chez madame de Harling, car je serais sûre qu'ils n'y mourraient pas et qu'on ne les élèverait pas trop délicatement comme c'est l'usage dans ce pays, ce dont j'enrage dans ma peau. »

1. Esprit Fléchier, évêque de Nîmes et académicien.

2. Le maréchal de Créqui est vaincu à Consarbruck par l'oncle et les cousins de Liselotte le 11 août 1675 et fait prisonnier à Trèves à la grande joie de la duchesse d'Orléans.

Le duc de Valois ne se remet pas de sa maladie et décède en mars 1676. La douleur de Liselotte est profonde. Pour elle, les médecins l'ont tué «comme s'ils avaient tiré un coup de pistolet dans la tête[1]», et le jugement qu'elle porte sur la cour est sans appel: «Ici aucun enfant n'est en sûreté… En Allemagne, je suis sûre qu'ils n'y mourraient pas.» On la comprend si l'on relève le nombre d'enfants du premier mariage de Monsieur décédés et les cinq disparus de la reine Marie-Thérèse.

Le roi et Monsieur partent pour les armées le 11 avril et rejoignent le 21 le camp installé devant la ville de Condé. Comme d'habitude, Philippe d'Orléans fait preuve de bravoure et force la cité de Bouchain à capituler, tandis que Schomberg contraint Guillaume d'Orange à lever le siège de Maastricht. Monsieur est de retour à Paris pour les couches de son épouse. Le 13 septembre, une fille appelée Elisabeth-Charlotte comme sa mère voit le jour. Selon sa mère, celle qui va devenir mademoiselle de Chartres est juste après sa naissance «aussi grasse qu'une oie qu'on gave».

Si Monsieur est satisfait de la forte nature génitrice de son épouse, il estime dorénavant que sa lignée est assurée et que quatre années de respect du lit conjugal sont largement suffisantes, tant cela lui devient pesant. Cet éloignement physique du couple n'est pas l'objet d'une brutale décision unilatérale; le couple s'entend bien et en discute dans le calme. Autant satisfaire chez Monsieur son désir de liberté.

Bien des années plus tard, la princesse raconte les faits: «J'ai été bien aise car je n'ai jamais aimé le métier de faire des enfants. Lorsque Son Altesse me fit cette proposition, je lui répondis oui, de bon cœur, Monsieur, j'en serai très contente *pourvu que vous ne me haïssiez pas* et que vous continuiez à avoir un peu de bonté pour moi… Il me

1. Selon Bussy-Rabutin, elle avait pensé se suicider, mais cela est peu vraisemblable ayant un autre enfant et étant enceinte.

le promit et nous fûmes, tous deux, très contents l'un de l'autre. C'était aussi fort ennuyeux que de dormir près de Monsieur. Il ne pouvait souffrir qu'on le troublât pendant son sommeil, il fallait donc que je me tinsse sur le bord du lit, au point que parfois, je suis tombée comme un sac[1]. »

Liselotte accepte donc la proposition faite « de bonne amitié et sans aigreur… de coucher chacun dans un appartement séparé ». Il n'empêche, à vingt-quatre ans, Liselotte doit faire l'apprentissage de la chasteté. Pas question pour elle de se livrer à la moindre aventure, même si ses sentiments pour le roi sont profonds et que ce dernier est parfois galant avec elle. C'est une question d'honneur, de respect de ses engagements et de ferme conviction à l'égard d'elle-même. Par moments le désir se présente, s'affirme, confine à la révolte la plus élémentaire. La princesse résiste et peut écrire bien plus tard : « Si l'on peut recouvrer sa virginité après n'avoir pas pendant dix-neuf années couché avec son mari, assurément je suis redevenue vierge. »

Triste constat. D'autres femmes auraient choisi le couvent et se seraient enfermées dans une stricte dévotion. Il ne peut en être question pour Liselotte qui se mobilise en toute lucidité sur l'amour de ses enfants. De son côté, Monsieur vient d'entreprendre la construction à Saint-Cloud d'un véritable palais.

1. Ph. Erlanger, *op. cit.*, p. 183.

6

« MONSIEUR QUI A GAGNÉ LA BATAILLE »

Si les turpitudes de Philippe d'Orléans, son appétit des plaisirs et sa gourmandise insatiable de nouveautés et de frivolités ont libre cours au Palais-Royal, à Saint-Cloud, à Villers-Cotterêts et dans les autres résidences royales, on les rencontre aussi lorsqu'il est aux armées. Ces aspects burlesques dans le comportement du prince n'influent en aucune façon sur son courage, sa bravoure, sa témérité sous la cuirasse et sa valeur militaire.

Lorsqu'il part à la guerre, un fils de France est pourvu d'un magnifique équipage. Outre les carrosses pour les Grands, les chariots et les charrettes transportent les tentes fleurdelisées, la chambre, la garde-robe, la vaisselle d'argent et tous les objets que le prince estime nécessaires à son déplacement provisoire. De nombreux membres de sa Maison le suivent: confesseur, intendant, une bonne dizaine de pages, des gentilshommes de la Maison et de la chambre ainsi que des valets et palefreniers innombrables.

Bien entendu, les gardes sont présents. Une bonne centaine avec leurs officiers.

Souvent, l'état-major qui doit l'assister et désigné par le roi, l'accompagne. Quelquefois, le prince le rejoint en un lieu précis où il prend contact avec les troupes dont il a reçu le commandement. Sur place, chacun s'affaire, se démène et parfois s'affole, même s'il lui arrive de lutiner, à temps perdu, bergères, servantes et bourgeoises du cru. La guerre n'exclut pas les pulsions affectives, bien au contraire.

Pour Monsieur, la question ne se pose pas puisque d'Effiat et Lorraine sont présents à ses côtés. Le mémorialiste Primi Visconti s'en fait l'écho : « Au lever de Monsieur où étaient présents le duc de Créqui, le marquis de La Vallière et M. d'Effiat... On parlait des jeunes gens comme une compagnie d'amoureux a coutume de parler des jeunes filles. On louait la grâce d'un certain Monroë et d'autres gentilshommes appelés cadets aux gardes du corps. La conséquence fut que les cadets aux gardes furent supprimés immédiatement. »

A diverses reprises, malgré la liberté qu'il laissait à Monsieur, Louis XIV intervint pour ne pas laisser les campements des jeunes fils de sa noblesse se transformer en jardins d'Académos. C'est ainsi qu'un enfant puîné du comte de Gamaches « fut exilé pour sa trop grande complaisance ». Il ne sera pas le seul. Parfois, la famille veille et réprouve pour sa dignité qu'un fils ne se laisse emporter dans de pareilles attitudes.

Mais certains gentilshommes y trouvent le succès. Ainsi du chevalier de Châtillon qui découvre la faveur à l'armée et s'en sert généreusement par la suite. Il est, comme tant d'autres, cadet aux gardes de Monsieur. Madame écrit à son sujet : « En été, quand les jeunes officiers allaient se baigner, ils emmenaient le jeune chevalier de Châtillon pour qu'il gardât leurs habits puis ils lui donnaient un petit écu. » Primi Visconti parle de lui avec complaisance. Le jeune homme, devenu à la mode chez l'un et l'autre sexe, « fut littéralement assailli par les dames désœuvrées de la cour. Il y en avait tant et tant qu'il ne savait à qui se fixer ». Sa fortune aurait pu être assurée s'il ne fut aussi désintéressé, car Châtillon n'est ni Lorraine ni d'Effiat. Rien en lui n'évoque l'arriviste corrompu. Il veut tout simplement vivre pleinement sans penser au lendemain.

Bien entendu, Monsieur s'énamoure du beau garçon, le fait entrer à son service et le nomme capitaine de ses gardes après avoir disgracié l'ancien mignon Beuvron. Il fait même effectuer une recherche généalogique qui apparente le petit chevalier inconnu au fameux cardinal Odet de Châtillon, illustre au XVIe siècle. Les autres favoris ferment les yeux.

Puis vient le moment où Châtillon s'interroge sérieusement sur les effets que son minois peut provoquer. Et selon Primi Visconti, il en profite lorsque Barbara Villiers, duchesse de Cleveland, ancienne maîtresse de Charles II d'Angleterre, éperdument éprise, « donna au chevalier deux millions de francs, engagea ses bijoux et vendit jusqu'à sa porcelaine ». Ces débordements peu glorieux provoquent une grande joie chez Monsieur qui pardonne tout à cet enfant gâté.

Au front, dans son campement, « Monsieur faisait toilette et s'habillait comme s'il devait se rendre au bal. Beaucoup de ses courtisans m'ont confirmé qu'il était tout fardé et indolent au feu, comme s'il allait voir Mme de Grancey ». Il n'y a pas lieu de mettre en doute les dires de Primi Visconti.

La campagne de 1677 est importante pour Philippe d'Orléans, car il ne montre pas, malgré quelques succès, la valeur dont il pense être doté. Il est clair qu'il souhaite étonner son frère. En mars, il part pour les Flandres, où l'attend une armée de 20 000 hommes. Dans son état-major, dont la composition n'a pas échappé à Louvois, on trouve le maréchal d'Humière, le chevalier de Lorraine, le prince de Soubise, le marquis de la Trousse. Ses lieutenants généraux sont les comtes du Plessis et d'Albert. Le chevalier de Sourdis et M. de Stoupe sont maréchaux de camp, M. de Monmont, major général et le marquis de la Frézelière, commandant de l'artillerie.

Alors que le roi assiège Cambrai, Philippe assiste à la prise de Valenciennes par le maréchal de Luxembourg. Dans les plans de campagne, il doit attaquer Saint-Omer. Le siège est conduit avec fermeté et conviction et au moment où la ville va se rendre, on apprend que Guillaume d'Orange vient de regrouper à Ypres une imposante armée de 35000 Hollandais et Wallons qui attend des renforts espagnols avant de marcher sur Saint-Omer. Le danger est sérieux et d'Humière lance un appel à Louis XIV qui dépêche le maréchal de Luxembourg à la tête de huit bataillons. Instantanément, Philippe d'Orléans choisit de faire mouvement avec ses troupes et de se porter au-devant du prince d'Orange afin de le combattre sur un terrain plus favorable[1]. Le site retenu est la plaine au pied du Mont-Cassel. Dans la nuit du 8 au 9 avril, Monsieur et Luxembourg visitent le dispositif mis en place par le prince. Ce dernier commandera le centre, Luxembourg l'aile gauche et d'Humière l'aile droite. A l'aube du 10 avril, l'armée ennemie se présente, venant de Sainte-Marie-Capelle, et se range immédiatement en ordre de bataille.

Son objectif premier est de s'approprier une colline sur laquelle se trouve l'abbaye de Peene, se porter sur les troupes de Monsieur, enfoncer le front français et se précipiter sur Saint-Omer. Ayant saisi la tactique, Luxembourg attaqua, prit l'abbaye, la perdit et la récupéra. Les combats sont violents jusqu'au soir. Le lendemain 11, jour des Rameaux, les opérations reprennent avec vigueur. Orange veut absolument reprendre la colline de Peene et pour cela diminue le centre et l'aile gauche de sa ligne de troupes. En un clin d'œil Monsieur comprend la manœuvre et lance ses bataillons et ceux d'Humière sur cette partie

1. Il laisse le marquis de la Trousse avec un détachement sous les murs de Saint-Omer.

affaiblie du dispositif adverse, tandis que les canons de Luxembourg continuent de bombarder la colline. C'est une véritable charge digne de la bataille de Fornoue. Monsieur, l'épée au poing, galope, encourage ses soldats, les pousse à l'assaut, fait donner sa garde personnelle.

Etranger au danger, il reçoit deux balles dans sa cuirasse et son cheval est blessé. Le chevalier de Lorraine est aussi atteint légèrement par un coup de mousquet. Pour emporter la décision, il faut faire appel aux troupes de réserve du marquis de Villars qui prennent à revers la droite de l'armée du prince d'Orange. Mais le mouvement de Villars est très lent et lorsqu'il parvient en position d'intervenir, les troupes de Monsieur, parmi lesquelles les mousquetaires qui «se couvrirent d'une gloire éternelle», ont enfoncé les lignes hollandaises qui se dispersent dans une grande confusion.

La victoire est complète au grand dam du stathouder «fou de rage impuissante», qui, ne parvenant pas à regrouper ses soldats, s'enfuit, poursuivi par Luxembourg. Comme lors des précédentes campagnes, Monsieur s'oppose au massacre et au pillage. «Il envoya sans retard des médecins, des chirurgiens, des remèdes, des vivres, des chariots pour soulager et ramasser les survivants des deux armées[1].» Outre ses bagages et sa vaisselle d'or, le prince d'Orange abandonne l'ensemble de son artillerie, toutes ses munitions, cinquante-quatre drapeaux et surtout un contingent de six mille prisonniers. Quelques jours plus tard, Saint-Omer cesse toute résistance.

Tant à l'armée qu'à Paris, ce magnifique succès est attribué au duc d'Orléans. Pour Boileau: «Sa gloire est complète.» Quant au maréchal de Luxembourg, il ne manque pas d'écrire pour louer son courage: «Marcher soi-même à la tête d'une armée, démêler les desseins des ennemis, rallier plusieurs fois des troupes étonnées, faire six mille prisonniers et forcer ensuite une ville importante

1. Ph. Erlanger, *op. cit.*, p. 191.

à se rendre à discrétion, il faut que ce soit une action peu commune, ayant été honorée de l'estime particulière du plus illustre des rois et suivie des acclamations de ses sujets. Mais, monseigneur que les périls où votre valeur vous expose font trembler un cœur qui sent ce que vous valez. La crainte de vous perdre au milieu de la victoire fait que l'on vous désire moins de gloire. »

Quel courtisan que ce Luxembourg ! On se croirait revenu en 1627, lorsque Gaston d'Orléans fut rappelé du siège de La Rochelle car un cadet de France ne devait pas défier le danger avec autant de témérité. Le fait que « Monsieur a gagné une des plus complètes batailles qui se soient données de nos jours », le mot est toujours de Luxembourg, ne peut que déplaire à Louis XIV, toujours prompt à recueillir les lauriers.

A Paris, un *Te Deum* a lieu à Notre-Dame où les fidèles peuvent contempler les drapeaux pris à l'ennemi, tandis que les habitants sont conviés à un feu d'artifice au Palais-Royal. Philippe d'Orléans rejoint le roi à Calais. Louis XIV félicite son frère sans vraie chaleur. Peu après, ils quittent ensemble le théâtre des opérations pour Saint-Germain. Sur le bord des routes et dans la traversée des villages, le peuple enthousiaste laisse éclater sa joie : « Vive le roi et *Monsieur qui a gagné la bataille.* » Durant trois jours, au début de mai, Philippe qui a retrouvé sa famille savoure les délices d'une gloire qui bien que méritée n'en est pas moins excessive[1].

Primi Visconti perçoit le trouble que provoquent ces manifestations. « Il fallait voir la joie des Parisiens pour la victoire de Monsieur, car la ville de Paris l'aimait beaucoup. La cour, au contraire, aurait mieux aimé que Monsieur eût perdu la bataille. L'on disait que le roi aurait donné volontiers dix millions pour avoir livré bataille à Urtebise près de Cassel. »

---

1. Elle ressemble à celle connue par le duc d'Anjou, le futur Henri III, après ses victoires de Jarnac et Moncontour, remportées en 1569 sur les protestants.

Ne tombons pas d'un excès dans un autre. Mais il est vrai que l'entourage du roi cherche à rectifier les dithyrambes des gazetiers. Ainsi, d'Humière, présent au combat de Cassel, affirme à qui veut l'entendre qu'il a lui-même attaqué le premier parce que Monsieur « n'avait pas encore fini d'ajuster sa perruque devant la glace ». La question essentielle que d'aucuns n'hésitent pas à poser se présente en termes pourtant clairs. Le roi serait-il moins courageux et moins bon stratège que son frère ? C'est ce qu'affirmera la Palatine : « Le roi n'était pas aussi brave que Monsieur. »

Sans doute est-ce là ouvrir un mauvais procès. Le roi, qui organise les campagnes militaires, avec son état-major, qui suit parfois d'assez loin le déroulement des opérations, n'a pas à combattre, l'épée au poing. Il n'empêche. Les historiens s'en sont mêlés, ce qui n'a pas résolu grand-chose. En réalité, on ne peut soutenir la thèse que Louis XIV n'aurait été « qu'un général de parade[1] ». Philippe Erlanger met le duc d'Orléans en exergue, mais François Bluche fait remarquer, concernant Louis XIV, que « rien ne permet de lui préférer son frère Monsieur[2] ».

Il n'est pas question de trancher dans cette controverse. Ce qui est vrai, c'est que Monsieur s'inscrit dans la lignée des cadets royaux, qui ont montré des qualités fort honorables, mais pour lesquels il était toujours difficile d'en reconnaître le succès tant il est certain qu'en France, les gloires sont celles de la monarchie et de son représentant, le roi.

Certes, on a évoqué précédemment certains aspects communs de Philippe et de son oncle, le comploteur Gaston d'Orléans. Mais les conditions ne sont plus les mêmes, et si Louis XIV se rappelle les conseils de Mazarin, il est peu probable qu'il établisse un parallèle sérieux. Il sait, comme l'écrit avec sobriété la Palatine, « qu'un enfant

1. P. Chevallier, *Louis XIII roi cornélien*, Paris, 1979.
2. F. Bluche, *Louis XIV*, Paris, 1986, p. 360.

ne saurait avoir pour ses parents une obéissance plus aveugle que n'était celle de Monsieur pour le roi ».

Mais Louis XIV a la dent dure. Il lui faut un succès personnel qui soit largement diffusé. Cela implique une propagande personnelle comme au temps de Richelieu. Elle va être servie par le recrutement de deux hommes zélés : Boileau et Racine [1]. Boileau a encensé Philippe. Il va pour Louis tremper sa plume dans la même encre. Concernant Racine, le choix n'est pas innocent. L'académicien a remporté en 1677 un beau succès avec sa *Phèdre*. Mais il doit faire face à une cabale des amis du dramaturge Pradon. Protégé par madame de Montespan, l'homme de Port-Royal entre dans l'intimité du roi et se voit offrir la charge d'historiographe.

Quant au succès personnel, il s'agit de l'étonnante campagne conduite au début de 1678 par Louis XIV en personne qui aboutit à la prise de Gand. Le roi quitte Saint-Germain le 7 février « avec toute sa cour », pour une opération militaire éclair. Le 22, il est à Metz. Les armées françaises vont, viennent, se déplacent face à un ennemi étonné. Les magasins de ravitaillement sont pleins. Pour protéger Ypres, les adversaires dégarnissent Gand. C'est une erreur. Le 4 mars, Louis XIV se présente devant la ville. Elle se rend le 9 et la citadelle le 12. Le succès est total. Il est à la gloire du monarque. Monsieur présent n'a pas eu de commandement important. Le 18 mars, madame de Sévigné écrit à Bussy-Rabutin : « Que dites-vous de la prise de Gand ? il y avait longtemps, mon cousin, qu'on y avait vu un roi de France. En vérité, le nôtre est admirable. »

La lassitude est grande chez les belligérants. Les négociations de paix vont s'ouvrir dans la petite ville hollandaise de Nimègue, en Gueldre, et durer d'août 1678 au 5 février 1679. Elles sont facilitées par la modération relative de Louis XIV à l'égard des Hollandais. Il leur laisse

1. Ils sont nommés en octobre 1677 et seront présents au front lors de la campagne de 1678. On les appelait les historiens-poètes.

l'intégrité de leur territoire et leur accorde des conditions de commerce avantageuses. En revanche, l'Espagne doit céder la Franche-Comté et plusieurs villes de Flandre et du Hainaut. En principe, le duc de Lorraine récupérera son duché à l'exception de Nancy et Longwy. D'autres dispositions intéressent la Suède et le Brandebourg.

Louis XIV, qui se voit décerner par la ville de Paris le titre de Louis le Grand, est à l'apogée de sa puissance. Statues et arcs de triomphe sont érigés en témoignage de sa gloire. La monarchie absolue du Roi-Soleil est bien en marche, mais la place qui y est réservée à Philippe d'Orléans a des limites clairement définies. Monsieur n'aura plus guère d'occasions de se valoriser aux yeux des peuples[1]. Ainsi en a décidé Louis. Mais il ne sait pas que son neveu deviendra régent en 1715.

1. Au XVIIe siècle, « les peuples » désignaient les différentes strates sociales de la population.

l'intégrité de leur territoire et leur accorde des conditions de commerce avantageuses. En revanche, l'Espagne doit céder à la France le Comté et plusieurs villes de Flandre et du Hainaut. En Lorraine, le duc de Lorraine récupère son duché à l'exception de Nancy et Longwy. D'autres dispositions intéressent la Suède et le Brandebourg.

Louis XIV, qui se voit décerner par la ville de Paris le titre de Louis le Grand, est à l'apogée de sa puissance. Statues et arcs de triomphe sont érigés en témoignage de sa gloire. La monarchie absolue du Roi-Soleil est bien en marche, mais la place qui s'est réservée Philippe d'Orléans a des limites clairement définies. Monsieur n'aura plus guère d'occasions de s'illustrer aux yeux des peuples. Ainsi en a décidé Louis. [illegible] descendra [illegible]

[illegible]

7

DEUX FRÈRES QUI SE REGARDENT EN CHIENS DE FAÏENCE

Si la campagne militaire de 1678 est peu glorieuse pour lui, Monsieur prend une sorte de revanche en invitant le roi, en octobre, à venir visiter le magnifique château qu'il vient de faire construire à Saint-Cloud[1]. Durant quatre jours, du 10 au 13, Louis XIV et les courtisans admirent les bâtiments, la décoration commencée par Mignard et les jardins dessinés par Le Nôtre. Philippe se montre fier de son œuvre et la jalousie de Louis XIV est tout aussi présente, même si elle est contenue.

Dans la galerie d'Apollon « toute constellée d'or », le roi s'adresse à Liselotte : « Je souhaite fort, Madame, que les peintures de ma galerie de Versailles répondent à la beauté de celles-ci. » A l'époque, Versailles est un immense chantier où s'affairent de nombreux corps de métiers et dans lequel des sommes énormes sont englouties. Quelques

1. La description du château sera faite dans la quatrième partie.

jours plus tard, le petit duc de Chartres tombe gravement malade. On le pense perdu et la détresse est grande chez les Orléans. Mais l'enfant, âgé de quatre ans, se remet de son « apoplexie », assurant ainsi la lignée des Orléans. Si la crainte de perdre l'enfant rapproche durant quelques jours le couple, Madame continue à se plaindre des manigances des favoris de son époux.

Dans une lettre à Sophie de Hanovre, en date du 14 novembre, elle écrit : « Quant aux vœux que vous formez de voir le diable emporter tous ceux de la cabale, je ne sais pas à la vérité ce qui en adviendra, mais ce que je sais bien, c'est qu'ils sont maintenant tout à fait endiablés. Je crois qu'au lieu de les entraîner avec lui dans son enfer, le diable a élu domicile en leurs personnes et qu'ils sont tous possédés[1]. »

Voilà maintenant que l'on parle mariage pour Marie-Louise, la fille aînée de Monsieur. On sait que dans les cours européennes, on parle beaucoup de ce genre d'alliances. Le plus souvent, elles échouent compte tenu des aléas de la diplomatie. En France, les spéculations matrimoniales ont toujours fait l'objet de promesses aussi vite écartées qu'énoncées. On se rappelle que la Grande Mademoiselle appelait son cousin Louis, un bambin à l'époque : « son petit mari ». Mais la princesse frondeuse n'épousa jamais Louis XIV. De même, le roi a envisagé de marier le Grand Dauphin avec Marie-Louise. Peut-être les Orléans s'étaient-ils faits à cette idée ! Elle n'aboutit pas car la politique en décida autrement[2].

Généralement, la signature de la paix entre deux Etats implique des clauses matrimoniales. C'est le cas pour le traité de Nimègue. Louis XIV souhaite resserrer les liens entre la France et l'Espagne qui se sont largement distendus. Placer sa nièce sur le trône ibérique est pour lui la meilleure solution. Qu'importe qu'elle doive s'unir à

1. *Lettres de la princesse Palatine*, Mercure de France, p. 50.
2. En vérité, Marie-Louise était vraiment amoureuse du Dauphin.

un être infantile et monstrueux, une sorte d'avorton à moitié fou. Qu'importe qu'elle soit enfermée dans cet Escurial lugubre, peuplé de moines, de duègnes, de nains grotesques, de vieux hidalgos bardés d'orgueil et de femmes chastes et pieuses comme des images de catéchisme. Tous détestent la France.

A dix-sept ans, Marie-Louise est sacrifiée pour la gloire du roi. Liselotte est fort choquée: « Dans ce pays-ci, le frère du roi n'a d'autre volonté que celle du roi lui-même. » Si Monsieur accepte le projet, sans gaieté de cœur – comment pourrait-il en être autrement –, il se console en pensant que sa fille va monter sur le second trône de la chrétienté. Après tout, malgré un époux jugé incapable, Marie-Louise peut toujours espérer avoir un fils et pourquoi pas devenir régente durant sa minorité, ce qui, on s'en doute, servirait largement sa nation d'origine.

Le 2 juillet 1679, Louis XIV propose la main de sa nièce à l'ambassadeur espagnol, le marquis de Los Balbazes. La jeune fille est prévenue par son père une fois l'accord conclu. Ce que le roi et Monsieur n'ont pas prévu, c'est la révolte de la princesse ponctuée d'interminables flots de larmes. Louis XIV en personne doit sermonner Marie-Louise: « Ma nièce, je vous ai traitée comme ma fille, je vous ai accordée en mariage au roi d'Espagne. Le plaisir de vous voir élevée en un rang que vous méritez ne me console point de la séparation d'une personne que j'aime tendrement, mais qui doit savoir que les personnes comme elles sont à l'Etat. » Puis le roi se fait plus proche, plus intime, plus humain: « L'Espagne m'a fait un grand présent en me donnant la reine et je crois ne le pouvoir mieux reconnaître qu'en vous faisant reine d'Espagne. Je désire que, quoique Française, vous soyez aussi bonne reine espagnole que la reine, ma femme, quoique Espagnole, est bonne reine française. »

Quel charmant cynique que ce Louis XIV lorsqu'il ajoute: « Je ne pouvais faire mieux pour ma fille. » La réponse de Marie-Louise est désespérée: « Vous pouviez faire mieux pour votre nièce. » Son désespoir n'a plus de limites lorsqu'on lui montre le portrait, pourtant arrangé, de son futur époux. Le contrat de mariage, rédigé par des proches du roi, témoigne de l'intérêt de Louis XIV pour cette union. Il donne à sa nièce une dot de 1 500 000 livres à laquelle Monsieur ajoute une forte contribution en argent et surtout en bijoux[1].

Les amis de Philippe flairent la bonne affaire. Au grand dam de Liselotte, mademoiselle de Grancey est nommée dame d'atour de la princesse dans la maison qui lui est constituée pour la suivre à Madrid. Pour cela, elle reçoit une gratification de 30 000 livres, une pension de 6 000 livres et 30 000 livres de pierreries, sans compter d'autres avantages non négligeables[2]. La colère de Marie-Louise explose lorsqu'elle apprend que le fastueux cortège va être guidé jusqu'aux Pyrénées par le chevalier de Lorraine. Elle s'écrie : « Quoi, celui qui a empoisonné ma mère[3]. »

Le 31 août, au milieu des fêtes de Fontainebleau, le prince de Conti épouse au nom de Charles II la princesse meurtrie. Marie-Louise, « vêtue d'un habit de couleur en broderie d'or et d'argent que couvrait une mante de gaze rayée d'or », est accompagnée par son père et monseigneur le Grand Dauphin. La messe de mariage est célébrée par le cardinal de Bouillon. Le 20 septembre, le cortège quitte Fontainebleau pour l'Espagne. Madame fait ses adieux le lendemain à sa belle-fille. Monsieur l'accompagne sur la route jusqu'au 27. La séparation entre le père et la fille, chargée d'émotion, se fait dans les pleurs. Ils ne devaient jamais se revoir. La princesse emportait avec elle, au-delà des Pyrénées, l'héritage de la malédiction des Stuarts.

1. Archives nationales, 300 Ap I 115. On ne sait pas si le million de livres accordé à Marie-Louise par Anne d'Autriche dans son testament est compris dans la dot du roi.

2. Au bout de quelques mois, la Grancey reviendra en France.

3. Ce qui signifie que neuf ans après la mort d'Henriette, le doute était toujours présent.

Les bonnes dispositions affectives de Monsieur ne résistent pas à la pression des favoris. La gouvernante des princesses d'Orléans, madame de Clérembault, qui conduit Marie-Louise à la frontière, reçoit sur le chemin du retour l'ordre du roi de rester à Poitiers. Philippe la destitue de la charge quelle assumait auprès des autres filles, Anne et Elisabeth-Charlotte.

Elle est remplacée par madame d'Effiat, qui meurt quelques mois plus tard. La Grancey, revenue d'Espagne, est alors pourvue de la fonction, ce qui ne plaît pas du tout à Liselotte. Mais celle-ci n'y peut rien. Sa tante, Sophie de Hanovre, venue à Paris pour le mariage espagnol, la console de ses déboires. Sa tâche n'est pas facile, car Monsieur se montre charmant avec elle et ses soucis sont ailleurs. Il y a d'abord la question des préséances. L'étiquette ne lui accorde pas le fauteuil à dossier qu'elle escomptait, ce qui la froisse. Mais Monsieur lui fait savoir « qu'il n'y a pas de comparaison à établir entre lui et quelques princes palatins ».

De même, sa venue en France répond à son désir de marier sa fille Sophie-Charlotte avec le Dauphin. Le projet a été évoqué à diverses reprises depuis 1675. Mais l'union est écartée car, au même moment, Charles Colbert de Croissy négocie avec l'Electeur de Bavière la main de sa sœur, Marie, Anne, Christine, Victoire. Le père de la fiancée, décédé depuis peu, était l'allié de la France. La princesse est laide, ce qui ne semble pas effrayer le futur époux qui s'exclame : « Elle a de l'esprit et elle est vertueuse. C'est tout ce que je désire chez ma future femme. » La leçon du gouverneur Montausier porte ses fruits même si des lacunes sont flagrantes dans l'éducation du prince. Ainsi, le roi lui-même « instruit en détail M. le Dauphin de tout ce qu'il avait à faire » en amour.

On sait que Monseigneur Louis de France est un balourd, d'une intelligence très moyenne, ne présentant pas de grandes aptitudes intellectuelles malgré les qualités de son précepteur Bossuet[1]. Le mariage a lieu à Châlons le 7 mars 1680[2]. La Dauphine est non seulement peu jolie mais présente une timidité maladive hors de mise à la cour de Versailles, ainsi qu'une grande fragilité physique qui inquiète Louis XIV. Elle a vingt ans et Liselotte vingt-huit. Des liens affectifs se tissent entre les deux jeunes femmes issues de la famille germanique des Wittelsbach. Elles possèdent des points communs. Selon madame de Sévigné, « la chasse réunira ces deux branches de Bavière depuis longtemps mal ensemble ».

Madame de Maintenon devient la deuxième dame d'atour de la dauphine, la première étant la maréchale de Rochefort. Née d'Aubigné, puis épouse du poète Scarron, la future marquise est admise à la cour en 1673 et devient gouvernante des enfants naturels du roi et de la Montespan. Insidieusement, elle parvient à s'immiscer dans l'esprit de Louis XIV en montrant beaucoup d'affection pour le petit duc du Maine, un enfant handicapé mais fort intelligent.

Peu à peu, son influence se fait sentir sur la dévotion du monarque et même dans certaines décisions politiques[3]. Il est vrai que la vie affective du Bourbon est assez édifiante[4]. Si mademoiselle de La Vallière lui a donné quatre enfants et madame de Montespan huit, il est impossible d'établir une liste exhaustive de ses maîtresses. La mise en ordre de ses sentiments vient en partie en 1679 de l'affaire des Poisons qui débouche sur une véritable chasse aux sorcières avec la création le 7 avril de la « chambre ardente » de l'Arsenal.

Primi Visconti évoque les craintes du moment : « Je vous assure que d'innombrables dames ont passé de mauvaises nuits et que beaucoup d'hommes étaient dans une situation

1. Il deviendra le premier aumônier de la Dauphine.

2. Selon certaines sources, le Dauphin aurait été initié à l'amour, en catimini, entre deux portes, par la maréchale de Bellefonds.

3. Elle épousera secrètement Louis XIV en 1683.

4. En 1680, le roi est très amoureux de madame de Fontanges.

encore bien pire tant que fut sur le tapis la question de savoir si l'on rechercherait aussi la sodomie. » Si cela est, Monsieur et tout son entourage sont d'emblée fortement compromis. L'homosexualité masculine connaît un tel développement que Louis XIV, qui a toujours méprisé ces pratiques et leurs auteurs, est confronté à un phénomène patent: la cour était-elle « devenue une petite Sodome », comme l'écrit le marquis de Sourches dans ses *Mémoires*[1] ?

Malgré sa tolérance à l'égard « du vice italien », Louis XIV est décidé à voir plus clair dans cette affaire. Comment se fait-il que tant de jeunes nobles, de grands lignages, ayant contracté de bons mariages, se sont mis, selon la Palatine, « à brûler la chandelle par les deux bouts[2] » ? Les ministres et le lieutenant de police n'ont pas de réponse. Bossuet et le confesseur du roi, le père de La Chaise, se montrent prudents vu que le roi lui-même est loin d'être un parangon de vertu. En l'occasion, il n'est pas exclu que madame de Maintenon se soit montrée convaincante.

Lorsque Louis XIV découvre la réalité des choses et son étendue, il est atterré. Qui l'informe? Son fils naturel, le comte de Vermandois, enfant de La Vallière, âgé de quinze ans. Ce n'est plus une affaire d'adultes débauchés: ce que rapporte le jeune garçon à son père relève de la pédophilie la plus débridée. Il explique qu'il fait partie d'un groupe de jeunes courtisans « qui avaient poussé leurs débauches dans des excès horribles ». Leurs initiateurs sont Lorraine, d'Effiat, Marsan et quelques autres. L'ombre de Monsieur plane sur cette misère dorée. Les révélations de Vermandois mettent en cause une quantité de grands seigneurs.

Louis XIV est furieux lorsqu'il apprend que même le Grand Dauphin aurait été approché par Lorraine et

1. Voir aussi Bussy-Rabutin : *La France devenue italienne.*

2. Le problème se posait pour certaines familles nobles d'envoyer leurs enfants comme petits pages à la cour dans une atmosphère aussi malsaine.

Marsan[1]. Il confie au comte d'Armagnac « qu'il avait aimé et estimé M. de Marsan, mais qu'il ne pouvait plus le regarder qu'avec horreur et que c'était un monstre[2] ». Si Marsan et son neveu, le comte de Brionne, sont épargnés, la colère du roi a des effets dévastateurs sur de grands noms de l'armorial français. Le prince de Turenne, le marquis de Créquy, Saint-Maure, Mailly et une quantité d'autres seigneurs sont chassés de la cour. Le malheureux Vermandois, que seule Madame reçoit dorénavant, meurt à l'armée, l'année suivante, à seize ans.

Le prince de La Roche-sur-Yon, frère du prince de Conti, est atteint par le scandale. Que va faire le roi pour les amis de son frère ? Va-t-il se montrer impitoyable envers eux ? « Un présage sinistre semble l'annoncer. Au cours d'une chasse à laquelle Philippe n'assiste pas, le comte d'Armagnac, grand écuyer de France, prend à part le chevalier de Lorraine, son frère. Il lui dit que Sa Majesté lui commandait de ne plus paraître aux chasses, ne le tolérant à la cour qu'à cause de Monsieur, elle ne désirait pas le voir hors de la présence du prince[3]. »

Monsieur se plaint auprès de Louvois et de madame de Maintenon du traitement infligé à son favori. N'ayant aucune envie de revenir à la situation de 1670 et d'envisager un second exil de Lorraine, Louis XIV laisse aller les choses. Elles vont mal pour Madame, en 1682, victime d'une véritable cabale, ourdie par la clique de son mari, hommes et femmes confondus, mais dans laquelle Lorraine et la Grancey occupent le principal rôle. Déjà fort affectée par la mort de son père en 1680[4], Liselotte est atteinte dans sa réputation. Elle est tout simplement accusée de galanterie en faveur du chevalier de Saint-Saëns,

1. La Palatine se fait l'écho du fait que le Dauphin récusait fortement.
2. Marquis de Sourches, *Mémoires*.
3. Ph. Erlanger, *op. cit.*, p. 217.
4. Il meurt à soixante-trois ans. Liselotte accusa Louis XIV de l'avoir fait mourir de chagrin.

qu'elle rencontre à la chasse. Bien entendu, il n'en est rien. Les comploteurs veulent aussi atteindre mademoiselle de Théobon, dame d'honneur de Madame.

Louis XIV, qui avait prévenu sa belle-sœur de ce qui se tramait contre elle, essaie de la calmer et parvient à convaincre Monsieur de l'absurdité de cette accusation.

– Tenez, mon frère... Je mettrais tout présentement ma main au feu que Madame est tout à fait innocente.

– Je le crois bien aussi, répond le prince.

Lorraine, d'Effiat et la Grancey sont contraints de présenter des excuses à la duchesse d'Orléans et mademoiselle de Théobon voit sa pension augmentée. Il n'empêche, si la machination a échoué, elle témoigne clairement des mœurs fort curieuses qui ont libre cours dans l'entourage du Roi-Soleil, sous les frondaisons de Versailles où la cour vient de s'installer définitivement en mai 1682.

QUATRIÈME PARTIE

LE BÂTISSEUR DE LA MAISON D'ORLÉANS

1

DANS L'INTIMITÉ DE LA FAMILLE

L'accord tacite, conclu dans le couple en 1676, délivre Monsieur du devoir conjugal. Il n'honore plus la couche de son épouse et s'enfonce délibérément dans une vie de turpitudes masculines. Mais il ne croit pas que Liselotte profitera de cette liberté forcée pour manquer à son devoir de fidélité. Il sait que l'affaire Saint-Saëns est une cabale montée par son entourage et se trouve rassuré par la véhémence avec laquelle réagit la princesse. Elle envisage un moment de tout abandonner pour se réfugier dans l'abbaye de Maubuisson et d'y rester cloîtrée.

Quel désastre pour le frère du roi! Sa première femme meurt mystérieusement et la seconde s'enfuit pour garder son honneur. Louis XIV ne peut permettre cela. Comme la reine et la Dauphine soutiennent Liselotte, il doit intervenir en personne. Pas question pour lui d'accorder l'autorisation d'un pareil éloignement: «Puisque je vois que c'est véritablement votre intention d'aller à Maubuisson, je veux vous parler franchement: ôtez cela de votre tête! Car, tant que je vivrai, je n'y consentirai point et m'y opposerai hautement et de force. »

Difficile d'être plus clair, même si le monarque n'est pas insensible au sort de sa belle-sœur. Aussi cherche-t-il un accommodement avec les intéressés : « Embrassons-nous donc tous les trois. » La réconciliation de façade permet de résoudre les problèmes posés par les favoris de Philippe. Ces derniers, devenus incontrôlables, s'attaquent aussi à Lydie de Théobon, dame d'honneur de la princesse. Monsieur obtient son départ. Si l'étau se resserre autour de la Palatine, elle n'est pas prête à capituler et se plaint amèrement : « Si j'adresse deux mots à mes enfants, on leur fait subir un interrogatoire d'une demi-heure pour savoir ce que je leur ai dit. » On la soupçonne d'avoir dressé le prince de Conti, marié à la fille aînée du roi et de La Vallière, contre Lorraine qu'il veut provoquer en duel. Monsieur obtient l'intervention de madame de Maintenon et l'affaire est close au moment où un drame vient frapper Versailles.

A la cour, la mort passe, régulièrement, fauchant le plus souvent de jeunes et innocentes vies. On a oublié combien de deuils ont affecté les Orléans, dans les deux unions de Monsieur. La situation est encore plus tragique pour les enfants du roi, bâtards et légitimes confondus. Mais personne ne s'attend à ce que la reine quitte rapidement le monde, à quarante-cinq ans. Philippe et Elisabeth-Charlotte éprouvent une réelle affection pour Marie-Thérèse. Pour des raisons différentes, il va de soi.

Philippe lui sait gré de l'avoir soutenu en 1661, lors du « bel été de Fontainebleau », lorsque le roi lutinait d'une manière éhontée sa belle-sœur Henriette, au vu et au su de tous. Il constate aussi que la reine ne s'est jamais mêlée de ses affaires privées et traite avec respect Lorraine et ses complices. De plus, il n'est pas interdit de penser que Monsieur, malgré ses travers, éprouve de la sympathie pour cette femme bonne, pieuse, sans histoire, mais fort maltraitée par son volage époux.

De son côté, Liselotte la comprend. Elle est sensible à une attitude effacée, repliée, dépourvue de tout clinquant au milieu d'une cour fastueuse qui ne pense qu'aux plaisirs.

En mars 1683, la reine séjourne une semaine à Villers-Cotterêts, chez les Altesses royales. L'entente est excellente. Le 26 mai, la cour part pour la Bourgogne et l'Alsace. Le 20 juillet, elle est de retour à Versailles. *Le Mercure galant* note : « Leurs Majestés étant arrivées à Versailles dans une santé parfaite, le mardi 20, la reine qui ne se sentait aucunement incommodée, y prit le plaisir de la promenade dans les jardins tout le reste de la semaine et se divertit à en voir jouer les eaux. »

Dix jours plus tard, Marie-Thérèse est morte. Le 26 juillet, elle subit un accès de fièvre, « elle avait une tumeur sous le bras gauche qui ne parut qu'un rhumatisme ». Elle décède le vendredi 30 juillet après avoir prononcé la phrase énigmatique : « depuis que je suis reine, je n'ai eu qu'un seul jour heureux ». Pour Madame, il n'y a pas de doute, elle est morte grâce « à l'ignorance des médecins qui l'ont fait mourir comme s'ils lui avaient passé l'épée au travers du cœur[1] ».

Le chagrin du roi est évident. Sous l'influence de la Maintenon, il s'était rapproché de la reine. « C'est le premier chagrin qu'elle m'ait causé », doit-il reconnaître. En septembre, c'est au tour de Colbert de disparaître. Le ministre qui s'était plaint des sommes englouties dans la construction du château en a peu profité.

La mort de Marie-Thérèse laisse la voie libre à la Maintenon, un chemin qu'elle s'est ouvert, avec obstination, par petites touches discrètes mais efficaces, depuis de longs mois. « Le roi change en tout », dit la Palatine. Elle n'est pas la seule à le constater. Louis XIV paraît, à la suite de l'affaire des Poisons et des prières de la veuve

1. Lettre de Saint-Cloud du 1er août 1683.

Scarron, livrer des signes en faveur d'une vie plus édifiante. Moins de trois mois plus tard, peut-être le 10 octobre, il épouse secrètement sa favorite[1].

La Maintenon n'aime pas les Orléans. En bonne dévote, elle est choquée par la vie privée de Monsieur que le roi laisse faire. Elle déteste encore plus Madame, sa truculence, son langage châtié et son comportement un tantinet hommasse. Elle souhaite diviser le couple, qui malheureusement n'a pas besoin d'elle à cet égard. Dans un premier temps, elle favorise Philippe par le biais des favoris. Liselotte écrit le 29 août 1683 : « Mon seigneur et maître est plus en faveur que moi comme il y paraît bien par tous les bons traitements que le roi fait journellement au chevalier de Lorraine. »

Il est vrai que ce travail de sape porte ses fruits et Louis XIV s'éloigne de sa belle-sœur, qui n'est plus invitée à la chasse. Cette dernière se venge dans sa correspondance. Elle n'a pas de mots assez durs pour désigner la marquise qu'elle appelle : « La vieille ordure du grand homme », « la Guenipe », « la sorcière », « la pantocrate », « la casserole », « la truie », « la Rompompel ». La princesse affirme que « là où le diable ne peut atteindre, il envoie une vieille femme[2] ».

Le malheur est que le « cabinet noir » prend l'habitude d'ouvrir les lettres de Madame et de les mettre sur le bureau du roi. On imagine les froncements de sourcils du « grand homme » face à ces plaisanteries de mauvais goût. En 1685, il fait savoir à sa belle-sœur que si ce n'était leur parenté, il l'aurait renvoyée de la cour.

Bien entendu, Philippe n'est pas mécontent de voir sa femme se débattre dans de grandes difficultés[3]. Mais Monsieur a un sens inné de la grandeur royale et il est furieux lorsqu'il apprend, bien après sa réalisation, le

1. Il n'y a pas de date connue avec précision pour ce mariage.
2. En 1683, la marquise a quarante-huit ans.
3. En plus, il lui accorde fort peu d'argent.

mariage de son frère[1]. Que la veuve Scarron soit devenue sa belle-sœur lui répugne. Cela ne le rapproche pas de sa femme que les favoris cherchent à isoler toujours davantage.

La Grancey devient gouvernante des enfants de Liselotte. Mme de Clérembault cède sa place de dame d'honneur à la duchesse de Ventadour. Monsieur est satisfait de cette proposition du roi, compte tenu du rang de la candidate, même si elle lui coûte cent vingt mille livres. Tous ces soucis ne vont pas sans sécréter des effets secondaires sur sa santé. Aux difficultés psychologiques s'ajoutent les abus alimentaires et les excès en tout genre. Monsieur ne pratique aucun exercice, mange en abondance et boit plus que de raison[2]. A l'automne de 1684, il tombe gravement malade et manque de mourir d'une méchante fièvre persistante et d'origine non identifiée. Il est sauvé par la prise de quinquina, produit alors en vogue. Le mal qui resurgit en 1687 et en 1688 frappe aussi Liselotte. Le couple souffre de gros abcès que la Palatine attribue à un présent offert par Lorraine. Ils s'en délivrent. Si Madame est aussi vorace que son époux, son activité physique, l'équitation, le grand air, ralentissent le développement des facteurs de risque. Ce style de vie, pour abusif qu'il soit, n'est pas très original, c'est le lot de la plupart des grands seigneurs de la cour. Dans cette famille où règne une atmosphère détestable, il convient de voir ce qu'il advient des enfants. On sait que les deux filles d'Henriette ont accueilli leur belle-mère sans difficulté. La nouvelle Madame les aime et s'occupe d'elles avec diligence. Le mariage de l'aînée, Marie-Louise, avec le roi d'Espagne est une catastrophe qui était tout à fait prévisible. Non seulement la reine ne donne pas d'enfant au souverain ibérique, mais en plus sa vie, à l'Escurial, est

1. Madame en parle pour la première fois dans une lettre le 14 avril 1688.

2. On l'a vu dévorer 80 huîtres lors d'un repas et ce n'était qu'une entrée.

un calvaire. Les Altesses royales sont au courant par la correspondance que la jeune reine adresse à Paris. Ils n'y peuvent rien. La haine qu'elle suscite est telle à Madrid qu'en 1684, on l'implique, délibérément, dans une cabale qui aurait menacé son époux. Elle subit un redoublement de surveillance, de pressions insupportables, de contraintes humiliantes. Elle craint pour sa vie. A la fin de 1688, elle demande à son père un contre-poison. Celui-ci, inquiet, s'exécute mais le produit arrive trop tard. Le 12 février 1689, Marie-Louise rend l'âme après avoir bu un verre de lait que lui a tendu Olympe Mancini, comtesse de Soissons[1].

Le jour de sa mort, la malheureuse a le temps de dicter son testament[2]. Elle réclame 300 000 messes pour le repos de son âme, 100 000 à l'Hôpital de Saint-Louis de France et pour les 200 000 qui restent, son époux en décidera. Elle distribue également ses diamants et autres joyaux. Pour les Orléans, il ne fait aucun doute que le poison est l'instrument de sa disparition.

La sœur cadette, Anne d'Orléans, épouse le 9 avril 1684 Victor-Amédée II, duc de Savoie. Louis XIV accorde à sa nièce une dot de 900 000 livres payées pour un quart en jacobus et les trois quarts en monnaie d'Angleterre[3]. Le versement est prévu en trois fois, 300 000 livres comptant, même somme le 30 juin et le solde le 30 septembre. Philippe donne 300 000 livres, en plus, à sa fille, 60 000 livres en bagues et joyaux et 240 000 livres à prendre sur les intérêts qui lui appartiennent de la dot d'Henriette d'Angleterre[4]. Ces sommes constituent les propres de la future duchesse. L'époux fait don à sa femme de 120 000 livres en bagues et joyaux et 100 000 livres pour l'entretien de sa Maison. Il lui accorde en plus 40 000 livres de douaire.

1. Rappelons que la comtesse de Soissons a été compromise en France dans l'affaire des Poisons.

2. Elle meurt comme sa mère Henriette à 26 ans.

3. Ceci compte tenu que la dot d'Henriette n'a jamais été entièrement payée.

4. AN 300 Ap I 115.

Au moment de son mariage, Anne a quinze ans ; c'est une adolescente douce qui, pas plus que sa sœur en Espagne, ne trouvera le bonheur à la cour de Savoie[1].

Bien entendu, pour le moment, les deux enfants de Philippe et d'Elisabeth-Charlotte échappent à ces déconvenues. En 1684, Philippe, duc de Chartres, a dix ans. Sa sœur, Elisabeth-Charlotte, huit. On l'appelle la petite Liselotte. Les parents sont très proches d'une progéniture qui leur rend généreusement son affection. Chartres fait l'orgueil de son père. C'est un garçon charmant, joyeux, robuste mais turbulent. Contrairement au Grand Dauphin, quelques années plus tôt, il montre un esprit vif, curieux de tout, saisi par une véritable frénésie de connaissance. La petite Liselotte, qui ressemble à sa mère, est également dotée de qualités certaines. On lui trouve beaucoup d'aisance et une disposition naturelle pour les activités en plein air. Elle pratique, fort tôt, l'équitation et participe aux chasses royales.

Si le véritable chef de famille est Madame : « Ils ne craignent que vous », reconnaît Philippe, ce dernier, qui ne peut se faire obéir, est tout de même présent. Il couvre ses bambins de cadeaux, joue avec eux, écoute leurs doléances, donne son avis sur leur éducation. Cependant, Madame, telle une louve, ne supporte pas l'intrusion des favoris dans la sphère privée et les réactions qu'elle provoque ne sont pas sans effets. En bonne Allemande et compte tenu de l'attitude lascive et irresponsable de son époux, elle souhaite être largement partie prenante dans l'éducation de ses enfants.

Pour la petite Liselotte, les choses sont simples. Ses apprentissages sont ceux de toute princesse de l'époque. Une formation générale en religion, lecture, écriture, calcul, danse, musique et équitation. Sa mère l'initie à la littérature, à l'allemand, à l'histoire et la géographie et sans doute au latin.

1. Elle aura cependant huit enfants.

Pour Philippe de Chartres, « l'institution du prince » se veut différente, plus approfondie, plus diversifiée. Elle implique l'intervention d'un gouverneur, d'un précepteur, d'un maître d'équitation, d'un maître d'armes, d'un maître de danse et de quelques autres personnes. Jusqu'à six ans, il est élevé par les femmes. Ensuite, ses parents le confient à un gouverneur et à un précepteur. D'emblée, il faut reconnaître que le prince est moins favorisé que Gaston d'Orléans, éduqué par d'Ornano et de Brèves et que son père, dirigé par Duplessis-Praslin et La Mothe Le Vayer. En moins de dix ans, le duc de Chartres ne voit défiler pas moins de cinq gouverneurs à son service. Tous sont d'un âge qui ne permet pas une action longue.

Le premier, Louis Brûlard, marquis de Sillery, appartient à une branche de la grande famille des Brûlard qui a donné plusieurs ministres à Henri IV et à Louis XIII au temps des fameux « Barbons ». Sa nomination provoque l'étonnement car le personnage est léger, joueur invétéré et fort endetté. Mademoiselle de Scudéry s'indigne : « Ces sortes de libertins ne devraient jamais prétendre à de tels emplois. » Il occupe trois ans la charge. Le duc de Navailles lui succède mais il meurt à 78 ans, quelques mois plus tard, en février 1684. Il semble que les vieillards ont le vent en poupe. Le maréchal d'Estrades arrive. L'ancien gouverneur de Dunkerque possède l'image d'un homme de guerre courageux et d'un fin diplomate qui participe à la paix de Nimègue en 1678. Il disparaît au bout d'un an. La charge revient, en avril 1686, au duc de La Vieuville, lui aussi descendant de grands serviteurs de l'Etat. Duc et pair du royaume et gouverneur du Poitou, il décède à 77 ans, en février 1689.

A la cour, on commence à faire des gorges chaudes sur cette succession de gouverneurs. Le poète Benserade se laisse aller à l'ironie : « Monsieur a beaucoup de peine à élever des gouverneurs à son fils. »

Mais lorsque Philippe veut faire preuve d'autorité, il provoque une grave crise dans son couple. Quelle idée, aussi, de vouloir confier son fils à Antoine de Ruzé, marquis d'Effiat, l'un de ses mignons ! Madame explose. Il n'est pas question que Chartres ait auprès de lui un homme « corrompu et perdu de vices » dont la chambre au Palais-Royal est « pleine de putains et de jeunes garçons ». Monsieur affirme que madame de Maintenon approuve le choix et qu'elle l'a fait admettre au roi. En fait, il n'en est rien. Lorsque Liselotte obtient un entretien avec Louis XIV à ce sujet, le roi marque sa surprise : « Si l'on prétend que je veux avoir d'Effiat pour gouverneur de mon neveu, ce sont de purs mensonges. J'en ai, au contraire, détourné Monsieur pendant toute une année. » Et Louis XIV attribue lui-même la charge à René Martel, marquis d'Arcy, ancien ambassadeur à Turin, un homme aux mœurs irréprochables.

Comme celles de gouverneurs, les fonctions de sous-gouverneurs sont avant tout honorifiques. Heureusement, car elles sont détenues par Fontenay, âgé de quatre-vingts ans et de la Bertière, reconnu pour être borné et ignare. En réalité, l'éducation du prince est surtout l'œuvre du précepteur. Il s'appelle Nicolas-François Parisot de Saint-Laurent. Ancien introducteur des ambassadeurs chez Monsieur, c'est un homme « digne de former des rois ». Certains l'appellent « Saint-Saint-Laurent » tant il est pieux, doux, humble et fort éloigné « du commerce du monde ». Il est aidé par un certain Saunier, érudit et savant grammairien, ancien principal du Collège de France, mais ce dernier se retire au début de 1683. Saisi par l'âge et les rhumatismes, Saint-Laurent se met en quête d'une autre personne et sur les conseils de Faure, vicaire de l'archevêque de Reims, il recrute le jeune Guillaume Dubois, appelé à un bel avenir[1].

Fils d'un médecin apothicaire de Brive-la-Gaillarde, celui-ci est boursier au collège Saint-Michel à Paris et y rencontre Faure. Dubois possède une vive intelligence,

1. C'est le futur cardinal Dubois, ministre de Louis XV.

beaucoup de souplesse et de faconde. Il est estimé de Madame et de Lorraine. Fénelon et le père de La Chaise, aumônier du roi, sont séduits par son esprit. Le 15 juin 1683, à 27 ans, il entre avec des gages de 500 livres annuelles au service du prince. Saint-Laurent meurt le 2 août 1687 à 64 ans et le 30 septembre suivant, Dubois devient, par brevet, précepteur en titre[1].

Quelques mois d'observation lui suffisent et en juillet 1688, il dresse un projet d'éducation pour son élève qu'il semble apprécier: « M. le duc de Chartres est né avec beaucoup d'esprit. Il a extrêmement de bon sens... Il a l'esprit net et agréable... Il a un génie particulier pour les affaires[2]. » Chartres n'est pas un élève facile. Si on le heurte, il se froisse. Il déteste être mené par la force et fait preuve de beaucoup d'ironie et de moqueries à l'égard de son entourage. De plus, il est fort inconstant dans ses activités intellectuelles. Mais il apprend vite et aime la lecture.

Le champs de connaissances prévu par le précepteur est extrêmement vaste. Il y a d'abord ce qui touche à la foi: le catéchisme, l'Ecriture sainte, l'histoire de l'Eglise et la morale. Comme le prince doit être un homme de guerre, il ne peut ignorer les armes, leur maniement, la marche des troupes, l'art des fortifications. Ceci fait intervenir l'arithmétique et la géométrie. Il lui faut aussi connaître les bateaux, leurs manœuvres et le combat naval.

Après le militaire, le courtisan. Bien vivre à la cour implique la conversation, la communication sur des thèmes extrêmement variés. Aussi faut-il connaître la poésie, la mythologie, l'architecture, la décoration, la peinture, la musique, les sciences. La géographie et l'histoire, particulièrement celles de l'Allemagne ne sont pas oubliées. Pas plus d'ailleurs que les langues: le latin, l'italien, l'espagnol et l'allemand.

---

1. Ses gages passent alors à 1 500 livres.
2. V. de Seilhac, *L'Abbé Dubois, Premier ministre de Louis XV*, Paris, 1862.

Les progrès du prince sont rapides et font la fierté des Orléans ainsi que d'un bon nombre de courtisans. Ainsi Boileau écrit: «Je n'admire pas seulement M. de Chartres, mais je l'aime, j'en suis fou. Je ne sais pas ce qu'il sera dans la suite, mais je sais bien que l'enfance d'Alexandre, ni de Constantin, n'ont jamais promis de si grande chose que la sienne[1].»

Ce sont là les flatteries habituelles d'écrivains stipendiés. Il n'empêche, le duc de Chartres plaît énormément. C'est un bon vivant, à l'appétit féroce, qui séduit les femmes et se révèle extrêmement précoce. Sa mère avoue: «A treize ans, mon fils était déjà un homme.» Il avait été déniaisé «par une dame de qualité, la comtesse de C... qui frise la cinquantaine». Le jeune Chartres révèle une vraie gourmandise pour l'acte charnel. A quinze ans, il séduit Léonore, la fille du concierge du garde-meuble du Palais-Royal, et l'engrosse au galop. Fortement surpris par la précocité et la vigueur du prince, Monsieur s'emporte, se fâche, tempête et se répand en lamentations. Madame, qui sait de qui il tient, n'est pas scandalisée outre mesure et s'occupe de Léonore et de sa petite fille[2]. Puis Chartres s'amourache d'une comédienne, La Grandval, assez âgée et fort corrompue, que l'on éloigne de lui au plus vite. Soit! Au Palais-Royal, se tient l'académie royale de musique et le garnement s'en donne à cœur joie avec les filles d'opéra, ce qui ne l'empêche pas de culbuter quelques aventurières à la cuisse légère et de fréquenter les ribaudes dans les bordels. Il faut reconnaître qu'il possède un charme évident. «Le tour de son visage était charmant, son teint était d'un blanc à éblouir, relevé par des cheveux d'un brun tirant sur le noir et par un vermillon

1. Cité dans Jean-Christian Petitfils, *Le Régent*, Paris, 1986, p. 30.

2. Cette dernière sera mariée plus tard au fils d'un conseiller au parlement de Riom. Cet enfant ne sera pas le seul bâtard de Philippe. En juillet 1706 est légitimé le chevalier d'Orléans, fils de Louise-Marie-Madeleine Victoire Le Bel de la Boissière de Séry.

répandu sur ses lèvres et si bien placé sur ses joues qu'on eût cru qu'il y avait de l'artifice[1]. »

Un portrait peint à l'époque le présente, revêtu d'une armure, avec beaucoup de séduction[2].

A partir de 1685, Philippe de Chartres et sa sœur participent aux cérémonies de Versailles. Le 2 juin 1686, lors d'une belle cérémonie, il est reçu, à douze ans, chevalier dans l'ordre du Saint-Esprit[3]. Louis XIV lui donne en plus le rang de « petit-fils de France », ce qui permet à l'enfant d'être appelé Altesse royale et de prendre place à la table royale sans y être expressément convié. Dans la succession au trône, il arrive après les fils de France et son père, mais avant les princes du sang.

Le roi aime les enfants de son frère qui, il faut le reconnaître, n'ont vraiment rien à envier, en qualités, à leurs cousins royaux. Mais l'attitude de Louis XIV répond à des raisons précises. Depuis 1688, sans doute sous la pression de la Maintenon, il réfléchit aux mariages de ses enfants légitimés de la Montespan : le duc du Maine et Mademoiselle de Blois. Tout devient clair, il faut les unir aux enfants de Monsieur. Après tout, on avait bien envisagé, un moment, le mariage du Grand Dauphin et de la future reine d'Espagne Marie-Louise. Pour cela, le roi fait intervenir Lorraine et d'Effiat auprès de Philippe. Dans une lettre du 4 avril 1688, Liselotte précise « qu'ils ont promis d'amener Monsieur à le prier très humblement de vouloir bien marier les enfants de la Montespan avec les miens, savoir ma fille avec ce boiteux de duc du Maine et mon fils avec Mlle de Blois ». Pour Madame, cette seule pensée lui fait « tourner le sang ». Quant à son époux, très infatué de son rang et ennemi juré des mésalliances, il ne cache pas une ferme hostilité. Le couple Orléans pourra-t-il résister longtemps à la volonté du roi ?

1. J.-C. Petitfils, *op. cit.*, p. 34.
2. Musée de Versailles.
3. AN K 543 (3).

2

LA FAUSSE GUERRE PALATINE

En 1688, la France entre en guerre contre une grande partie de l'Europe rassemblée dans ce que l'on appelle la ligue d'Augsbourg. Le conflit dure dix ans[1]. Les ennemis de Louis XIV regroupent l'empereur, la Suède, l'Espagne, l'Angleterre, la Savoie, le Brandebourg, la Bavière, la Hollande et le Palatinat. L'origine du conflit réside dans la politique expansionniste de la France et l'affaire du Palatinat, mais d'autres raisons pèsent sur la situation de l'Europe. La révocation de l'édit de Nantes, par l'édit de Fontainebleau, le 17 octobre 1685, froisse plusieurs princes protestants allemands. En Angleterre, Jacques II succède à son frère Charles II. Mais il est chassé du trône à la fin de 1688 et remplacé par Guillaume d'Orange, sous le nom de Guillaume III[2]. C'est un ennemi juré de Louis XIV.

1. Il s'achève en 1697 par la paix de Ryswick.
2. Il s'exile avec sa famille en France à Saint-Germain-en-Laye.

La question palatine, invoquée par la France, n'est qu'un prétexte, mais elle implique les Orléans. Le frère de Liselotte, Charles, décède en mai 1685. Il est remplacé par un cousin, Philippe Guillaume de Neubourg, et le duc de Brandebourg, Frédéric-Guillaume, est l'exécuteur testamentaire de feu Charles de Palatinat. On sait qu'Elisabeth-Charlotte avait lors de son mariage avec Monsieur renoncé à la succession de son pays. Les prétentions de Louis XIV reposent sur le fait que la dot de Madame n'a jamais été versée, ce qui est loin d'être exact. Aussi faut-il « mettre un frein aux entreprises de l'Electeur palatin et rendre à Madame ce qui doit lui appartenir ».

Même si on ne lui demande pas son avis, Monsieur n'est pas indifférent à un conflit qui fait dire à Bussy-Rabutin que « c'est la plus grande guerre qu'aura jamais roi de France sur les bras ». Ses deux filles aînées sont reine d'Espagne et duchesse de Savoie. Jacques II est son beau-frère par son premier mariage et la nouvelle reine d'Angleterre est sa nièce. Bien entendu, l'influence du duc d'Orléans dans le jeu diplomatique est nulle. Il est incapable d'empêcher l'invasion du Palatinat par les troupes françaises. A l'automne 1688, c'est vers ce petit Etat que les troupes françaises se dirigent sous la conduite du Dauphin.

Le but est clair : il faut occuper le pays afin d'empêcher l'avancée des troupes ennemies. Madame sombre dans la colère et la douleur. Avant de partir en septembre, le Dauphin n'hésite pas à lui affirmer qu'il prendra Philippsbourg, Mannheim, Frankenthal et tout le Palatinat. Réponse de la princesse : « Si vous voulez mon avis, vous n'irez pas. Car je vous avoue que je ne puis avoir que de la douleur et nulle joie de voir qu'on se sert de mon nom pour ruiner ma pauvre patrie. »

De son côté, Montausier appuie la volonté de son neveu : « Madame, M. le Dauphin est votre chevalier, il va vous conquérir votre bien et vos terres. » Comme cela était prévisible, le Palatinat n'a pas les moyens de résister. Le

30 octobre, Heidelberg se rend; le 1er novembre, Philippsbourg est prise par le Dauphin et ses généraux. Madame sait que ce n'est qu'un début: « On se prépare à bombarder et à brûler cette bonne ville de Mannheim que le défunt prince Electeur, mon père, avait fait bâtir avec tant de soin. Cela me fait saigner le cœur et encore, on trouve très mauvais que je m'en afflige. » La ville se rend le 12 novembre lorsque l'on informe les habitants que cette opération se fait au nom d'Elisabeth-Charlotte.

A la fin du mois, le Dauphin, fier de ses conquêtes, quitte l'armée. Il est accueilli à Saint-Cloud, chez les Orléans, par le roi et la famille royale. Peu après, Madame tombe malade. Les hostilités continuent sur le même théâtre militaire durant tout l'hiver et le printemps 1689[1]. On assiste à un véritable ravage du Palatinat. Même si Louis XIV a donné son accord, la brutalité des destructions, l'ignominie des exactions sont à mettre à la charge de Louvois. Le ministre est un homme violent, insensible, agressif, chez qui l'obtention de résultats annihile tout sentiment humain. Les chefs militaires obéissent mais ils n'en pensent pas moins. C'est le cas pour le maréchal de Tessé, le maréchal de Duras et M. de Montclar. Une directive de Louvois à M. de Chamlay, un officier de l'armée du Rhin, est sans appel: «Tandis que vous êtes les maîtres, ruinez, démolissez et mettez-vous par là en état d'être absolument maîtres du Rhin. »

On commence par Heidelberg. Le maréchal de Tessé fait sauter le château puis s'attaque à la ville. Les maisons sont détruites, incendiées, les habitants dispersés. Comportement identique à Mannheim. La population revient dans les décombres. Le ministre s'emporte: «Le moyen d'empêcher que les habitants de Mannheim ne s'y rétablissent, c'est après les avoir avertis de ne point le faire, de faire tuer tous ceux que l'on trouvera vouloir y faire quelque habitation. »

1. En février, la cour a appris la mort de la reine d'Espagne. Ce fut un véritable choc.

Il donne des ordres de plus grande fermeté au maréchal de Duras pour Spire et Worms. Duras essaie de louvoyer : « La douleur de détruire des villes aussi considérables que Worms et Spire m'a porté de représenter à Sa Majesté le mauvais effet qu'une pareille désolation pourrait faire dans le monde pour sa réputation et sa gloire ; c'est un parti fort fâcheux, qui donne à toute l'Europe des impressions d'aversion terrible[1]. »

Duras est réduit au silence. La boulimie dévastatrice de Louvois n'a plus de limites. Les villes tombent et sont réduites en cendres, les unes après les autres : Bingen, Oppenheim, Sinzheim, Bruchtal, Offenburg, Alzey. Les campagnes sont pillées pour nourrir les troupes françaises, ravagées par le feu et de nombreux paysans sont massacrés. La politique de la terre brûlée réussit, le Palatinat est réduit à néant. Comment faire admettre aux Orléans qu'une pareille sauvagerie se justifie pour rendre ses droits à Madame ? Liselotte s'alarme du sort de ses demi-frères, les raugraves, qui ont perdu tous biens et sont contraints de se mettre au service des armées étrangères. Trois disparaissent de mort violente, les armes à la main, en quelques années[2]. Madame ne peut attendre le moindre secours à leur égard, ni de Monsieur, ni du roi. Ses relations avec Louis XIV sont exécrables et pour les étrennes de janvier 1690, le monarque oublie intentionnellement sa belle-sœur.

Mais la situation évolue au printemps. Le 20 avril 1690, la Dauphine Marie-Anne décède, laissant trois garçons : Louis, duc de Bourgogne, Philippe, duc d'Anjou, futur roi d'Espagne et Charles, duc de Berry. Madame devient la première dame de la cour[3]. Durant l'été, les armées françaises sont victorieuses sur plusieurs fronts. Le maréchal de Luxembourg écrase aux Pays-Bas, à Fleurus, le 1er juillet, les

1. A. Lebigre, *op. cit.*, p. 107.

2. Le quatrième, Charles-Maurice, devenu alcoolique, décède à Berlin en 1702.

3. Elle ne sera pas oubliée pour les prochaines étrennes et recevra 2000 pistoles.

troupes du prince de Waldeck, beaucoup plus nombreuses et le 18 août, Catinat bat le duc de Savoie à Staffarde.

A l'automne, la chasse retrouve ses droits à Fontainebleau. Les souverains anglais exilés en France y participent, mais le temps est si exécrable que les courtisans doivent s'attarder aux tables de jeux, à la comédie et aux concerts. En mars 1691, lors de la nouvelle campagne militaire, les Orléans n'ont d'yeux que pour leur fils, Philippe de Chartres, qui, accompagné du duc du Maine et du comte de Toulouse, suit le roi à Mons qu'une armée de 100 000 hommes assiège. La ville se rend le 8 avril. Louis XIV revient à Marly et confie ses deux enfants bâtards et son neveu au maréchal de Luxembourg pour qu'il leur donne une éducation militaire.

Le roi est surtout soucieux du comportement du duc du Maine et l'écrit au maréchal le 23 juillet : « Il me paraît qu'il a envie de faire mieux qu'un autre. Donnez-lui les moyens d'agir, s'il est convenable et si vous croyez qu'il puisse remplir tous les devoirs. » Maine doit être mis en valeur, au détriment de Chartres que le maréchal doit surveiller, traiter « en simple volontaire » et à qui il est hors de question de confier le moindre commandement[1].

Les attentes du roi sont déçues. Luxembourg doit reconnaître que l'enthousiasme pour les armes et l'ardeur combative sont bien plus marqués chez Chartres qui fait preuve d'une véritable « gaieté dans l'action ». Le duc du Maine le rapporte à madame de Maintenon : « Il fut gaillard quand il vit les ennemis, enfin, il fait merveille. » Devant un tel désir d'en découdre, Luxembourg cède parfois aux sollicitations du prince, ce qui lui occasionne les réprimandes de Louvois. Les Orléans suivent de près le comportement de leur enfant et réagissent selon leur humeur. Liselotte craint une aggravation de ses tendances naturelles, son caractère noceur, sa gourmandise de plaisirs, son exaltation

1. A ses côtés se trouvent son gouverneur d'Arcy, son sous-gouverneur de la Bertière et son précepteur Dubois.

sensuelle. Monsieur est choqué par la simplicité que son fils affiche avec les gens qui l'entourent. Aurait-il oublié son rang ? Les mignons du palais, qui craignent la montée en puissance de Dubois, s'emportent contre le précepteur qui se justifie auprès de Madame, de Fénelon et du père de La Chaise, l'aumônier du roi. Elisabeth-Charlotte le soutient : « Avec la vertu et le bon esprit que vous avez, vous n'avez guère à vous effrayer de la calomnie, Monsieur l'Abbé, avec le temps tout le monde vous rendra justice aussi bien que moi. »

Le 19 septembre, à Leuze, près de Tournai, lors d'une furieuse charge de cavalerie où le nombre des Français se montait à un contre trois adversaires, Chartres se conduit avec bravoure : « Il s'échappa, prit la tête de quelques pelotons qui se reformaient en arrière et enfonça la dernière ligne ennemie[1]. » Ce coup d'éclat satisfait pleinement Louis XIV qui donne à son neveu un régiment d'infanterie à son nom. Mais les Orléans, inquiets, demandent son retour alors que le jeune duc souhaite visiter les grandes places de Flandre. Chartres arrive le 28 septembre à Fontainebleau pour la période des chasses. Il est chaleureusement accueilli par la cour.

En conduisant son neveu au baptême du feu, Louis XIV poursuit son idée de le marier avec sa fille mademoiselle de Blois. Dès le retour du prince, madame de Maintenon et Dubois se concertent sur la marche à suivre. Le précepteur doit amener son élève à accepter l'union en faisant miroiter l'honneur insigne de devenir le gendre du roi. S'il accepte, c'est pour lui la certitude de recevoir des commandements militaires glorieux. S'il refuse, il risque de se débattre, fort longtemps, dans les pires difficultés. Malgré sa répugnance pour une telle mésalliance, Monsieur accepte sous l'influence de Lorraine et d'Effiat.

Liselotte se montre tout à fait opposée à cette alliance. Elle méprise la jeune fille qui, à quatorze ans, est loin

1. J.-C. Petitfils, *Le Régent*, p. 40.

d'être une femme accomplie et l'écrit sans détour: «Son arrogance et sa mauvaise humeur sont insupportables et sa figure est pleinement déplaisante. Elle ressemble, sauf votre respect, à un cul comme deux gouttes d'eau; elle est toute bistournée, avec cela une affreuse prononciation comme si elle avait toujours la bouche pleine de bouillie et une tête qui branle sans cesse. Voilà le beau cadeau que la vieille ordure nous a fait.» Le jugement est sévère. S'il est vrai que la jeune fille n'est pas très belle, Saint-Simon est plus objectif: «Le teint, la gorge, les bras admirables; les yeux aussi, la bouche assez bien avec de belles dents, un peu longues, des joues trop larges et trop pendantes (caractéristique des Bourbons) qui la gâtaient mais qui n'empêchaient pas la beauté... Sans être bossue, ni contrefaite, elle avait un côté plus gros que l'autre, une marche de côté.»

Sous la contrainte, Chartres accepte le mariage bien qu'il n'aime pas sa future épouse[1]. Face à l'attitude de son mari et de son fils, Madame, indignée, ne peut que capituler, non sans gifler le futur époux, de manière magistrale, devant de nombreux courtisans[2]. Les fiançailles ont lieu à Versailles le dimanche 17 février. Elles sont bénies par le cardinal de Bouillon, grand aumônier de France. Le contrat de mariage, signé par le roi, est lu par le secrétaire d'Etat Pontchartrain[3]. La future épouse reçoit une dot énorme, deux millions de livres dont un quart seulement entre dans la communauté. Si le couple n'a pas d'enfants, les trois quarts reviendront au duc du Maine, au comte de Toulouse ou à la duchesse si elle reste en vie[4].

Louis XIV ajoute une pension annuelle de 150 000 livres et un lot de pierreries estimé à 600 000 livres. Monsieur donne à sa belle-fille «30 000 livres de rente de douaire

1. Il est amoureux de sa sœur aînée, la duchesse de Conti.
2. Monsieur reçoit le Palais-Royal en propriété.
3. AN K 543 a (19).
4. La dot sera versée après le retour à la paix.

préfix viager» à prendre sur tous ses biens. Chartres n'est pas oublié. Le roi lui promet un commandement militaire substantiel et un important gouvernement de province[1]. Les désirs de Louis XIV sont exaucés en partie, car le duc du Maine n'épousera pas la jeune Elisabeth-Charlotte. Ceci pour la plus grande joie de Madame. Il convole, le 19 mars, avec Anne Louise Bénédicte de Bourbon, une petite-fille du Grand Condé.

Les années passent et la guerre s'enlise. Le terrible Louvois, l'âme damnée des chefs militaires, meurt subitement le 16 juillet 1691 à cinquante-deux ans. Il est clair que Madame n'est pas triste de la disparition de celui qu'elle appelle «le gros rustre» ou «le gros pansu[2]». Elle donne libre cours à sa hargne vindicative: «Puisqu'il devait mourir, j'aurais souhaité que ce fût arrivé il y a trois ans. Le pauvre Palatinat s'en serait bien trouvé.»

Chaque printemps voit partir au front les gentilshommes, engourdis par une vie de plaisirs durant l'hiver. Monsieur, qui ne reçoit plus de commandement, s'enfonce dans ses frasques et ses distractions. Selon Saint-Simon, «ses aventures galantes n'avaient point de bornes pour le nombre, ni pour le temps». Madame reconnaît que «si le roi devait punir tous les gens vicieux comme ils le méritent, il resterait sans princes, sans gentilshommes, sans domestiques». Tant il est vrai que les débordements amoureux des Grands se répercutent sur toute la chaîne des gens qui vivent à Versailles jusqu'au dernier serviteur. Les Orléans ont cependant en commun une grande satisfaction, leur fils Chartres.

En 1692, Louis XIV mobilise près de Mons une énorme armée de 120000 hommes. Namur est prise. La bataille décisive a lieu le 3 août à Steinkerque[3]. La victoire est

1. La bénédiction nuptiale a lieu le lendemain 18 février.

2. Il est mort d'une crise cardiaque mais on a aussi parlé de poison. Il buvait énormément d'eau venant de Forges qui pourtant lui était bénéfique.

3. La veille, la flotte française a été battue à la Hougue.

éclatante mais elle est au prix d'un véritable carnage : 12 000 soldats ennemis sont tués et les Français comptent 8 000 morts et blessés. Chartres est légèrement touché alors qu'il charge à la tête de sa réserve. Même l'abbé Dubois se fait remarquer sur le champ de bataille et le maréchal de Luxembourg note : « Voilà un abbé dont je ferais volontiers un mousquetaire. »

Comme Gaston d'Orléans et son père Philippe l'avaient fait auparavant, le jeune prince envoie ses équipages, le soir venu, pour soigner les blessés des deux camps. Cette attitude humaine plaît à ses parents et Liselotte lui écrit avec tendresse : « Régnez sur les cœurs, c'est le plus grand et le plus beau règne du monde[1]. »

Si l'ennemi est contenu sur ses terres, la victoire est loin d'être significative. A cinquante-trois ans, Monsieur reprend du service en 1693. Le roi l'a nommé « chef des côtes françaises de Dunkerque à Bayonne ». Après la Hougue, Louis XIV craint un débarquement. Il place 60 000 hommes sous ses ordres. Mais Philippe ne voit arriver aucun bateau et passe son temps à favoriser ses officiers et à réclamer des promotions pour leur bonne conduite, ce qui irrite son frère.

La situation de Chartres est tout autre. Le 10 mai, il reçoit l'insigne de l'ordre de Saint-Louis, créé depuis peu, afin d'honorer le courage militaire. Durant la campagne, la cour s'installe au Quesnoy. Le jeune prince rejoint, le 1er juin, l'armée du maréchal de Luxembourg. Le choc avec l'armée adverse a lieu le 29 juillet près de Neerwinden, dès quatre heures du matin. La ville est prise et reprise sans vrai succès. Le combat est incertain. En fin d'après-midi, Chartres, furieux de l'incapacité de Villeroy, charge avec ses troupes au centre du dispositif ennemi et l'enfonce. A la tête de ses escadrons, l'épée à la main, il fait merveille. Luxembourg est inquiet d'une telle témérité qui l'expose

1. A Paris, on plaisante sur le Grand Dauphin généralissime de l'armée et que l'on n'a jamais vu au combat.

en première ligne. L'ennemi se retire, ses pertes sont énormes, Chartres est fêté en héros à Paris et à Versailles.

Le 5 août, Louis XIV le félicite : « On chante vos louanges partout et je sens une grande joie de la justice qu'on vous rend. Continuez avec application à vous instruire, mais ne hasardez pas toujours ce que vous avez fait en cette rencontre. » La campagne s'achève par le siège de Charleroi. En réalité, le roi est mécontent car le Grand Dauphin et le duc du Maine ne font pas parler d'eux.

A l'automne, il accueille avec froideur le maréchal de Luxembourg qui est pourtant désigné « le tapissier de Notre-Dame », tant il a pris de drapeaux à l'ennemi. Madame s'inquiète pour son fils. Il joue beaucoup, perd des sommes importantes, boit et court les filles de toutes conditions. Elle le fait savoir à Dubois : « Vous ne me dites pas si son divertissement est donné à tout ou bien si ce n'est que pour les femmes. » Sa hantise serait de voir Chartres suivre le chemin de son père. Il n'en est rien. Certes, son mariage est un échec. Il n'aime pas son épouse qu'il appelle « Madame Lucifer » et courtise, dès qu'il retrouve le Palais-Royal, les filles de l'Opéra[1].

L'hiver 1693 est terrible. La disette frappe la capitale et l'on distribue le pain aux pauvres. Comme l'écrit Voltaire, « on périssait de misère au bruit des *Te Deum* ». L'attitude du roi à l'égard de son neveu évolue rapidement. Certes, ce dernier continue à bien se comporter sur les champs de bataille, les années suivantes[2]. Mais il n'obtient pas en 1695 le gouvernement de Bretagne qu'il désirait. Il est donné à Toulouse, le fils bâtard. Monsieur s'irrite puis se tait contre le versement d'une copieuse somme. Chartres découvre à ses dépens que toute gloire revient à Sa Majesté.

---

1. Il aura cependant huit enfants d'elle. Madame écrit de sa belle-fille : « Trois ou quatre fois la semaine, elle s'enivre comme un corroyeur. »

2. A partir de 1696, il ne participe plus à la guerre pour une sombre histoire de sorcellerie.

3

QUELQUES ÉLÉMENTS DU PATRIMOINE

N'ayant pas eu d'héritier mâle viable, Gaston d'Orléans n'avait pas été en mesure de constituer une véritable branche cadette dans la Maison de France[1]. Mais il avait bénéficié d'un copieux apanage avec des biens et des revenus considérables, durant toute sa vie. Le destin favorise Philippe. Pour lui, les choses se présentent différemment. Elles tiennent à la nature de ses relations avec Louis XIV.

Certes, un fils de France cadet est un personnage éminent, la couronne doit lui assurer une vie fastueuse et rien ne peut lui être refusé pour qu'il puisse tenir son rang. Louis XIV en a pleinement conscience et durant plus de quarante ans, il ne ménage pas son soutien financier à Monsieur lorsque cela paraît utile, soit sous forme de pensions et de dons, soit par augmentation d'apanage. De plus, c'est un moyen pour le contrôler politiquement.

---

1. Son fils, le duc de Valois, était mort à deux ans le 10 août 1652.

Louis XIV procède par touches successives. Pas question d'accorder d'emblée à Monsieur tout ce qu'il désire. En octobre 1658, celui-ci reçoit la maison de Saint-Cloud, qui après une transformation complète devient une petite merveille. A la mort de son oncle Gaston au début de 1660, Philippe réclame son apanage. Mais il doit attendre, car généralement l'attribution de ce don royal se fait lorsque le prince convole en justes noces. Aussi, en mars 1661, peu avant son mariage avec Henriette, Philippe se voit-il offrir le titre de duc d'Orléans auquel sont joints les duchés de Valois et de Chartres et la seigneurie de Montargis. On constate que des biens possédés par Gaston, on a retiré le comté de Blois et son château, le domaine de Chambord et une quantité d'autres terres, fiefs et seigneuries[1].

Lors du second mariage, avec la Palatine en 1671, le roi, satisfait de l'adhésion de Philippe à ses vues, lui octroie le 24 avril une augmentation d'apanage importante, comprenant le duché de Nemours, les comtés de Romorantin et de Dourdan ainsi que les seigneuries de Coucy et de Folombray. D'autres dons lui arrivent par la suite, en particulier le Palais-Royal. Alors qu'il l'habite depuis 1661, Monsieur ne reçoit la demeure qu'en février 1692 : « pour augmentation d'apanage la dite maison et Hôtel du Palais-Cardinal en toute son étendue et consistance, tant en bâtiments, cours, logements, jardins, eaux pour les fontaines, qu'autres dépendances, la place devant le dit Palais-Cardinal et généralement tout ce qui nous appartient[2] ».

C'est bien d'un don à titre héréditaire qu'il s'agit, attribué au moment où le duc de Chartres épouse Françoise-Marie de Bourbon, fille légitimée de Louis XIV. Le document précise : « afin que notre dit frère et sa postérité masculine puissent y avoir un logement qui réponde à la grandeur de leur naissance ». Louis XIV va plus loin dans l'établissement d'un grand patrimoine pour les

1. Voir chapitre : *Monsieur devient duc d'Orléans.*
2. AN R4 281.

Orléans puisqu'il ajoute: « permettons à notre dit frère et en tant que besoin est ou serait, l'autorisons par ces présentes de faire dans la dite Maison du Palais-Cardinal telles augmentations, améliorations ou décorations que bon lui semblera, du prix desquelles... les héritiers de notre dit frère seront remboursés par nous et par nos successeurs rois [1] ».

Le Palais-Royal hérité de Richelieu, habité par la famille royale au temps de la régence, est tant dans l'ameublement que dans la décoration un magnifique palais, même si Monsieur transporte à Saint-Cloud divers objets et tableaux de grande valeur. Il va rester dans la famille d'Orléans plus d'un siècle et sera le théâtre d'événements révolutionnaires en 1789[2].

Si Philippe d'Orléans n'est pas un constructeur zélé comme son oncle ou sa cousine la Grande Mademoiselle, Saint-Cloud est son œuvre personnelle. Au moment où Louis XIV entreprend l'énorme chantier de Versailles, il tient à concrétiser son ambition et à manifester ses goûts architecturaux et artistiques. En elle-même, la maison de Saint-Cloud qui a marqué l'époque d'Henriette est fort suffisante pour une vie de plaisirs aux portes de Paris. Après son second mariage, Monsieur juge cette demeure incompatible avec son désir de faste et de grandeur. Il a déjà agrandi les jardins et construit la magnifique cascade.

Dans un premier temps, il développe le domaine en achetant une quantité de terres, jardins, prés et vignes, bousculant parfois les vendeurs qui n'osent refuser[3]. Puis ce sont des maisons, une bonne dizaine, payées comptant

---

1. Le problème pour nous est qu'il n'y eut pas d'évaluation financière du don dont le montant devait être conséquent.

2. Discours de Camille Desmoulins (juillet 1789), assassinat de Le Peletier de Saint-Fargeau (1793), devant l'actuel restaurant Le Grand Véfour.

3. Philippe Erlanger parle de 128 contrats d'achat négociés par Boisfranc. Nous en avons retrouvé une trentaine dans les papiers de Monsieur.

ou par attribution de rentes annuelles. Toutes ces habitations ne sont pas détruites. Certaines servent à loger une partie du personnel.

En second lieu, Philippe, compte tenu de son goût raffiné et de ses aptitudes aux créations de l'art, définit clairement avec les architectes ce qu'il veut voir sortir de terre. L'architecte Lepautre est vite écarté au profit de Jules Hardouin Mansart et d'un certain Girard. Si Le Brun n'est pas retenu pour la décoration, Le Nôtre se voit confier l'aménagement des jardins. Le château se présente avec un corps central et deux ailes encadrant une cour d'honneur [1]. Curieusement, les ailes sont élevées avant le bâtiment central, situé au sommet de la colline. Les travaux commencent en 1675 et durent près de quatre ans. Monsieur tient beaucoup à la magnificence de la décoration. En mars 1677, avant de rejoindre l'armée, il rend visite à Mignard : « Monsieur Mignard, je fais bâtir à Saint-Cloud un salon, une galerie et un cabinet exprès pour vous les faire peindre. » Le peintre est aussi chargé de l'aile droite, Jean Nocret de l'aile gauche [2].

Les artistes et leurs équipes travaillent avec célérité tant l'impatience du prince est forte [3]. Pour lui, Saint-Cloud doit être achevé avant Versailles. Effectivement, à l'automne de 1678, le château est tout à fait habitable même s'il reste encore bien des choses à affiner. L'agencement des salles tient compte de la volonté du prince. Le bâtiment central accueille l'appartement royal, la salle du Dais, la chapelle, la chambre de Monsieur et surtout ses deux cabinets, celui des curiosités et celui des bijoux. L'aile droite comprend le salon de Mars ou Grand Salon, la galerie d'Apollon et le salon de Diane. Dans l'aile gauche, on

---

1. L'ancienne demeure restera debout durant toute la construction.
2. Le sculpteur est Jean Cornu.
3. Durant l'été 1678, Mignard est accidenté ; il doit arrêter de travailler pendant six mois.

trouve la salle à manger ou antichambre de Monsieur, la salle des gardes, la chambre de Madame, son antichambre, son cabinet et son salon. A l'extrémité nord de l'aile droite, la serre des Orangers est peinte en fresques par Rousseau.

Bien entendu, il n'est pas question ici de faire une visite de salle en salle, d'en décrire le mobilier, les tapisseries et de recenser tous ces petits objets qui charment la vie quotidienne de Philippe. Il nous faut cependant en donner un aperçu avec la galerie d'Apollon. Certes, ce n'est pas la galerie des Glaces de Versailles, mais elle ne manque pas d'attrait avec ses vingt-six hautes fenêtres en arcade, donnant sur la cour d'honneur et sur le jardin.

En venant du salon de Mars, « une magnifique portière, faite de bandes de brocart à fond d'argent et de damas cramoisi » ouvre sur la galerie. Au centre, des tables de marbre invitant au jeu lors des soirées avec une « double haie de tabourets à pieds dorés couverts de velours à ramages violet et cramoisi... Au bas des parois de droite et de gauche, s'alignaient, posés sur des guéridons, des bustes d'empereurs romains, surmontés d'autant de girandoles tendant leurs branches chargées de bougies [1] ».

Au-dessus de l'entrée de la galerie, Mignard peint Latone qui va mettre au monde Apollon et Diane avec le secours de Jupiter sortant d'une nuée. La déesse symbolise la vertu. Le plafond gigantesque est partagé en cinq grands compartiments et quatre petits. Dans le compartiment central, Apollon, « souriant et radieux de jouvence, sortait, tout enveloppé de lumière, de son palais aérien, prêt à distribuer au monde l'opulence et la joie... Les divinités du jour, l'Etoile du matin, l'Aurore dans son char, les Heures matinales, les Zéphyrs porteurs de rosée, l'Hirondelle annonciatrice du réveil, les Amours chargés de cornes d'abondance précédaient ou accompagnaient

1. Magne (E.), *op. cit.*, p. 131 et suivantes.

le dieu, triomphant de la morne Nuit et du pesant Sommeil qui, devant lui, fuyaient enveloppés dans leurs voiles d'ombres[1] ». Aux quatre coins de cette fresque colorée, les quatre saisons. Chaque saison est abondamment illustrée. Le printemps est représenté par une table chargée des fruits de la terre devant laquelle sont allongés Zéphyr et Flore. Le couple enivré de parfums témoigne du renouveau de la nature avec un fort accent de passion et de vie.

Pour représenter l'été, Mignard choisit « une immense plaine, toute dorée de blés mûrs, aux pieds de la statue de Cérès posée devant le trépied fumant des sacrifices ». La foule des moissonneurs porteurs d'offrandes florales s'active avec grâce.

Le tableau de l'automne présente Bacchus et Ariane assis sur un char tiré par des panthères et précédé d'un silène hilare et jouisseur. Quant à l'hiver, c'est le domaine du sombre Borée, « soufflant rageusement contre le soleil et la terre, la grêle, la neige, la tempête. Une mer déchaînée, à l'horizon, emportant des vaisseaux à leur perte. Vulcain, au premier plan, venait offrir à la terre le feu qui dissipe les frimas, réjouit et réconforte[2] ». Les murs sont également décorés de huit médaillons évoquant des scènes de la vie d'Apollon.

A l'extrémité du salon de Diane, deux derniers panneaux montrent Apollon sur le Parnasse, au milieu des muses en train d'inventer la musique. Cette galerie d'Apollon et les deux salons attenants, celui de Mars et celui de Diane, ont beaucoup étonné et séduit Louis XIV et la cour lors de leur visite à l'automne de 1678. Monsieur peut être fier de Mignard.

Saint-Cloud dans son ensemble est un petit bijou. Les jardins sont ouverts aux promeneurs. De nombreux habitants entrent au service des Orléans qui ne ménagent pas leur bienveillance à l'égard de la population. Le 5 avril 1688,

1. *Ibidem.*
2. Magne (E.), *op. cit.*, p. 133.

Monsieur fonde les prêtres de la mission rattachés à la chapelle du château, à savoir quatre prêtres et deux frères chargés des sacrements et de la conduite spirituelle de la maison de la charité de Saint-Cloud. Cette maison, appelée Hôpital de la charité, est instituée le 11 avril 1689. Son but : recevoir « les pauvres malades des deux sexes de Saint-Cloud ». L'hôpital est installé à Triel.

Monsieur ne se contente pas de son apanage et des augmentations régulières accordées par le roi[1]. Il étend, lui-même son patrimoine par achats. Le 16 octobre 1672, il achète à Condé « un pavillon avec deux ailes jointes » à Versailles, d'une valeur de 25 000 livres. Le 28 juin 1694, il acquiert de Marie-Anne de La Trémoille la terre et seigneurie de La Ferté-Milon, le fief de Charsy et la ferme de Marizy pour 90 000 livres.

Le 25 octobre 1695, Marie Aymedieu, veuve du trésorier général de la marine, Pierre de Saint-André, lui cède les fiefs et seigneurie de Villeneuve situés dans la paroisse de Garches les Saint-Cloud (57 000 livres). Le 16 septembre 1697, Françoise Béraud, veuve de Charles Colbert de Croissy, lui vend un grand hôtel à Versailles, rue des Récollets (20 000 livres). S'il achète, le prince n'hésite pas non plus à échanger et à vendre. Le 16 juillet 1699, Charles de Lorraine, prince de Commercy, lui accorde les domaines de Saint-Dizier, Chaumont et Vassy contre 10 556 livres de rentes à prendre sur les aides et les gabelles de France.

Parmi les cessions, retenons deux maisons à Colombes. La première est acquise par un conseiller au grand conseil le 29 juillet 1687 (24 000 livres). La seconde est la fameuse maison de la reine d'Angleterre, léguée par Charles II à Henriette. Monsieur l'a récupérée après la mort de son épouse. Elle est vendue 40 000 livres, le 20 mai 1698, à Joseph-Guillaume de La Vieuville, maître des requêtes.

1. En décembre 1679, Louis XIV lui fait encore don de la moitié de la seigneurie de Sèvres ; l'autre moitié appartient à Longueil.

Le train de vie de Monsieur, la construction de Saint-Cloud, les dons aux favoris et les dettes de jeu, nécessitent de copieux revenus. Officiellement, le prince dispose chaque année d'environ 1 300 000 livres. Soit 560 000 livres de pension royale pour lui, 252 000 livres pour son épouse, 150 000 livres attribuées à son fils et 260 000 livres de recettes de son apanage en droits de toute sorte, sur les aides, les offices locaux et autres ressources. C'est un minimum car il cède à des particuliers, moyennant une somme annuelle, des coupes de bois dans ses forêts et des taxes assises sur la navigation fluviale. Plus juteux sont les revenus des rentes qu'il possède sur les généralités du royaume et les grandes fermes d'impôts telles les aides et les gabelles de France. Mais, contrairement à Gaston d'Orléans, Monsieur n'obtient pas de gouvernement de province [1].

En réalité, son Altesse royale touche plus de deux millions de livres en espèces sonnantes chaque année. Les recettes et les dépenses sont, en principe, discutées dans les réunions du conseil du prince et doivent être parfaitement claires puisque les officiers comptables de l'apanage sont tenus de déposer leurs relevés à la chambre des comptes. Mais cela n'est pas exécuté. Comme le roi, Monsieur pratique largement les comptants, à savoir des billets signés de sa main ordonnant un paiement qui ne figure pas en détail dans les registres officiels. Si nous n'avons pas le montant de ces dépenses, l'inventaire de ses papiers nous en livre le nombre, 59 pièces en 1659, 17 en 1662, 15 en 1664. Puis le rythme s'accélère, 59 pièces en 1680, 57 en 1683. Restons-en là.

Les personnes affectées à la gestion des biens sont relativement peu nombreuses. Il y a d'abord le fameux Boisfranc qui est pendant environ vingt ans « surintendant des maisons, domaines et finances » de Monsieur. Vivant dans l'entourage des favoris, celui-ci en profite pour

1. Gaston avait obtenu le gouvernement du Languedoc.

s'assurer une belle fortune. Louis XIV s'en étonne et le surintendant doit répondre de son comportement devant la justice. Il est remplacé par un certain Doublet. D'autres personnages occupent la fonction à sa suite, ainsi le sieur Colmonlinet.

La question qui ne manque pas de surgir est de savoir si Philippe, compte tenu de sa légèreté, s'implique dans la gestion de son patrimoine. La réponse n'est pas facile. Au-delà de ses extravagances, il est un être sensible et profondément religieux. Plusieurs textes royaux lui confèrent une autorité nécessaire pour administrer les maladreries de l'apanage. Il entretient les bois et les forêts qui relèvent de lui, les rivières, les ponts et chaussées, les « Turcies et levées », c'est-à-dire les rives de la Loire. En 1679, avec autorisation royale, il entreprend le creusement du canal d'Orléans qui joint la Loire à Cépoix sur le Loing[1]. Dans le cadre féodal et seigneurial, il reçoit « la foi et hommage » des nobles vassaux pour les terres relevant de son autorité ducale, selon l'ordonnance de Moulins de février 1566[2].

Monsieur est contraint de s'occuper d'une affaire qui devient pour lui un casse-tête. Il s'agit de la succession de sa cousine, la Grande Mademoiselle, décédée le 5 avril 1693. Dans son testament olographe, rédigé à Choisy le 27 avril 1685, la princesse fait de lui son légataire universel. Le 6 avril, lendemain de sa mort, le testament est porté chez Claude Le Vasseur, notaire à Paris et le 21 avril, un acte de délivrance de legs est présenté au duc. Dès le 24 avril, commence l'inventaire après décès[3]. En fait, une énorme partie des biens est déjà attribuée. Saint-Fargeau appartient à Lauzun[4]. La principauté des Dombes et le

1. Les travaux durent six ans. L'exploitation sera affermée à des hommes d'affaires pour 30 000 livres de rentes annuelles. Un second canal sera construit le long de la rivière Ourcq.

2. AN 300 Ap I 748.

3. AN 300 Ap I 746.

4. Il le vend en 1714 au financier Croizat.

comté d'Eu ont été donnés au duc du Maine, fils de la Montespan, le 2 février 1681, pour obtenir la libération de Lauzun, toujours incarcéré à Pignerol [1]. Le testament donne le château de Choisy au Grand Dauphin. Quant à la moitié du palais du Luxembourg (aile est) dont elle a la jouissance depuis 1665, l'acte de partage avec sa belle-mère prévoit que « le Luxembourg ne pouvait être vendu afin qu'il retournât au roi ». Il n'y a donc pas de problèmes pour les grands châteaux et les principaux fiefs et seigneuries.

Les choses s'annoncent très compliquées pour les autres biens. La Grande Mademoiselle n'ayant pas d'héritiers directs, tout ce qu'elle a obtenu de sa mère, Marie de Montpensier, fait intervenir dans la succession une pléiade de grands seigneurs qui ont des intérêts [2].

De 1694 à 1696, Monsieur est aux prises avec de nombreuses transactions visant à régler au mieux les affaires de chacun. Le 20 mars 1694, d'Epernon, abbé de Notre-Dame du Tronchet, cède à Philippe tous ses droits contre « le délaissement... de la terre et seigneurie d'Argenson faisant partie de la succession ».

Héritière des Joyeuse, Bourbon et Montpensier, la princesse de Condé suit la même voie contre le versement de 26666 livres. Le 21 juin 1694, c'est au tour des La Trémoille qui abandonnent leurs droits successifs à Monsieur contre le duché, terres et seigneurie de Châtellerault et la vicomté de Brosse. Les frères La Tour d'Auvergne, le duc de Bouillon et le comte d'Auvergne ne sont pas en reste. Ils estiment qu'il leur est dû 176000 livres. Philippe constitue à leur profit 8800 livres de rentes rachetables. La lignée Guise, surtout, est fortement concernée. Le prince de Condé « se décharge de toute demande et prétentions moyennant la somme de 120000 livres ».

1. Lauzun sera libéré le 22 avril 1681.

2. Par sa mère, la princesse avait hérité des Bourbon-Montpensier, des Bourbon-Vendôme, des Gonzague de Mantoue, des Orléans, des Polignac, des Joyeuse, des Nogaret et autres familles.

Cet inventaire pourrait devenir fastidieux[1]. Outre les terres et seigneuries accordées, Monsieur règle, le plus souvent, les réclamations par l'attribution de rentes assises sur diverses sources de revenus des généralités du royaume et les grandes fermes d'impôts. Au total, ce qu'il obtient pour lui reste fort conséquent[2]. Mais il est impossible d'en établir honnêtement un catalogue crédible. Il n'y a pas lieu ici de faire la liste complète des mobiliers et des objets que Monsieur laisse en succession[3]. Mais compte tenu de sa personnalité, de son attachement aux belles choses, de son goût du clinquant dans son environnement quotidien, il est intéressant d'évoquer certaines pièces.

Les diamants arrivent en premier. Individuels, montés sur bagues ou fixés en chaînes, ils représentent une valeur de 1 297 570 livres. Si l'on ajoute les perles : 185 960 livres, les émeraudes : 33 000 livres, les parures de toutes pièces : 14 830 livres, l'ensemble monte à 1 567 510 livres. C'est l'équivalent de ce qui « revient de bon » au trésor royal pour l'impôt de la taille d'une généralité moyenne du royaume après le règlement des dépenses locales.

Une seconde passion du prince est la peinture. Monsieur possède dans ses diverses demeures environ 750 tableaux et miniatures. Certains sont signés par de grands maîtres italiens et hollandais. Cependant, la valeur de ces œuvres picturales atteint à peine 10 000 livres. Elle s'explique par plusieurs raisons. La plupart des toiles n'ont jamais été payées aux auteurs mais acquises gracieusement ou héritées. En second lieu, les tableaux échappent complètement à la spéculation que nous connaissons de nos jours. Les tentures de tapisserie, non comprises les

1. AN 300 Ap I 746 ; on trouve aussi le détail de ces tractations dans AN R4 281.

2. Notons le fameux diamant de Mademoiselle estimé à 130 000 livres en 1701.

3. Inventaire après décès de Monsieur, AN 300 Ap I 746 et 747

portières, au nombre d'environ trois cents sont estimées à 140 000 livres[1].

On a reproché à Philippe de s'être attardé devant les miroirs; il en possède au moins une centaine, de taille variable, valant plus de 10 000 livres. A cela, il faut ajouter les bibelots chinois et les objets en porcelaine (10 000 livres), la vaisselle d'or (35 000 livres) et d'argent (77 000 livres).

Contrairement à son oncle Gaston, Philippe n'est pas un grand lecteur ni un collectionneur de beaux livres. En revanche, Liselotte adore lire. C'est pour elle une nécessité dans sa vie quotidienne. Les 670 ouvrages recensés au Palais-Royal présentent un éventail de sujets extrêmement variés, bibles, livres traitant de la religion, livres d'histoire, récits de voyages, descriptions de pays étrangers, traités divers et un bon nombre de publications des XVIe et XVIIe siècles, comprenant des recueils de poésie, des pièces de théâtre et des œuvres romanesques. Curieusement, la part des précis de droit et ouvrages de théoriciens est extrêmement réduite. Outre le Palais-Royal, le gros de la bibliothèque se trouve à Saint-Cloud et à Versailles[2].

Même s'il est plus sensible au XVIIIe siècle, pour les Grands du royaume, l'endettement est bien présent au temps du Roi-Soleil. Lorsqu'il fera le bilan des sommes dues par son père, le futur régent ne sera probablement pas étonné. Le montant est assez copieux et la liste longue. On trouve 1 510 000 livres pour « l'excédent des dépenses de la Maison, gages des officiers et chambre des deniers » depuis 1695 à 1701. Ainsi, pour l'année 1700, Monsieur aurait dépensé 794 786 livres, au-delà de ses revenus. A cela s'ajoutent 584 335 livres de dettes particulières dont 248 335 livres pour « les bâtiments de Paris, Saint-Cloud et Montargis ».

---

1. Certaines fabriquées à Bruxelles valent plus de 10 000 livres la pièce.

2. L'ensemble représente deux catalogues de titres de 23 et 34 pages, montant à la somme globale de 15 826 livres tournois.

Cela veut dire que, pendant vingt ans, les entrepreneurs, les marchands et les vendeurs de terres de Saint-Cloud ont attendu d'être payés. Que pouvaient-ils faire quand le fautif est le frère du roi ? Le nouveau duc d'Orléans, fortement sollicité, souhaitera mettre un peu d'ordre dans ce micmac financier [1]. C'est ainsi qu'il mettra en vente, à la criée, une partie des diamants, pierreries et meubles de son père à partir du 29 mai 1702 [2]. Il en retirera un peu plus de 500 000 livres. Mais le prince ne pourra hypothéquer son propre train de vie et celui de sa mère [3].

Si ce bilan du patrimoine des Orléans est loin d'être exhaustif – il ne tient pas compte de Villers-Cotterêts et Montargis –, il témoigne de son importance. Il va continuer de se développer tout au long du XVIIIe siècle.

1. Monsieur doit en gros une année de ses revenus, ce qui n'est pas excessif.

2. AN KK 388.

3. A sa mort, Liselotte possède encore à l'hôtel de Longueville 52 chevaux et 7 carrosses.

4

LES DERNIÈRES ANNÉES DU PRINCE

Pendant les cinq dernières années de sa vie, Monsieur change peu. Faisant fi des peines et chagrins imprévisibles, l'Altesse royale, « frère unique du roi », affiche la même boulimie des plaisirs, se maintient dans son irrépressible frivolité, étale ses excentricités et s'emballe dans une multitude d'attachements affectifs contre nature. Pourtant, ces dispositions ne sont pas inutiles, elles animent la cour qui en a bien besoin.

Philippe pourrait apparaître comme un personnage hors du temps, sur lequel les événements ont peu de prise. Ce n'est pas toujours exact. Ce peut être vrai s'il est seul concerné, mais si une personne proche est touchée, il est capable de réaction violente. C'est le cas pour son fils le duc de Chartres, éloigné des campagnes militaires à partir de 1696, car il a déplu au roi. Monsieur mesure, avec impuissance, sa faible influence sur son frère.

Après Gaston d'Orléans et lui-même, tous deux valeureux à la guerre, le destin frappe Chartres qui ne demande qu'à combattre, qu'à mettre en valeur ses qualités de soldat, qu'à servir son pays. Maintenir en été le prince à Paris n'améliore pas ses relations avec son épouse. Leur mariage est un échec. La duchesse de Chartres est un personnage complexe, « fille de France jusque sur sa chaise percée », écrit Saint-Simon, mais que ses sœurs appellent « sac à vin ». Elle boit énormément, fume la pipe, prise du tabac et mange dans son lit.

De son côté, pour fuir cette « Madame Lucifer », son époux mène une vie de patachon qui entame sa santé. Louis XIV juge sévèrement le jeune libertin : « mon neveu est un fanfaron de crimes ».

Cette circonstance conduit Monsieur à réviser lentement son attitude à l'égard de son favori Lorraine. Il aime son fils, lui témoigne une infinie tendresse. Or, Lorraine est toujours impliqué avec le roi dans les événements qui ponctuent la vie de Chartres. Contre l'avis de Madame, il obtient l'adhésion de Philippe au mariage avec mademoiselle de Blois. Il a essayé de briser l'action pédagogique de Dubois. Il n'est pas absent dans l'ostracisme militaire qui frappe Chartres. Cette accumulation de faits prend peu à peu l'aspect d'une trahison et les sentiments du prince pour le favori s'émoussent, sans éclat, sans précipitation, sans regret, même si Lorraine « demeura toujours publiquement le maître » au Palais-Royal.

Les deux hommes sont engagés dans de nouvelles aventures sentimentales, chacun de leur côté. Son Altesse royale s'éprend d'un jeune gentilhomme du Poitou, « fort mince et fort pauvre », appelé La Carte. De charge en charge, au Palais-Royal, il monte à celle de premier gentilhomme de la chambre du prince et reçoit « beaucoup de grâces pécuniaires ». Monsieur l'adore, estime « qu'il n'avait plus de temps à perdre, qu'il emploierait tout » et dans sa précipitation, il veut marier l'impétrant en catimini. L'élue est une fille du duc de La Ferté « qui avait un peu rôti les balais et qui commençait à monter en graine ». Qu'importe pour le jeune étourdi qui devient marquis de La Ferté.

Le roi signe le contrat de mariage le 15 juillet 1698[1]. La cérémonie nuptiale se déroule à Saint-Cloud dans le faste. Le duc de Chartres, en personne, tend au nouveau favori sa chemise pour sa nuit de noces. Lorraine, qui est présent, ne témoigne pas la moindre jalousie. On raconte qu'il s'est marié avec une cousine, Béatrice de Lorraine, appelée mademoiselle de Lislebonne. Le chevalier l'a éduquée et en a fait une dame de cour. Saint-Simon ne la ménage pas: « Mlle de Lislebonne ne lui était pas inférieure et, sous un extérieur froid, indolent, paresseux, négligé, intérieurement dédaigneux, brûlait de la plus vaste ambition avec une hauteur démesurée mais qu'elle cachait sous une politesse distinguée et qu'elle ne laissait se déployer qu'à propos. »

En réalité, pour se réserver un bon avenir, Lorraine et Lislebonne jouent la carte du Dauphin : « tous les matins, il allait prendre du chocolat chez Mlle de Lislebonne ».

Si la guerre continue, sans que l'on semble prévoir sa fin, une faille est ouverte, chez les ennemis, par la défection de la Savoie qui signe une paix séparée en juin 1696. Bien entendu, en cette occasion, on parle mariage. Louis XIV veut unir son petit-fils, le duc de Bourgogne (14 ans), à la petite-fille de Monsieur, Marie-Adélaïde de Savoie (11 ans).

Liselotte est mécontente. Elle aurait souhaité que le prince épousât sa propre fille Elisabeth-Charlotte. Mais Monsieur est ravi. C'est un mariage d'enfants, comme on en connaît beaucoup. Bourgogne est un adolescent fragile, fluet, d'aspect maladif. Louis XIV est le seul à lui trouver « la bonne mine d'un fermier allemand ». Cette carence physique est rattrapée chez l'élève de Fénelon par des qualités intellectuelles et morales. Quant à la fillette, d'aucuns lui trouvent la finesse des traits de sa grand-mère Henriette d'Angleterre[2]. Compte tenu de

1. Le couple La Ferté était séparé. Le mari ne voulait pas le mariage, il dut l'accepter de force.

2. On disait d'elle qu'elle était une « vraie poupée ».

l'âge des époux, la petite princesse va grandir pendant un an à la cour de Versailles, avant son union, sous l'aile protectrice de la Maintenon qu'elle appelle « ma tante ».

Les noces ont lieu le 7 décembre 1697 dans une atmosphère de fêtes éblouissantes. Mais le mariage n'est pas consommé. Après avoir mis les jeunes époux au lit, on s'empresse de les en sortir pour les conduire dans leurs chambres respectives. Deux mois plus tôt, la paix est signée à Ryswick. L'une des clauses est la reconnaissance de l'indépendance du duché de Lorraine. Louis XIV veut s'attacher le duc, Léopold-Joseph-Charles. Quoi de plus simple que de lui offrir en justes noces une princesse française. La fille de Monsieur, Elisabeth-Charlotte, fait parfaitement l'affaire. A vingt et un ans, la jeune Liselotte souhaite prendre son envol, quitter sa mère dont la tendresse, de tout instant, lui paraît souvent pesante. Le mariage se déroule le 12 octobre 1698 par procuration à Fontainebleau. Louis XIV donne à sa nièce 900 000 livres, payables en trois versements, des diamants et un somptueux mobilier[1]. Les Orléans ajoutent 400 000 livres en argent et 30 000 livres en bijoux et joyaux. Le duc de Lorraine, aux prises avec de grandes difficultés, se contente d'un don de 120 000 livres en bijoux et de 100 000 livres annuelles pour le train de vie de son épouse. Monsieur ne sait pas que son futur petit-fils François deviendra empereur.

La présence du nouveau favori La Carte auprès de Monsieur semble bénéfique au rapprochement du couple Orléans. Bien entendu, il n'est pas question de la reprise d'une vie intime, mais Liselotte est devenue plus calme, plus accommodante à l'égard des faiblesses de son mari. L'aumônier de ce dernier, Zoccoli, qui pardonnait tout à son maître, est décédé. Il est remplacé par le père de La Bourdonnaye qui se montre vraiment choqué par la vie de Monsieur. Comme ses conseils spirituels ne sont pas écoutés, il préfère se retirer. Il est remplacé par le père du

1. AN K 543a.

Trévou qui est guère plus accommodant que le précédent et évoque sans cesse l'enfer aux oreilles du prince.

Le 13 septembre 1699, à Fontainebleau, Philippe a un malaise dû à un coup de sang. On le saigne et il se remet assez rapidement. Mais il présente une disposition à l'accident cardio-vasculaire. De nombreux courtisans lui font remarquer son embonpoint et la couleur rouge de son visage. Son confesseur lui demande de prendre « bien garde à lui, qu'il était vieux, usé de débauches, gras, court de col, et que, selon toute apparence, il mourrait d'apoplexie et bientôt ». Cela l'effraie quelques semaines. Le voilà devenu obéissant, il fait régulièrement ses prières et écoute du Trévou. Mais cela ne dure pas, car il est saisi par une tristesse étrangère à son tempérament.

Les Orléans ont la joie de recevoir à Paris le duc et la duchesse de Lorraine. Le couple s'entend à merveille mais il n'échappe pas à l'implacable douleur de perdre en bas âge son fils Charles en avril 1700. Un second enfant, une fille, disparaît aussi rapidement.

A l'automne 1700, se pose la question de la succession au trône d'Espagne. Le roi Charles II meurt le 1er novembre. Dans son testament, il faisait du duc d'Anjou, second fils du Grand Dauphin, son héritier. Louis XIV hésite trois jours, puis décide d'accepter la couronne pour son petit-fils. A dix-sept ans, « le duc d'Anjou a tout à fait l'air d'un roi d'Espagne ». Il devient Philippe V et fait ses adieux à la cour le 4 décembre 1700.

Cette décision française froisse l'Angleterre, les Provinces-Unies et l'empire qui avait un candidat en la personne de l'archiduc Charles, fils cadet de l'empereur Léopold Ier. Monsieur est mécontent du choix. Il fait valoir, en vain, qu'il est fils d'Anne d'Autriche et qu'il a un héritier en la personne de Chartres. Sa famille aurait fort bien pu accéder au trône. Il est clair que cela n'a jamais effleuré l'esprit de Louis XIV.

Au printemps 1701, des maux touchent plusieurs personnes. Le 19 mars, veille de Pâques, le Grand Dauphin qui, à son habitude, a mangé plus que de raison, à la table du roi, tombe raide d'une « apoplexie de sang ». La cour est fort inquiète durant plusieurs jours. Puis le prince se remet et promet de mettre un peu de raison dans ses excès de table. L'alerte a été chaude.

Madame se montre également souffrante depuis l'automne précédent. Elle est régulièrement saisie d'accès de fièvre, « doubles » et « tierces », dont elle a bien du mal à se débarrasser. En mai 1701, les Orléans quittent Versailles et s'installent à Saint-Cloud pour l'été, mais Liselotte n'y est guère mieux. Les médecins se succèdent auprès d'elle ; ils ne décèlent pas l'origine du mal, ce qui inquiète les proches. Sans doute envoyée par le roi, la jeune duchesse de Bourgogne lui rend plusieurs visites et le Grand Dauphin vient la voir le 21 mai sans s'attarder. De son côté, Monsieur semble se porter comme un charme mais c'est une facétie du destin.

Le pays se prépare à une nouvelle guerre liée à l'acceptation du testament de Charles II. Malgré l'irritation de Guillaume III d'Angleterre et de l'empereur Léopold Ier, la paix peut l'emporter. Or, par des mesures maladroites, Louis XIV provoque la formation de la Grande Alliance entre l'Angleterre, les Provinces-Unies, l'empereur et la plupart des princes allemands, auxquels se joignent, peu après, le Portugal et la Savoie. Seul, l'électeur de Bavière reste fidèle à la France.

Alors qu'on prépare à Versailles le dispositif militaire de défense et que la course aux commandements s'engage en coulisse, rien n'est prévu pour Chartres, tant l'irritation du roi à son égard devient irraisonnée au fil des mois. Une chose est sûre. Monsieur est mécontent, et c'est peu dire, du comportement du roi envers son fils. La cour est à Marly. Philippe s'y rend le 8 juin pour dîner (déjeuner), laissant Madame à Saint-Cloud. Selon son habitude, il attend la fin de la réunion du conseil et se retrouve en tête-à-tête avec son frère. D'emblée, Louis XIV s'en prend à Chartres et dénonce une fois de plus son attitude inqualifiable à l'encontre de son épouse. La conversation s'engage sous de mauvais auspices. Monsieur réplique que « les pères qui ont mené de certaines vies ont peu de grâce et d'autorité à reprendre leurs enfants ». C'est une pierre dans le jardin du roi. Le ton monte, les reproches fusent, les deux hommes ont du mal à contrôler leurs paroles. Les éclats de voix sont si violents qu'ils sont perçus en dehors de la salle. La menace perce dans les propos du roi : « La guerre m'obligera bientôt à plusieurs retranchements. Puisque vous vous montrez si peu complaisant à mes volontés, je commencerai par ceux de vos pensions ».

Sur ce, le repas est annoncé et tout le monde passe à table. Les courtisans remarquent la colère rentrée de son Altesse royale et son teint « d'un rouge enflammé ». Des dames pensent à voix haute « que Monsieur à le voir avait grand besoin d'être saigné ». Philippe n'en a cure et s'attaque à tous les mets avec voracité. Dans l'après-midi, il va voir le roi d'Angleterre à Saint-Germain, puis rentre à Saint-Cloud en fin de journée. Le souper réunit une joyeuse compagnie et le prince s'adonne à nouveau à satisfaire une véritable boulimie.

Au cours du repas, alors qu'il sert une liqueur à la duchesse de Bouillon, il est pris d'un malaise et tombe sur l'épaule de Chartres assis à son côté droit. Tout laisse penser qu'il s'agit d'une crise d'apoplexie. Aussitôt, « on l'emporta dans le fond de l'appartement, on le secoua, on le promena, on le saigna beaucoup, on lui donna force émétiques sans en tirer presque aucun signe de vie ».

Prévenue par madame de Ventadour, Liselotte, demeurée dans sa chambre, accourt. A Marly, le roi est prévenu une première fois mais n'estime pas nécessaire de se rendre à Saint-Cloud. Vers une heure du matin, un second courrier apporte des nouvelles désespérées. Louis XIV et de nombreux courtisans rejoignent Saint-Cloud, entassés dans les carrosses « sans choix et sans façons ». En attendant, le père du Trévou essaie de maintenir le prince en vie : « Monsieur, ne connaissez-vous pas votre confesseur ? Ne connaissez-vous pas le bon petit père du Trévou qui vous parle ? » Les accents angoissés de celui-ci, les intonations de voix chargées d'émotion mêlent chez les assistants larmes et sourires badins.

L'arrivée du roi calme l'excitation ambiante et impose la gravité. La peine de Louis XIV, non feinte, marque ses traits. Incontrôlable, Madame est renvoyée dans son cabinet. C'est là qu'elle aurait prononcé, consciente qu'elle est presque veuve, le fameux mot : « point de couvent, qu'on ne me parle point de couvent ». Dans son désarroi, elle crie sa crainte de voir la vengeance du roi et de la Maintenon s'abattre sur elle et sur son fils.

Après avoir participé à une messe dans la chapelle, le roi, le Grand Dauphin, la Maintenon et la duchesse de Bourgogne, suivis de la plupart des courtisans, retournent à Marly. Ce 9 juin, vers midi, Monsieur décède dans ce château qu'il aimait tant et qui fut sans doute la plus belle réussite de sa vie. Dans l'après-midi, Madame rentre à Versailles avec son fils et sa belle-fille après avoir, selon certaines sources, détruit un grand nombre de lettres compromettantes, écrites par les favoris [1]. Peu après, elle aurait informé sa tante : « Si l'on peut savoir dans l'autre monde ce qui se passe dans celui-ci, feu Monsieur serait fort content de moi. »

A Marly, le roi qui n'a rien changé à son emploi du temps reconnaît : « Je ne saurais m'accoutumer à songer que je ne verrai plus mon frère. » Cela ne l'empêche pas le lendemain de faire dire par son petit-fils Bourgogne : « Le roi ne veut pas qu'on s'ennuie à Marly. » Le Grand Dauphin ne se fait pas prier et s'empresse d'aller chasser le loup.

A Versailles, Madame, qui a vu par miracle sa fièvre disparaître, est inquiète pour son avenir. Elle sait qu'elle

1. Selon d'autres sources, elles n'auraient été ouvertes que le 12, en présence du roi et de Pontchartrain.

n'échappera pas à une explication avec madame de Maintenon. C'est dans l'ordre des choses, tant les ressentiments sont forts des deux côtés. L'entrevue est préparée par le duc de Noailles. Elle est mouvementée. L'épouse secrète du roi n'a pas digéré les allusions peu flatteuses à son égard, contenues dans la correspondance de Madame. Elle le fait savoir sans profiter de sa position privilégiée. Le roi n'aurait pas accepté une trop grande humiliation de la veuve de son frère. D'ailleurs, il souhaite une réconciliation personnelle. Louis XIV ferme les yeux sur le passé et apporte sa protection aux victimes d'un décès aussi brutal. Madame laisse parler son cœur : « Si je ne vous avais pas aimé, je n'aurais pas tant haï Mme de Maintenon, croyant qu'elle m'ôtait vos grâces. » Ultime aveu dans des circonstances tragiques mais qu'un homme de soixante-trois ans, fut-il roi, ne peut balayer d'un revers de main. Touché, Louis l'embrasse avec compassion. C'est de bon augure.

Vient l'ouverture du testament de Monsieur, rédigé le 11 avril 1699 à Saint-Cloud et déposé après sa mort, le 14 juin, chez le notaire parisien Bellanger, habilité à en dévoiler le contenu[1]. Il ne révèle aucune surprise. Le duc de Chartres est légataire universel. Parmi les clauses subsidiaires, Monsieur souhaite reposer à Saint-Denis, que son cœur soit conservé au Val-de-Grâce et qu'il soit dit 6000 messes pour le repos de son âme. Il donne à Chartres « ses biens, meubles, diamants, pierreries, terres, seigneuries, domaines et autorités immeubles ». Si celui-ci a deux enfants, le second aura à sa mort le duché de Montpensier et le comté de Beaujolais[2]. Il veut que ses dettes soient payées sur son inventaire. Il remet à sa petite-fille, la duchesse de Bourgogne, le fameux diamant qui vient du cardinal de Richelieu. Quant au gros diamant, provenant de la Grande Mademoiselle, il revient à

1. AN 300 Ap I 115. Ouvert en présence du roi.
2. Hérités de la Grande Mademoiselle.

sa fille Anne, duchesse de Savoie. Il donne 6 000 livres au Val-de-Grâce, 10 000 livres à l'hôpital de Saint-Cloud. Monsieur n'oublie pas sa fille Elisabeth-Charlotte qui reçoit « la principauté de Joinville et les terres rattachées ».

Toutes ces dispositions ne comportent pas de difficultés dans leur exécution. Alors que Madame s'enferme dans un deuil de quarante jours, Chartres devient duc d'Orléans et récupère l'apanage de son père [1]. Le 22 juin 1701, un brevet royal lui accorde une pension de 660 000 livres [2]. Manifestement, Louis XIV oublie ses griefs contre son neveu. Il reste à assurer les funérailles. Le 14 juin, le cœur du prince est déposé au Val-de-Grâce près de celui de sa mère. Son corps est porté à Saint-Denis le 20, accompagné par un grand nombre d'habitants de Saint-Cloud. En octobre 1793, ses restes seront jetés dans la fosse commune par les Sans-Culottes, aux côtés de ceux d'Henriette et de la Palatine [3].

1. Lorraine conserva son appartement au Palais-Royal mais ne reçut plus d'argent. Il mourut lui aussi d'apoplexie le 7 décembre 1702.

2. AN K 543b (56) et (60). Son fils Louis, né en août 1703, duc de Chartres, obtiendra une pension de 150 000 livres.

3. Cette dernière, autorisée à vivre à Versailles, mourra le 8 décembre 1722 après le sacre de Louis XV à Reims.

Épilogue

« VOIR ENTRER DES COURONNES DANS VOTRE MAISON »

Lorsqu'il complimente ainsi Monsieur, Bussy-Rabutin, fin courtisan, ne sait pas qu'il exagère à peine. Et il insiste, souhaitant voir un jour « l'Europe partagée entre le roi et vous ». Le vœu pieux et naturel devient porteur d'une indéniable réalité dans son devenir historique. Alors que, du côté royal, seul Philippe d'Anjou franchit une frontière pour s'installer, en 1700, sur le trône espagnol, les Orléans, eux, sont comblés dans deux directions.

D'abord, par leurs unions, les filles du prince vont lui donner une extraordinaire postérité sur plusieurs trônes européens, en Espagne, en Allemagne et en Italie.

En second lieu, la Maison des Bourbon-Orléans a la chance d'avoir des descendants mâles à chaque génération et accède au trône de France entre 1830 et 1848 avec Louis-Philippe Ier.

Au départ, on rencontre la malchance. Marie-Louise, fille aînée d'Henriette, femme de Charles II d'Espagne, décède prématurément sans enfant. Mais sa nièce, Marie-Louise de Savoie, s'unit à Philippe V d'Espagne. Une fille du régent, Louise-Elisabeth, convole également avec un souverain d'au-delà des Pyrénées, Louis Ier. Une autre fille, Charlotte-Aglaé, se marie avec François d'Este, duc de Modène, et son fils Louis d'Orléans fait alliance avec Augusta-Marie Jeanne de Bade.

La branche de Savoie ne se contente pas du trône espagnol. La fille aînée, Marie-Adélaïde, épouse le duc de Bourgogne. Elle est la mère de Louis XV. D'elle descendent, entre autres, Louis XVI, Louis XVIII et Charles X.

Du côté de la Lorraine, la descendance est tout aussi glorieuse. Elisabeth-Charlotte donne naissance en 1708 au futur empereur François Ier, fondateur des Habsbourg-Lorraine; parmi ses enfants, les empereurs Joseph II et Léopold et l'archiduchesse Marie-Antoinette, future reine de France et arrière-petite-fille de Philippe d'Orléans. En allant plus loin, il faudrait citer aussi Marie-Louise et le petit roi de Rome (fils de Napoléon 1er) ainsi que François-Joseph d'Autriche.

En Italie, la duchesse de Parme, petite-fille de Marie-Adélaïde de Savoie, apporte le sang des Orléans dans les veines des Bourbon-Parme et la mère du premier roi d'Italie, Victor-Emmanuel, est une Habsbourg-Lorraine. On pourrait compléter la liste avec des rois belges à partir de Léopold II, des rois bulgares (Ferdinand) et bien d'autres. Ce n'est pas nécessaire.

La seconde direction, où la succession de Monsieur s'est révélée positive, est, bien sûr, la constitution de la branche cadette de la Maison de France: les Bourbon-Orléans. Tout au long du XVIIIe siècle et dans la première moitié du XIXe, la famille se développe et forge sa destinée. Philippe de Chartres, devenu duc d'Orléans, assure la régence à la mort de Louis XIV (1715-1723). Personnage jouisseur, noceur, épris de frivolités et pétri de vices, il n'a pas laissé un excellent souvenir.

Les trois chefs du lignage qui se succèdent au siècle des

Lumières, présentent des personnalités antinomiques. Louis le pieux (1703-1752), fils du régent, apparaît comme un saint, séjournant régulièrement dans des abbayes. Sa vie vertueuse tranche avec le scepticisme général qui semble être la sève de la famille. Son fils, Louis-Philippe le gros (1725-1785), se présente comme un personnage d'apparence vulgaire, agnostique, mais animé d'une grande bonté et d'une simplicité fort louable. Marié tôt à Henriette de Bourbon-Conti, une pétulante beauté peu fidèle : « Elle avait foulé au pied la foi conjugale. Le scandale de sa vie frappait de stupeur ses contemporains qui n'étaient pourtant pas très rigoristes en matière de mœurs. »

Arrive ensuite Louis-Philippe II (1747-1793), futur Philippe Egalité, député qui finit guillotiné. Le 2 octobre 1773 naît Louis-Philippe, duc de Valois. Duc d'Orléans en 1793, il mène une vie aventureuse sous la Révolution et l'Empire, traverse habilement la Restauration et devient « roi des Français » en 1830.

En un peu plus d'un siècle, les descendants du frère de Louis XIV ont assuré une régence et conquis momentanément le trône. Cette branche française s'est perpétuée jusqu'à nos jours. Ainsi, Philippe d'Orléans, qui « n'avait pas le goût des femmes », peut, par ses héritiers collatéraux successifs, être appelé le grand-père de l'Europe monarchique.

ANNEXES

Chronologie

1640: 21 septembre, naissance de Philippe d'Anjou, futur duc d'Orléans.

1643: 14 mai, mort de Louis XIII, Louis XIV roi de France. Mazarin principal ministre.

1644: 26 juin, naissance d'Henriette-Anne, fille de Charles Ier d'Angleterre.

1648: juin-juillet, chambre Saint-Louis, début de la Fronde.

1652: 27 mai, naissance d'Elisabeth-Charlotte, fille de l'électeur palatin Charles-Louis.
21 octobre, retour du roi et de la cour à Paris.

1660: 31 mars, mariage de Monsieur et d'Henriette-Anne d'Angleterre.

1662: 27 mars, naissance de Marie-Louise d'Orléans, fille de Monsieur, future reine d'Espagne.

1666: 20 janvier: mort d'Anne d'Autriche.

1669: 23 août: naissance d'Anne-Marie d'Orléans, fille de Monsieur, future duchesse de Savoie.

1670 : 30 juin, mort de Madame, Henriette-Anne.

1671 : 16 novembre, remariage de Monsieur avec Elisabeth-Charlotte, fille de l'électeur palatin.

1672 : février, retour du chevalier de Lorraine auprès de Monsieur.

1672-1679 : guerre de Hollande, Monsieur y participe.

1674 : été, dévastation du Palatinat.
2 août, naissance du duc de Chartres, futur régent.

1676 : 13 septembre, naissance d'Elisabeth-Charlotte, Mademoiselle, fille de Monsieur.
5 octobre, baptême à Saint-Cloud du duc de Chartres et de sa sœur.

1677 : 11 avril, Monsieur est vainqueur à Cassel.

1679 : 31 août, mariage de Marie-Louise d'Orléans avec Charles II d'Espagne.

1680 : 7 mars, mariage du Dauphin et de Marie-Anne de Bavière.
28 août, mort de l'électeur palatin, père de Madame.

1682 : 6 mai, la cour s'installe à Versailles.

1683 : 30 juillet, mort de la reine Marie-Thérèse.

1685 : mai, mort de l'électeur palatin, frère de Madame. Affaire de succession du Palatinat.
18 octobre, édit de Fontainebleau révoquant l'édit de Nantes.

1686 : juillet, formation de la ligue d'Augsbourg.

1688-1689 : début de la guerre de la ligue d'Augsbourg, le Palatinat est dévasté sur ordre de Louvois.

1689 : janvier, Jacques II d'Angleterre, beau-frère de Monsieur, chassé par Guillaume III.

1690 : 20 avril, mort de la Dauphine Marie-Anne.

1691-1692 : Monsieur et son fils Chartres participent à la guerre en Flandre.

1692 : 18 février, mariage de Chartres et de Mlle de Blois, fille du roi et de la Montespan.

1693: Monsieur commandant sur toutes les côtes en l'absence du roi.

1697: 30 octobre, signature du traité de Ryswick, fin de la guerre de la ligue d'Augsbourg.

7 décembre, mariage du duc de Bourgogne, petit-fils de Louis XIV, et de Marie-Adélaïde de Savoie, petite-fille de Monsieur.

1698: 13 octobre, mariage de Mademoiselle (Elisabeth-Charlotte) avec le duc de Lorraine.

1700: 16 novembre, le duc d'Anjou proclamé roi d'Espagne.

1701: 9 juin, mort de Philippe d'Orléans à Saint-Cloud.

Tableaux généalogiques

LES BOURBONS

Louis XIII (1601-1643)
épouse (1615)
Anne d'Autriche (1601-1666)

- Louis XIV
  (1638-1715)
  épouse (1660)
  Marie-Thérèse d'Autriche
  (1638-1683)
  - Louis Grand Dauphin
    (1661-1711)
    épouse (1680)
    Marie-Anne-Christine de Bavière
    - Louis
      duc de Bourgogne
      (1682-1712)
      épouse
      Marie-Adélaïde de Savoie
      - Louis
        duc de
        Bretagne
        (1707-1712)
      - Louis XV
        (1710-1774)
        épouse
        Marie
        Leszczynska
    - Philippe
      duc d'Anjou
      puis roi d'Espagne
      (1683-1746)
      épouse
      ① Marie-Louise de Savoie
      ② Elisabeth Farnèse
      - cinq enfants mâles
    - Charles
      duc de Berry
      (1686-1714)
      épouse
      Élisabeth
      d'Orléans

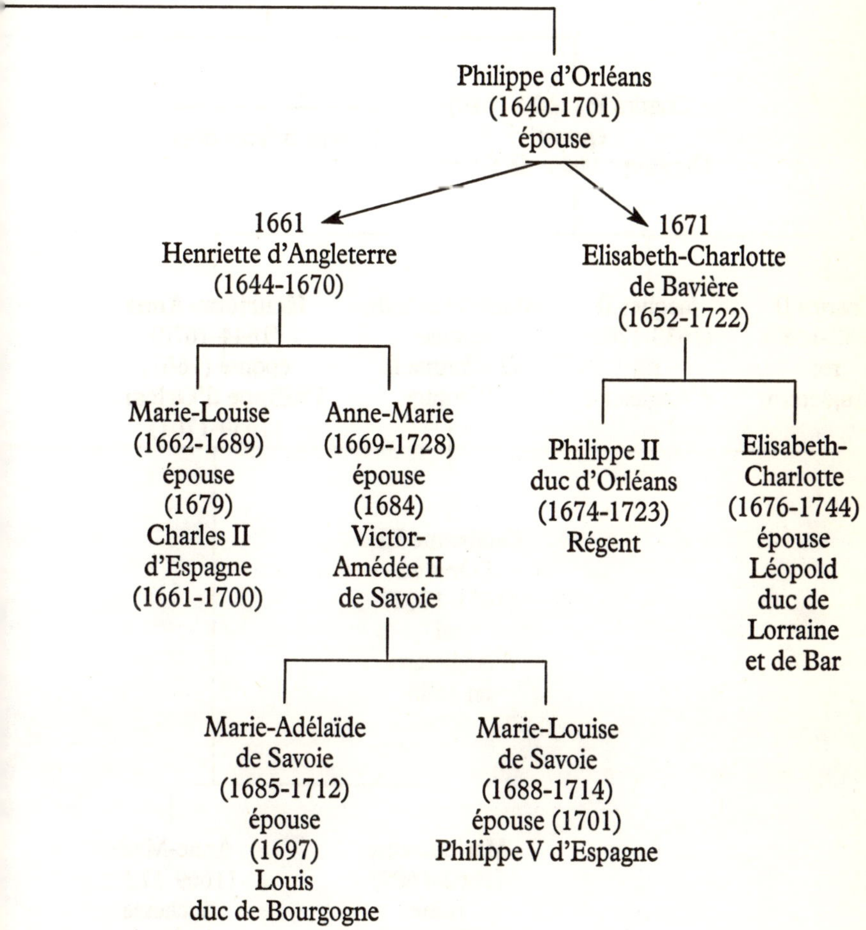
Philippe d'Orléans
(1640-1701)
épouse
1661
Henriette d'Angleterre
(1644-1670)
1671
Elisabeth-Charlotte
de Bavière
(1652-1722)
Marie-Louise
(1662-1689)
épouse
(1679)
Charles II
d'Espagne
(1661-1700)
Anne-Marie
(1669-1728)
épouse
(1684)
Victor-
Amédée II
de Savoie
Philippe II
duc d'Orléans
(1674-1723)
Régent
Elisabeth-
Charlotte
(1676-1744)
épouse
Léopold
duc de
Lorraine
et de Bar
Marie-Adélaïde
de Savoie
(1685-1712)
épouse
(1697)
Louis
duc de Bourgogne
Marie-Louise
de Savoie
(1688-1714)
épouse (1701)
Philippe V d'Espagne

LES ÉPOUSES DE MONSIEUR

- Jacques Ier Stuart (1566-1625) épouse Anne de Danemark
  - Charles Ier (1600-1649) épouse Henriette-Marie de France
    - Sept enfants dont
      - Charles II (1630-1685) roi d'Angleterre
      - Jacques II (1633-1701) roi d'Angleterre
      - Marie-Henriette épouse Guillaume II d'Orange
        - Guillaume III d'Orange (1651-1702) roi d'Angleterre en 1688
      - **Henriette-Anne** (1644-1670) épouse (1661) **Philippe d'Orléans** (1640-1701)
        - Marie-Louise (1662-1689) reine d'Espagne
        - Anne-Marie (1669-1728) duchesse de Savoie

Elisabeth
épouse
Frédéric V
roi de Bohême de 1619 à 1621

Rupert

Edouard

Charles-Louis
Electeur palatin
(1617-1680)
épouse
Charlotte de Hesse-Cassel

Sophie
duchesse de Hanovre

Louise
abbesse de Maubuisson

Elisabeth
abbesse de Hervord

Charles
Electeur palatin
(1651-1685)

Elisabeth-Charlotte
(1652-1722)
épouse (1671)
Philippe d'Orléans

Philippe
(1674-1723)
Régent
(1715-1723)

Elisabeth-Charlotte
(1676-1744)
épouse (1698)
Léopold duc
de Lorraine et de Bar

LA FAMILLE D'ORLÉANS SIMPLIFIÉE

Philippe Ier d'Orléans (1640-1701)
et
Elisabeth-Charlotte de Bavière (1652-1722)

Huit enfants dont

Philippe II (1674-1723)
duc d'Orléans - Régent
et
Françoise-Marie de Bourbon (1677-1749)
Mlle de Blois

Louis Ier duc d'Orléans
(1703-1752)
et
Augusta-Marie-Jeanne de Bade
(1704-1726)

Louis-Philippe Ier (1725-1785)
duc d'Orléans
et
1) Louise fille du prince de Conti
(1726-1759)
2) la marquise de Montesson
(1737-1806)

Louis-Philippe II (1747-1793)
duc d'Orléans (1785) - Philippe Egalité
et
Adélaïde de Bourbon (1753-1821)

Louis-Philippe III (1773-1850)
duc d'Orléans en 1793
roi des Français en 1830 - abdique en 1848
(Louis-Philippe Ier)
et
Marie-Amélie, fille de Ferdinand
roi des Deux-Siciles (1782-1856)

neuf enfants

LA FAMILLE DE SAVOIE SIMPLIFIÉE

Philippe, duc d'Orléans
(1640-1701)
et
Henriette Stuart,
princesse d'Angleterre.

2e fille : Anne-Marie
(1669-1728)
épouse (1684)
Victor-Amédée II, duc de
Savoie (1666-1732).

Marie-Adélaïde
(1685-1712)
épouse (1697) Louis,
duc de Bourgogne
(1682-1712).

Louis XV (1710-1774)
roi de France
épouse
Marie Leszczynska
(1703-1768).

2 filles

Louis
Dauphin
(1729-1765)
épouse :
1) Marie-Thérèse d'Espagne ;
2) Marie-Josèphe de Saxe.

4 filles

Louis XVI
(1754-1793)
roi de France
épouse
Marie-Antoinette
d'Autriche
(1755-1793).

Louis XVIII
roi de France
(1755-1824)
épouse
Marie-Joséphine
de Savoie ;
roi en 1815.

Charles X
roi de France
(1757-1836)
épouse en 1773
Marie-Thérèse
de Savoie.

2 filles

Marie-Louise
(1688-1711)
épouse en 1701
Philippe V d'Espagne
(1683-1746).

Louis Ier
(1707-1724)
roi d'Espagne
épouse en 1722
Louise-Elisabeth
d'Orléans
† 1742.

Victor-Amédée
(1699-1715)
prince de Piémont.

Ferdinand V
(1712-1759)
roi d'Espagne
en 1746
† sans enfant.

Charles-Emmanuel III
(1701-1773),
duc de Savoie
et roi de Sardaigne (1730),
épouse :
1) Anne Christine de Neubourg
(1722) † 1723 ;
2) Polixène de Hesse-Rothembourg
(1724) † 1735 ;
3) Elisabeth-Thérèse de Lorraine
(1737) † 1741.

Victor-Amédée III (1726-1796),
roi de Sardaigne,
épouse (1750)
Marie-Antoinette, fille de
Philippe V roi d'Espagne (1729-1785)

neuf enfants, dont :

Charles Emmanuel IV (1751-1819), roi de Sardaigne abdique en 1802, épouse (1775) Marie-Clotilde sœur de Louis XVI (1759-1802).

Marie-Joséphine (1753-1810), épouse (1771) Louis, comte de Provence. Futur Louis XVIII † 1824.

Marie-Thérèse (1751-1805), épouse (1773) Charles, comte d'Artois. Futur Charles X.

Victor-Emmanuel Ier (1759-1824), épouse (1789) Marie-Thérèse de Modène (1773-1832).

LA FAMILLE DE LORRAINE SIMPLIFIÉE

Philippe d'Orléans (1640-1701) +

Philippe duc de Chartres
Régent.

Joseph II (1741-1790),
empereur (1765),
épouse :
1) Marie-Isabelle, fille
du duc de Parme (1741-1763) ;
2) Marie-Josèphe de Bavière
(1734-1767).

Léopold II (1747-1792),
empereur (1790),
épouse (1765)
Marie-Louise,
fille de Charles III,
roi d'Espagne
(1745-1792)

François II (1768-1835), empereur (1792-1804) + 3 enfants
puis empereur d'Autriche, épouse :
1) Elisabeth de Wurtemberg (1767-1790) ;
2) Marie-Thérèse de Bourbon-Siciles (1772-1807) ;
3) Marie-Louise d'Autriche-Modène (1787-1816) ;
4) Charlotte de Bavière.

Du second mariage :

Marie Louise, impératrice de France (1791-1847),
seconde épouse de Napoléon Ier.

Elisabeth-Charlotte de Bavière

Elisabeth-Charlotte (1676-1744)
épouse en 1698
Léopold, duc de Lorraine (1679-1729)

quatre enfants dont:

François III, duc de Lorraine (1708-1765)
empereur sous le nom de François Ier (1745),
épouse (1736) Marie-Thérèse d'Autriche,
reine de Bohême et de Hongrie (1717-1780)

Onze enfants dont:

Marie-Caroline
(1752-1814)
épouse (1768)
Ferdinand Ier
roi des Deux-Siciles
(1751-1825).

Maison de Bourbon-Deux-Siciles

Ferdinand
(1754-1806)
épouse (1771)
Marie-Béatrice
de Modène.

Maison d'Autriche-Modène

Marie-Antoinette
(1755-1793),
reine de France,
épouse (1770)
Louis XVI,
roi de France.

Ferdinand III (1769-1824), grand-duc de Toscane

donne les rois
de Sardaigne et d'Italie

Victor-Emmanuel II (1820-1878);

Humbert Ier (1844-1900);

Victor-Emmanuel III (1869-1947);

Humbert II.

Bibliographie

Sources manuscrites

A/ Archives nationales: Archives de la Maison de France, branche d'Orléans: 300 Ap I (fonds de Dreux).

– 300 Ap I 115, 122, 188, 746, 747, 748, 750, 751.

– entre autres:

  – 300 Ap I 115: papiers personnels de Philippe d'Orléans.
  – 300 Ap I 746: inventaire après décès de Monsieur.
  – 300 Ap I 750: inventaire après décès d'Henriette.
  – 300 Ap I 751: inventaire après décès de la Palatine.

B/ Archives nationales: autres séries

– Série K: « princes du sang ».

  – K 541, 542, 543a (3.19.38), 543b (56.60.64): contrats de mariages et brevets de pension.

– Série KK:

  – 388: procès-verbal de la vente des diamants et pierreries de Monsieur.

– Série P : 1846, Philippe d'Orléans.
– Série R4 : 281 à 304 : nombreux documents sur le Palais-Royal. 999 : papiers de Philippe d'Orléans.
– Série V4 : 1511-1514 : comptes de Davoust, trésorier de Madame (1672-1710).
– Série Y : 119, 3002, 3394.

C/ **Archives nationales** : Minutier central des notaires
Très nombreux actes dans plusieurs études : achats, ventes, échanges, contrats avec entrepreneurs.

D/ **Archives des affaires étrangères :**
Documents dans les fonds : correspondance politique et mémoires et documents.

E/ **Bibliothèque nationale** :
De nombreux documents dans les diverses collections : manuscrits français, collection Baluze, cinq cents de Colbert, mélanges Colbert, collection Clairambault.

F/ **Bibliothèques** : Arsenal, Institut et Mazarine
Quelques documents.

Sources imprimées : Mémoires, journaux, correspondance

BUSSY-RABUTIN (comte de), *Histoire amoureuse des Gaules*, Ed. Adam, Paris, 1983.

CAYLUS (comtesse de), *Souvenirs de Mme de Caylus*, Mercure de France, Paris, 1965.

CHOISY (abbé de), *Mémoires pour servir à l'histoire de Louis XIV*, Mercure de France, Paris, 1966.

COSNAC (Daniel de), *Mémoires*, Paris, 1852.

DANGEAU (marquis de), *Journal (1684-1720)*, Paris, 1854-1860, 19 volumes.

DUBUISSON-AUBENAY, *Journal des guerres civiles*, Ed. Saige, H. Champion, 1885.

DUCLOS, *Mémoires secrets des règnes de Louis XIV et de Louis XV*, Ed. Michaud et Poujoulat, tome 34.

HÉBERT (F.), *Mémoires,* Ed. de France, Paris, 1927.

LA FAYETTE (comtesse de), *Histoire de Madame Henriette d'Angleterre* suivie de *Mémoires de la cour de France pour les années 1688 et 1689,* Ed. Signaux, Paris, 1965.

LA PORTE (Pierre), *Mémoires,* Paris, 1866.

LA ROCHEFOUCAULD (François de), *Œuvres complètes,* Bibl. de la Pléiade, Paris, 1964.

MANCINI (Hortense et Marie), *Mémoires,* Paris, 1965.

MOLÉ (Mathieu), *Mémoires,* Ed. Champollion-Figeac, Paris, 1855-1857, 4 volumes.

MONTPENSIER (Mlle de), *Mémoires,* Ed. Bouyer, Paris, 1985.

MOTTEVILLE (Françoise-Langlois de), *Mémoires,* Paris, 1847.

ORMESSON (Olivier Lefèvre d'), *Journal,* Paris, 1860-1861, 2 volumes.

LA PALATINE, *Lettres de Madame, duchesse d'Orléans,* Ed. Amiel, Paris, 1981.

PATIN (Guy), *Lettres,* Paris, 1846.

PRIMI VISCONTI (Jean Baptiste), *Mémoires sur la cour de Louis XIV,* Paris, 1908.

RETZ (cardinal de), *Mémoires,* Ed. Champollion-Figeac, Paris, 1859.

SAINT-SIMON (duc de), *Mémoires,* Bibl. de la Pléiade, Paris, 1953-1961, 7 volumes.

SÉVIGNÉ (marquise de), *Correspondance,* Bibl. de la Pléiade, Paris, 1972-1978, 3 volumes.

SOURCHES (marquis de), *Mémoires du marquis de Sourches sur le règne de Louis XIV,* Paris, 1882-1893, 13 volumes.

SPANHEIM (Ezechiel), *Relation de la cour de France en 1690,* Paris, 1973.

TALLEMANT DES RÉAUX (Gédéon), *Historiettes,* Ed. Adam, Bibl. de la Pléiade, Paris, 1960-1961, 2 volumes.

VALLOT, D'AQUIN et FAGON, *Journal de la santé du roi, de l'année 1647 à l'année 1711,* Paris, 1862.

Quelques ouvrages contemporains

BARINE (A.), *Madame, mère du régent*, Paris, 1909.
BERCE (Y.-M.), *La naissance dramatique de l'absolutisme*, Paris, 1992.
BLUCHE (F.), *Louis XIV*, Paris, 1986.
BOUYER (C.), *La Grande Mademoiselle*, Albin Michel, Paris, 1986.
Gaston d'Orléans, Albin Michel, Paris, 1999.
La duchesse de Chevreuse, Pygmalion, Paris, 2002.
CHANDERNAGOR (F.), *L'allée du roi*, Paris, 1982.
CHEVALLIER (P.), *Louis XIII*, Paris, 1987.
CORVISIER (A.), *La France de Louis XIV*, Paris, 1979.
DELACOMPTÉE (J.-M.), *Madame, la cour, la mort*, Paris, 1992.
DUCHÊNES (J.), *Bussy-Rabutin*, Paris, 1994.
Henriette d'Angleterre, duchesse d'Orléans, Paris, 1995.
Madame l'étrangère, la princesse palatine, Paris, 2001.
DUPUY (M.), *Henriette de France, reine d'Angleterre*, Paris, 1994.
ERLANGER (Ph.), *Monsieur, frère de Louis XIV*, Paris, 1953, réédition 1998.
GOUBERT (P.), *Mazarin*, Paris, 1990.
LA BATUT (Guy de), *La cour de Monsieur, frère de Louis XIV*, Paris, 1927.
LAIR (J.), *Louise de La Vallière et la jeunesse de Louis XIV*, Paris, 1907.
LEBIGRE (A.), *La princesse palatine*, Paris, 1986.
LE ROY LADURIE (E.), *L'Ancien Régime*, tome 1, Paris, 1993.
LUTAUD (O.), *Les deux révolutions d'Angleterre*, Paris, 1978.
MAGNE (E.), *Le château de Saint-Cloud*, Paris.
MÉTHIVIER (H.), *Le siècle de Louis XIV*, Paris, 1962.
MILLER (J.), *Charles II*, Londres, 1991.
PERNOT (M.), *La Fronde*, Paris, 1994.
PETITFILS (J.-Ch.), *Le Régent*, Paris, réédition 2001.
SOLNON (J.-F.), *La cour de France*, Paris, 1987.
VAN DER CRUYSSE, *Madame palatine*, Paris, 1988.

TABLE

TROISIÈME PARTIE :
DANS LA MONARCHIE DU ROI-SOLEIL

QUATRIÈME PARTIE :
LE BÂTISSEUR DE LA MAISON D'ORLÉANS

Impression réalisée sur CAMERON par

BUSSIÈRE CAMEDAN IMPRIMERIES

GROUPE CPI

à Saint-Amand-Montrond (Cher)
pour le compte des Éditions Pygmalion
en mai 2003

N° d'édition : 821. N° d'impression : 032420/4.
Dépôt légal : mai 2003.

Imprimé en France